Studies of Chinese Political Communication

Second Series

中国政治传播研究

第2辑

荆学民◎主　编
白文刚◎副主编

中国传媒大学出版社
·北京·

发刊词

◇ 荆学民[①]

2016年出版的《中国政治传播研究(第1辑)》,是以第一届中国政治传播研究学术论坛为基础的政治传播学术论文汇编,我当时用“恰逢春风劲吹时”来形容当时中国政治传播研究的状态,觉得中国政治传播研究的春天已经来临;今天,我愿意用“化作浓墨写青山”来形容当下中国政治传播研究持续深入发展的态势。

以我的观察,经过近几年学界和业界的辛勤耕耘,中国政治传播研究正朝着两个方向进发。

第一个方向:持续深入中国政治和中国社会的“腹地”。这里有两个维度:一是继续聚焦中国政治和中国社会的高远宏大的层面,对中央的政治路线、国家的传播战略等这样的顶层蓝图进行研究、解码和传播;二是随着中国的国家与社会关系的重置与解构,伴随着“自媒体时代”的到来,政治传播深入到中国社会中与政治息息相关的“微社会”和“微政治”的神经末梢,可被称为“微政治传播”的研究扑面而来。

第二个方向:向政治传播的延伸地带和未开垦领域拓展。这里也有两个维度:一是政治传播已经不再是传统的“政治学”和“传播学”的事情,而是涉及诸多学科领域,形成诸多新的“交叉地带”;二是在全球化浪潮的冲击下,政治传播已经不是一个国家或一种政治体制的事,就算是聚焦于一个国家或一种政治体制的政治传播,也已经超越了这个国家或这种体制。就像我们关于特朗普的政治传播研究,绝不亚于美国本身关于特朗普的研究。

当前,全球政治的不确定性、不相融性、反常规性,国内政治的正向性、敏感性、紧迫性,持续加深着国家对政治传播研究的依赖。政治秩序规制者角色的争夺、政治话语定义权的争夺、传播技术控制权的争夺……,这一切,将赋予政治传播研究以前所未有的挑战和魅力,有志者,定将在巨大的挑战中探求无穷的魅力!

---

① 作者系中国传媒大学政治传播研究所所长,政府与公共事务学院教授、博士生导师。

本辑以2017年5月13日在中国传媒大学举办的第二次中国政治传播研究学术论坛的优秀论文为主。这些论文由于其高质量、高水平,有不少已经在相关学术刊物公开发表,为了尽量完整地展现第二届论坛优秀成果的全貌和中国政治传播研究的进展,便于读者追寻中国政治传播研究的发展脉络,经作者同意,我们将其收入本辑,并在文末注明初发刊物。我们对这些作者的支持表示诚挚的感谢。

目 录 Contents

中国特色政治传播与政治话语研究

中国政治传播与媒体管理制度

历史视野中的政治传播

政治传播研究与理论新探

中国特色政治传播与政治话语研究

论中国政治传播研究向纵深拓展的三大进路[①]

◇ 荆学民[②]

立足于中国特色社会主义政治传播实践的政治传播研究，经过改革开放以来学界和业界的辛勤耕耘和潜心钻研，业已取得了丰硕的成果。中国特色政治传播理论体系正在形成，并逐步在现实的政治传播实践中发挥着指导和引领作用。在这个时候，冷静而理性地观察和分析中国政治传播研究的未来进路，并在此基础上作出必要的反思性判断和前置性引导，具有十分重要的价值和意义。

进路一：持续聚焦高势能运转的政治宣传研究

政治传播的基本形态是政治宣传，这个判断是对古今中外政治传播实践的理论总结。[③] 现代政治中政治宣传的正当性与合法性，并未因为第二次世界大战中法西斯对政治宣传的“恶劣使用”就自然消解了。恰恰相反，人们应该理性地剥掉那些人为地缠绕在“宣传”身上的种种“恶名”，恢复它的本来面目，让它能够在人类的政治传播中发挥正当的、正面的作用。

这个道理，在学理上需要从人们貌似熟知的“政治”讲起。著名政治学家达尔曾说：“确切地说，任何人都能懂一些政治，但政治是格外复杂的事物，很可能还是人类所遇到的最复杂的事物之一。如果不具备处理政治复杂性的技能，人们就会草率或过分地简

---

① 本文是作者主持的 2017 年国家社科基金重点项目“自媒体时代政治传播新秩序及中国政治传播转型研究”(17AXW010)的阶段性成果。

② 作者系中国传媒大学政治传播研究所所长，政府与公共事务学院教授、博士生导师。

③ 从学理上讲，政治传播包括政治宣传、政治沟通、政治营销三种基本形态。这是笔者一直着力宣讲和推广的学术观点，几乎笔者的每篇学术文章都会从不同的角度论证一番。最基本的规范性论证请参阅拙文《政治传播的基本形态及运行模式》(刊于《现代传播》2016 年第 11 期)，这篇文章被多处转载并获得了“首届新闻与传播学期刊奖”。

化政治,这就是危险。公正地说,我们认为,大多数人确实都把政治简单化了。"①现实中人们对政治的认知,仍存在种种误区。其中,一个主要的认知误区是:从现实出发,把政治看作一种纯然的现实活动。但深入考察人类政治的起源和本质就会发现:政治乃是一种从理想出发的不断实现理想的现实活动,也就是说,政治是具有理想性和现实性双重属性的人类活动,并且现实中的政治始终保持其理想性和现实性之间的合理张力。

从一般的学理上讲,现代政治中政治宣传的正当性与合法性,正是来源于人类政治的"理想性"与"现实性"的双重属性及其张力关系。其中,正是人类政治的理想性及其不断实现这种理想的永不间断的渴望和努力,决定了人类政治首先近乎本能地、自觉自愿地选择政治宣传来实现自己的政治理想。政治宣传就是用政治的未确定的理想性来引领、感召、鼓动受众,通过行动使政治的理想性不断地转化为现实。②

基于理想性和现实性的双重属性,我们可以把政治在现实中的运行图景划分为"宏观政治"和"微观政治"两个层面。所谓宏观政治,是指政治在国家层面的运行,亦可称其为国家政治;所谓微观政治,是指融入社会层面的政治,本来可以对应地被称为"社会政治",但是,"政治"起源之时的"公共"意涵与"社会"的"公共"意涵重叠——那时的"政治"就是"社会"——这样一来,现在再使用"社会政治"一词,反而无法表达区别于国家政治的微观层面的政治了,所以,我们还是直接称其为"微观政治"。从发挥功能的角度看,政治的主要功能是按照一定的政治理想调节现实中人与人之间的关系,并通过不同形式的制度调控现实社会秩序。简言之,政治的核心是权力和控制。所以,所谓政治的宏观层面,是指国家的政治理想推行、政治制度实施、政治权力运行、政治秩序控制等;所谓政治的微观层面,是指一般社会活动和百姓日常生活层面的弥散化的权力结构和控制机制。

政治宣传天然地存在于国家政治之中。国家政治依赖和使用的主要工具或传播路径,正是政治宣传。政治宣传具有意识形态的本质特征和强大的国家机器功能,因为它是国家政治存在和运行必不可少的组成部分。这一点正如欧根·哈达莫夫斯所言:"事实上,从一开始就没有纯粹的宣传可言。宣传的目的就是要取得权力,宣传只有被当成意识形态的工具才算取得胜利。若意识形态的工具被剥夺,将导致权力结构的瓦解。意识形态、宣传和权力三者不可分。"③

这就是说,国家的存在,决定着国家政治的存在;国家政治的存在,决定着特定意识形态的存在;国家特定意识形态的存在,决定着国家宏观政治运行机制的存在;国家宏观政治运行机制的存在,决定着政治宣传的存在。国家政治的强大性和国家特定意识形态的重要性,决定着政治宣传永远都是在国家宏观政治的层面上带"高位势能"运行的。"高位势能"借用了物理学的形容性质的概念,意在说明,在国家政治的运行中,政治宣传

---

① 达尔. 现代政治分析(第六版)[M]. 吴勇,译. 北京:中国人民大学出版社,2012:3.

② 关于政治宣传的更为仔细的学理性论证,参见荆学民. 政治传播的基本形态及运行模式[J]. 现代传播,2016(11):9.

③ 福特纳. 国际传播:"地球都市"的历史、冲突与控制[M]. 北京:华夏出版社,2000:97.

所处的地位之高、所具有的控制力之强、所产生的动员力之久、所发挥的作用之大，是其他政治传播形态无法比拟的，更是其他政治传播形态无法取代的。

现在，我们需要使这种抽象的学理"降落"到现实的中国，理性地聚焦于党和国家的政治宣传现实。众所周知，马克思主义是一个立足于共产主义远大理想并引领和指导人类朝着共产主义迈进的科学理论体系；中国共产党是一个以马克思主义为指导理论、以共产主义为政治信仰的伟大的政党；中华民族是一个在中国共产党领导下站起来并迈向伟大复兴的民族；新中国的成立、建设、改革、富有、强大，最有力地体现了政治的理想性。政治宣传具有强大引领功能，这就决定了：中国共产党的政治宣传在上述过程中发挥着无法取代的伟大作用。历史上如此，现实中如此，未来也是如此。

"革命理想高于天"，正是基于坚定理想信念的政治感召；坚持正确的方向，以新的精神状态和奋斗姿态，继续引领历经沧桑的东方大国走向复兴，完成"两个一百年"历史使命，这种"高于天的理想"，要长久存在于在共产党人和普通民众的心间，需要的是有气势、有感染力的政治宣传；"中国梦"对中国人民的感召，"人类命运共同体"对全球民众的呼唤，需要的是有温度有效度的政治宣传；对中央和国家的种种宏大政治战略及大政方针的解读，需要有目的有目标的政治宣传……

展望未来，中国的政治宣传，仍将是中国政治传播的主要形态，以政治宣传为主轴的政治传播模式仍然不会改变。政治宣传将一如既往地在中国的国家政治中持续高位强势运行，亦将继续释放巨大的传播能量。

当然，现代政治中的政治宣传也是一个与时俱进的开放系统。随着自媒体时代的到来，政治宣传固有的种种弊端也会不断地被消除，传统的政治宣传也会发展为"新宣传"①。中国的政治宣传更是如此。当下中国进入改革开放后的新时期，中国特色社会主义政治文明在全世界绽放异彩，随着传播技术的迅猛发展和不同媒介地位的变化，互联网时代背景下传统媒体与新兴媒体的融合，使中国的政治宣传也焕发出新的活力，对全党全国人民的意志鼓舞和中国政治文明国际影响力的提升作出了贡献。但是，坦白地说，现在的政治宣传的态势与效果，还远达不到党中央领导中国人民实现"两个一百年"伟大奋斗目标的宏大政治战略的要求，远达不到国家治理现代化伟大战略的要求。

正因如此，中国政治传播研究向纵深拓展时，应聚力于高大宏远政治理想的政治宣传，坚持"高位势能"运行；理论研究者应高度重视这一领域，不断提供改进党和国家政治宣传所需要的新思想、新理论。

---

① 关于"新宣传"的论证，参阅荆学民. 探索中国政治传播的新境界[J]. 中国人民大学学报，2016(4)：77.

进路二：高度关注方兴未艾的微政治传播研究

自改革开放以来,中国国家与社会的关系发生持续的深层次的变化。这种关系,虽然涉及诸多方面,但观察和领略其变化机制和轨迹的主轴是“政治”。政治的变化和国家与社会的关系的变化,是相辅相成、互为因果的。变化的不可逆的趋势是:随着国家与社会的逐步分离和良性互动,政治不断地从“国家形态”向“社会形态”回归和迈进①,伴随这种回归和迈进,微观政治逐渐凸显出来。

有学者从理论角度描述了基于全球化和信息化时代的国家与社会关系变迁所引发的社会结构变化。第一,从社会结构或构成看,由于信息化背景下的文化整合,随着工业文明发展,彼此分化的社会诸领域呈现出“再一体化”和相互渗透、融合的趋势,这导致各领域之间界限模糊,并使社会构成呈现内在差异化和多态化,消解或削弱了主导型领域的统治地位或控制作用。第二,从社会运行和控制机制看,由于社会诸领域的“再一体化”和相互融合,社会的主导型、中心化的宏观权力逐步分化为非中心化的、弥散的微观权力,社会的控制机制由几种宏观权力的彼此冲突或相互博弈逐步让位给多态化的微观权力的相互制约和差异化共生。

从政治学的学理上讲,微观政治的凸显有其内在的根据,是前述的政治的理想性与现实性的双重属性及其张力关系使然。政治始于理想,这一特质决定了宏观政治的强大运行能力与强力覆盖能力。但是,特定的宏大政治理想总是在不断地向现实转化,正是在这种永不停顿的转化中,政治的理想性不断地“减弱”,现实性不断地增强。理想总是不断地被现实检验、修正,在理想性与现实性的张力关系中,理想性总是不断地向现实性这一极倾斜。理想与现实不同,理想是高远的、宏大的、特定的,现实是鲜活的、具体的、弥散的,在从理想性向现实性倾斜的过程中,各种区别于理想,基于现实的“微政治”应运而生。

从传播学角度看,互联网时代传播技术的迅猛发展推动了时代跃迁。莱文森在《数字麦克卢汉——信息化新纪元指南》中提到,传播学家麦克卢汉曾提出过一个著名的观点:“媒介是社会发展的基本动力,也是区分不同社会形态的标志,每一种新媒介的产生

---

① 之所以使用“回归”这个词,是因为从历史和历时的角度看,政治一开始就是公共的,就是社会的。“政治”“社会”“公共”原本含义相同。在国家与社会的关系上,马克思和恩格斯的主要观点是:从人类历史的长河来看,相对于国家而言,社会是基础,国家源于社会,是社会决定国家,而不是国家决定社会。在阶级社会中,国家作为统治阶级的总代表,凌驾于社会之上,国家控制着社会,社会从属于国家。作为人类生存的基本组织方式,社会与人类共存,只要人类存在,社会便存在,而国家只是人类社会中的一个过客。国家最终要回归社会,国家的消亡过程,就是回归社会的过程。马克思主义认为,政治会历经“国家”形态最终走向没有“国家政治”的“自由人联合体”的社会。

和应用，都宣告我们进入一个新的时代。”①从传播技术发展和媒介革命所引发的时代变迁这一特定角度看，互联网的发展正有力地推动着传统媒体与迅猛崛起的新兴媒体融合转化为“自媒体”，可以说“自媒体时代”已经到来。自媒体时代有种种特征，但是，传播进入微博、微信以及不可预见的“微传播”②形态无疑是其最显著的特征。微观政治与“微传播”的耦合，激活了微政治传播。

自媒体时代的微传播，通过改变人类的交往方式，重置着国家与社会的关系，重塑着政治传播形态。第一，基于自媒体的微传播，“赋权”社会以某种难以定性描述的政治权力，使社会获得一种可以与国家政治对应的力量。第二，基于自媒体的微传播，使社会民众可以从一种新的途径获得宏观政治宣传以外的各种政治信息。第三，基于自媒体的微传播，社会民众有权力、有能力依据自己的理解来解读和评论从宏观政治宣传中获得的各种政治信息，使其产生新的“蝶变”效应。第四，在这种特定的意义上，基于自媒体的微传播赋权的“社会”具有越来越强大的“政治构建”功能，各种区别于国家宏观政治的“微观政治场域”通过迅捷的传播应运而生，甚至娱乐八卦都可能弥散着政治气氛，传播着政治信息，自媒体时代的微传播成为无所不在、无处不有的宏大政治的“神经末梢”。现在，人们的日常生活已然成为“参政议政”的新场域。

当然，必须清楚的是，基于迅猛发展的传播技术而生成的“微观政治传播场域”是一把双刃剑，当它所谋求的政治目的与国家宏观政治理想一致或接近时，二者便会相向而行，成为一种政治正确的正能量；相反，一旦“微观政治传播场域”的诉求与国家宏观政治理想反差过大，二者的能量就会相互抵触，在某种条件下，甚至会导致整个国家和社会的政治危机。

从理论上讲，微观政治传播与国家宏观政治中的政治宣传的“行进逻辑”是不一样的。简单地说，政治宣传中的主导逻辑是“政治的”，所谓政治的逻辑，就是政治权力主导的遵循既定政治目标和政治理想的行进机制。所以，我们一般会认为，政治宣传总是理想的、感性的、强行的、灌输的、组织的，等等。而微政治传播是基于自媒体的自主性特质的，其主导逻辑是“传播的”，所谓传播的逻辑，就是媒介权力主导的遵循事实和具体事件的行进机制。传播逻辑注重从现实的具体事物出发，通过细微的传播图景，深入传播的社会背景，展现其具体过程，演示其构成细节，聚焦其核心诉求，放大其影响效果，进而通过发酵和延伸，与政治因素相勾连，形成一种强大的反作用于国家政治的社会影响。在这种情况下，微观政治传播就可能会提升到国家政治的宏观层面，引发宏观的政治变革。

---

① 莱文森. 数字麦克卢汉——信息化新纪元指南[M]. 北京：社会科学文献出版社，2001：12. 应当注意的是，在这段话中，麦克卢汉使用的是“媒介”，“媒介”与“媒体”是不同的：媒体是媒介的一种物质性的载体，因此，媒介的发展往往主要体现在媒体上，媒体的发展和变革成为媒介发展的表征和标志。在很多时候，人们并不会刻意地区别二者，而是自然地含混使用这两个概念。关于中介、媒介、媒体之间关系的具体论述，参见荆学民. 政治传播活动论[M]. 北京：中国社会科学出版社，2014：121-127.

② 关于“微传播”，目前学术界谈论很多，但尚无共识，因篇幅有限，此文略论。

所以,所谓国家与社会的“分离”并不是国家与社会的割裂。现实中,不存在没有国家政治的社会,也不存在没有社会的国家政治;所谓国家宏观政治与社会微观政治,也不是互不相干的两个领域,现实中,没有脱离宏观政治的微观政治,也没有脱离微观政治的宏观政治。说到底,它们是同一个“政治”、同一个“国家”、同一个“社会”。比如,我们现在说的是同一个、仅有一个的中国政治、中国社会。

把上述这种理论思考落脚到当下的中国,完全可以说,伴随微政治传播领域的凸显,政治传播研究聚焦和着力于这个新兴领域,是一种历史的必然,也是一种理论自觉。

中国共产党是一个按照马克思主义政治理想创立的政党,新中国也是一个在中国共产党的领导下依靠政治理想建立的国家。中华民族有着辉煌历史,新中国从弱到强的成长历史,是中国共产党领导中国人民不断地实现政治理想的历史。这种历史也是一个政治理想不断地从国家宏观政治走向微观现实的历史,是一个不断地根据现实与时俱进的历史。马克思列宁主义、毛泽东思想、邓小平理论、“三个代表”重要思想、科学发展观、习近平新时代中国特色社会主义思想等,都展示着中国共产党的宏观政治理想不断地结合中国国情、“落地”成为可见、可实现的具体现实目标的实践过程,是一个政治传播过程中宏大政治宣传不断走向微政治传播的过程。现在,在以互联网为基础的自媒体时代,随着国家与社会的关系及人们政治交往方式的深刻变化,微政治传播领域必将进一步发展。探寻微政治传播的重要机制及其种种重大问题,必然是中国政治传播研究的重要聚焦点,也是可以预见取得重要研究成果的主要进路。

进路三:深度融合迅猛兴起的政治传播交叉学科研究

无论政治传播被理解为“政治的传播”还是“传播的政治”,对政治传播的研究来说,古往今来都不是也不可能只依靠政治学和传播学就可以完成的。现在,伴随着政治传播由国家宏观政治领域向微观政治领域的延伸和拓展,更需要诸多学科的合力关注和研究。事实上,诸多学科所聚焦的政治传播的新的方向、新的“交叉地带”已经形成或正在形成。

从国家宏观政治这一角度看,社会科学对政治的研究,在关注类似于“公平”“正义”这样的宏大抽象的“政治哲学复兴”的同时,已经开始转向微观政治的研究。比如,传统的政治学更多地关注国家权力的运作、政治制度的安排、政权的更迭等,而20世纪出现的多种形式的微观政治学,或者主张从日常生活的机制去思考制度安排问题,探讨微观权力秩序的重建问题,或者像福柯那样,从监狱、医院、军队、学校等被传统政治学忽略的边缘领域,展开关于权力结构的微观政治学的批判,揭示分散的、不确定的、形态多样的、无主体的、弥散于日常生活和不同社会层面的微观权力。

进入互联网时代以来，在传播技术这一“主变量”的推动之下，政治传播从高大宏远形态走向弥散性的微观形态过程中所显现出的一个最显著的特征是：那种来自宏大政治理想的全部政治信息被现实的种种政治诉求揉成了“碎末”，同时，来自现实政治生活的种种新生的政治诉求形成强大的“政治泥石流”反冲那种高大宏远的政治理想。毫无疑问，产生于日常生活的微观政治是与经济、历史、文化、科技、教育、宗教等与社会生活密切相关的各领域“镶嵌”在一起的，如此一来，微政治传播领域就不是政治学与传播学的研究所能覆盖的了。甚至，国家宏观政治传播即政治宣传中的“政治统摄传播”这一规则的效力也会大大减弱。

传播技术发展所引发的政治在微观领域“碎末化”和“再生化”的现象，使人们深刻地反思着人类的政治和以往人们对政治的研究。比如，佩里·安德森在《思想的谱系——西方思潮左与右》中就指出：“政治不是一种自我封闭的行为，不能够自行孕育出一个内部的概念体系。某一时期一系列被视为和政治冲突有关的观念，是因时因地而变化的，时至今日，它已经远远超出了政治科学的范围。哲学、经济学、历史学、社会学、心理学，更不要说地理学、生命科学和艺术学，它们在经典定义中都与政治领域有着不同的相交点。正式的政治理论虽然远远谈不上消失，但它也只占据一部分领地。”[①]用哲学、经济学、历史学、社会学、心理学等超越传统政治学和传播学的学科视野，来研究“碎末化”和“再生化”的政治传播，既是在自媒体时代政治传播由高大宏远形态迈向社会微观形态的要求，同时也反过来使政治传播在社会微观领域门洞大开。想象一下，当哲学、经济学、历史学、社会学、心理学、地理学、生命科学、艺术学聚焦于政治传播的某一特定领域、事件或对象，政治传播的新领域乃至新学科岂不应运而生？政治传播的研究成果岂不百花齐放？

当然，必须指出的是，政治传播就是政治传播，它有着自己特定的基础、轴心和学科边界[②]，很多研究并不是随意贴上“政治传播”的标签就能成为一种政治传播研究。我们这里所强调的政治传播的“交叉学科”一定要“交叉”在政治传播这个研究对象上。事实上，在对政治传播交叉学科的研究上，我们急需的是学科视野和研究方法的自觉、深度融合。

我们可以预见的是，政治传播研究的新兴交叉领域会在两个维度上延展。

第一，基础学科，比如哲学、历史学等对政治传播的关注会使政治传播的“学科高度”“学科厚度”增加。哲学作为一种研究世界观和方法论的学科，其巨大的优越性首先是要求廓清和厘定任何研究的“研究对象”，并对研究的“核心理念”进行“前提性批判”，这一点会使以往政治传播研究中经不起深究的“前提观念”得以澄明。众所周知，以往很多的政治传播研究不太考虑研究前提的意义，往往费尽周章却研究了一个毫无意义的问题。其次是哲学研究方法的“抽象”能力，可以使以往政治传播研究中的杂乱无章、华而不实

① 安德森. 思想的谱系——西方思潮左与右[M]. 袁银传，译. 北京：社会科学文献出版社，2010：前言 1-2.

② 荊学民. 中国特色政治传播研究的基础、轴心与边界[J]. 中国社会科学学报，2015(04).

的种种“貌似方法”的方法,通过提炼和升华,成为一种更具普遍性、更有解释力和说服力的研究范式。毋庸讳言,以往政治传播研究缺乏的就是稳定的、具有解释力和说服力的研究范式。

历史学对政治传播的关注,则同样令人期待。传播技术的发展带来了这个时代的“躁动喧嚣”。热切关注浮于“躁动喧嚣”表面繁华的传播研究、政治传播研究,由于没有“历史”的支撑往往昙花一现。历史学介入后,通过对思想史、概念史、形态发展史的梳理和研究,当下的政治传播研究通过“走向历史深处”,能对时代作出有翔实史料支撑、具有“历史纵深感”的批判和解释。在这个方面已经有成功的案例,那就是福柯运用和借鉴历史学研究方法对微观政治的研究。福柯本人承认他的微观政治学受到了年鉴学派史学范式的影响。他在《知识考古学》的引言中特别分析了法国年鉴学派的“长时段”史学方法的重要理论意义。他指出,年鉴学派的新史学家强调从政治事件的变幻不定的背后揭示一些在较长历史时段中相对稳定的、深层次的现象,“一些因传统叙述的混乱而被掩盖在无数事件之下的静止和沉默的巨大基底”①。福柯在历史学最擅长使用的“确定一种不变的、决定性的和连续性的结构和力量”方法的深处,另辟蹊径,在这种历史的连续性中发现各种“断裂”的“横切面”和“沉积层”,真是奥妙无穷!他有一段非常精彩的表述:“这些方法使历史学家们能够在历史范畴中辨别各种不同的沉积层。过去一向作为研究对象的线性连续已被一种在深层上脱离连续的手法取代。从政治的多变性到‘物质文明’特有的缓慢性,分析的层次变得多种多样:每一个层次都有自己独特的断裂,每一个层次都蕴含着自己特有的分割;人们越是接近最深的层次,断裂也就随之越来越大。”②说到此,我们可以把福柯的观点与我们现在所坚持的马克思主义勾连一下。事实上,马克思恩格斯在致力于揭示人类历史发展的“宏观规律”的同时,明确把“现实的生活生产”当作历史的基础,反对脱离日常生活的历史观。在《德意志意识形态》中他们这样批判传统历史观:“迄今为止的一切历史观不是完全忽视了历史的这一现实基础,就是把它仅仅看成与历史过程没有任何联系的附带因素。因此,历史总是遵照在它之外的某种尺度来编写的;现实的生活生产被看成某种非历史的东西,而历史的东西则被看成某种脱离日常生活的东西,某种处于世界之外和超乎世界之上的东西。”③

第二,与时俱进的种种新兴技术性研究方法聚焦于政治传播研究,自然会带来前所未有的新气象、新景观。现代政治传播研究基于现代政治和现代传播技术的无限开放性,尤其是随着现代传播技术的迅猛发展,种种难以预见和难以限制的新研究技术和新研究方法会迅速介入政治传播研究,微博、微信、大数据、云计算,穿越历史、跨越国界……会使政治传播出现什么样的变化和效果?聚焦新的研究对象,追求新的研究样

---

① 福柯. 知识考古学[M]. 谢强,马月,译. 北京:三联书店,2003:1.

② 福柯. 知识考古学[M]. 谢强,马月,译. 北京:三联书店,2003:1.

③ 马克思恩格斯选集:第1卷[M]. 北京:人民出版社,1995:93.

态，使用新的研究方法，形成新的研究领域，必定是全球化、信息化时代的中国政治传播研究的新的进路。

总之，当前全球政治的不确定性、不相融性、不靠谱性，国内政治的正向性、敏锐性、紧迫性，持续增强着政治对政治传播研究的依赖，加剧了政治秩序规制者对政治话语定义权、传播技术控制权的争夺，这一切将赋予政治传播研究以前所未有的风险和魅力。有志者，定将是在巨大的风险中探求无穷的魅力！

（本文初刊于《现代传播》2018 年第 1 期）

中国改革进程与民主话语体系的变迁[①]

◇ 佟德志[②]

中国改革开放不仅是经济体制改革取得举世瞩目的成绩的过程,也是政治体制改革稳步推进,朝着民主政治不断发展的过程。在这一进程当中,中国逐渐形成了中国特色社会主义民主话语体系,它在改革开放的进程中不断发展,在理论界、学术界、思想界形成一定共识,并深入到广大群众当中,打造了中国特色、中国气派、中国风格的民主话语体系。本文运用计算机辅助文本分析,研究中国改革开放进程与民主话语体系的变迁,试图探求其中的规律性认识。

一、研究设计

中国在进行民主政治建设的过程中,形成了一个错综复杂、丰富多彩的话语体系。对这一体系的研究,既需要精雕细刻,也需要鸿篇把握。这一话语体系当中,不仅有传统民本思想,也有西方民主理论,但其主流是马克思主义,尤其是马克思主义中国化形成的民主理论体系,也就是中国特色社会主义民主理论体系不断发展形成的一套核心语词和叙事语法。因此,我们选择主流民主理论体系来分析中国的民主话语,即在中国特色社会主义民主理论体系当中形成的民主话语体系。我们选取《邓小平文选》《江泽民文选》《胡锦涛文选》作为主要的分析对象。这三套文选见证了从 1978 年到 2012 年中国改革开放的历史过程,是中国特色社会主义理论体系的重要文件,包含丰富的民主内涵,是我们分析中国民主话语体系的较为恰当的样本。

领导人文选有着严格,甚至是苛刻的编选要求,并有极为严谨的编选程序。这些文选都是由中央文献编辑委员会编辑,人民出版社出版的。这些文选收录了党和国家领导

① 本文为国家社科基金项目“基于‘四个全面’的国家治理战略研究”(16ZZD015)的研究成果。
② 作者系天津师范大学政治与行政学院院长,教育部青年长江学者特聘教授。

人的重要讲话。因为文选都是在领导人卸任后由下一任中央领导人组织编写的，所以这些文选经受了时间的检验，确实对中国政治产生了重要影响。

编选工作具有非常重要的政治意义。比如《江泽民文选》的编辑工作由时任中共中央总书记的胡锦涛亲自领导，由当时的中央政策研究室、中央文献研究室、中央办公厅组织专门的工作班子编辑。从2003年12月开始工作，到2006年8月《江泽民文选》出版发行，总计用了近3年的时间。胡锦涛对编选工作原则和进展多次做出重要指示，中央政治局全体同志认真阅读了《江泽民文选》送审本，对编选工作提出了重要建议。江泽民审定了收入文选的全部著作。其他文选的成书也有着类似的过程，表现出了高度的政治性。

就时间段来看，中国的改革开放始于1978年12月的中国共产党十一届三中全会。而《邓小平文选》(第一卷)编选的内容时限是1938年到1965年，这与改革开放在时间上相去较远，因此，我们在进行文本分析的时候将其排除在外。《邓小平文选》(第二卷)的内容起始收录时间为1975年，也与1978年有一定时间距离，但考虑到思想发展的延续性，我们将这部分内容收入分析范围。同时，我们也注意到，党的十八大以来，在以习近平同志为核心的党中央领导下，中国的改革开放进入了全面深化阶段，是中国改革不可或缺的组成部分，并且习近平总书记发表了大量与改革开放有关的讲话，它们有丰富的内涵，但从标准统一的角度，本文没有将这部分内容收入统计当中。这一缺憾可以在后续的研究当中弥补。

为了更好地分析三套文选中民主话语的基本面貌，我们以“民主”为参考点，用质性分析软件Nvivo11对文选进行基本的参考点和覆盖率分析。“民主”参考点和覆盖率基本情况见表1。

表1　三套文选的基本情况及“民主”参考点和覆盖率

文选	时间段	篇数	参考点	覆盖率
《邓小平文选》(第二卷)	1975年1月25日至1982年8月21日	47	135	1.94
《邓小平文选》(第三卷)	1982年9月1日至1992年2月21日	119	87	1.29
《江泽民文选》(第一卷)	1980年8月21日至1997年8月5日	81	225	2.07
《江泽民文选》(第二卷)	1997年9月12日至2000年2月1日	59	153	1.55
《江泽民文选》(第三卷)	2000年2月25日至2004年9月20日	63	177	1.72
《胡锦涛文选》(第一卷)	1988年6月8日至2002年9月2日	74	191	1.98
《胡锦涛文选》(第二卷)	2002年12月6日至2007年10月15日	82	265	2.52
《胡锦涛文选》(第三卷)	2007年12月17日至2012年11月8日	86	216	2.30

我们可以看到，这些文选对“民主”一词的提及率有一定的差别，但没有根本区别。在三套文选中，《胡锦涛文选》的“民主”提及率相对较高，综合参考点和覆盖率两个因素，

《胡锦涛文选》的第二、三卷分别排在《邓小平文选》(第一卷)之后,列第二、三位,就算是提及“民主”相对较少的《胡锦涛文选》(第一卷),也列在了第五位。综合来看,《胡锦涛文选》三卷本当中,“民主”不仅参考点最多,而且覆盖率最高。为了更好地研究《邓小平文选》(第二、三卷)《江泽民文选》(第一、二、三卷)和《胡锦涛文选》(第一、二、三卷)中体现出来的民主话语,我们将三套文选当中有“民主”的段落整理出来,做成一个“民主”关键词的拓展集(前后25字符为界)。对这一拓展集进行数据清理后,我们得到一个122 502字的民主话语文集。

由于文本规模等原因,我们更多使用排名、覆盖率这样具有可比性的数据来分析民主话语体系的变化。在分析关键词词频时,我们发现,相对意义的数据常常表现出比较高的可靠性。也就是说,在分析文本词频时,关键词的覆盖率、排名等数据更有可比性。由于分词,包括停用词的选择会使这一排名发生变化,但是,在同一次研究中使用的分词系统是同一个,选择的停用词也一致,因此排名是有可比性的。

话语体系,就是在特定文化的基础上,按照一定的语法形成的互相联系的语词结构。特定的话语体系应该建立在特定文化的基础上。从这个意义上讲,从邓小平、江泽民到胡锦涛,他们的民主话语体系蕴含的都是中国共产党的政治文化,因此应该具有比较好的内在一致性。我们认为这三套民主话语体系之间具有良好的继承性,表现出较强的逻辑性、一致性,话语体系的关系也很紧密。同时,我们也应该看到,随着时间的推移、历史的进步,话语背后的文化也会发生变化,话语体系会表现得不同。因此,我们要想全面地了解话语体系,还需要去研究话语体系的发展趋势,从而发现其创新性。从这一点出发,我们要研究三套文选话语体系的差异,从而更好地发现各话语体系的创新之处。

话语体系分析有一个基本的假设,那就是关联性强的词语常常会一起出现,它们可以被标记为同一话语体系。我们称之为话语体系的“共现假设”,这是话语体系分析的基础。我们如果能分析出一个话语体系当中紧密、经常、直接地联系在一起的关键词,就可以发现这个话语体系的基本特征。我们称这些紧密、经常、直接地联系在一起的关键词为话语体系的词群,这些词可以运用文献计量、内容分析等方法进行研究。同时,我们不能仅仅依据词语的“共现”来判断话语体系,还需要将话语体系的分析与专业知识和专家判断结合起来,这又表现为质性研究方法。

话语分析的研究目标不仅在于发现知识、创新理论,还在于把握话语体系的发展趋势和规律。对话语体系的分析,有助于我们发现被忽略的知识,这对知识发现和理论创新有着重要的意义。话语分析能够处理传统意义上的规范方法无法处理的大数据信息,从而简化数据结构与维度,发现传统研究方法无法发现的知识,从而做到理论创新。尤其是如果我们能够通过逻辑判断来指出话语体系的缺失,就有可能推测话语体系的变化及其背后的文化创新,这是话语分析的一个高层次的要求。同时,并不是所有的话语体系都是完整的、其基本要素都是全面的,尤其是处于发展中的话语体系,其要素也处在不断的变动之中。这样,及时地发现话语体系的缺失并加以弥补,就有可能做到更高层次的理论创新。

对不同话语体系的对此分析,实际上是分析不同话语体系关键词之间的联系与区别。从量化的角度来看,就是要确定不同的话语体系之间有哪些共享词,有哪些独立词。共享词指的是在不同的话语体系当中都出现的,并且位置比较接近的关键词。独立词则是指在某个话语体系当中出现得较多,在其他话语体系当中出现得很少,位置相差较大、差异性也较大的词语。一般认为,共享词较多的话语体系之间的联系就会比较紧密,而独立词较多的话语体系之间的区别就较大。我们首先假设,《邓小平文选》《江泽民文选》《胡锦涛文选》分别形成了三套话语体系,即邓小平民主话语体系、江泽民民主话语体系以及胡锦涛民主话语体系,然后去研究它们之间的联系与区别,也就是分析它们的共享词和独立词。

二、民主话语的共享词与继承性

我们把《邓小平文选》《江泽民文选》《胡锦涛文选》当中体现出来的民主话语视为独立的话语体系,对其中带有“民主”的段落分别进行词频统计。为了更好地找到三套民主话语体系的联系与区别,我们在计数、加权百分比之外,加上了排名比较。这三套民主话语体系中进入总话语体系词频排名前 50 的共享词见表 2(表中《邓小平文选》称著作一,《江泽民文选》称著作二,《胡锦涛文选》称著作三)。

表 2　三套民主话语体系共享词表

单词	著作一计数	著作一加权百分比	著作一排名	著作二计数	著作二加权百分比	著作二排名	著作三计数	著作三加权百分比	著作三排名
社会主义	120	2.57	1	367	2.41	1	479	2.33	1
人民	78	1.67	2	318	2.09	2	456	2.22	2
党	71	1.52	3	202	1.33	5	354	1.72	3
建设	30	0.64	15	220	1.45	3	334	1.63	4
发展	45	0.97	6	201	1.32	7	311	1.51	5
政治	45	0.97	7	202	1.33	6	304	1.48	6
中国	58	1.24	4	205	1.35	4	205	1.00	9
制度	33	0.71	11	155	1.02	10	252	1.23	7
坚持	50	1.07	5	164	1.08	9	208	1.01	8
领导	33	0.71	12	189	1.24	8	196	0.95	10

续表

单词	著作一计数	著作一加权百分比	著作一排名	著作二计数	著作二加权百分比	著作二排名	著作三计数	著作三加权百分比	著作三排名
国家	36	0.77	10	152	1.00	11	160	0.78	12
加强	19	0.41	27	95	0.62	12	111	0.54	19
群众	18	0.39	32	91	0.60	14	114	0.55	16
改革	30	0.64	16	84	0.55	15	104	0.51	22
民主集中制	17	0.36	36	69	0.45	22	113	0.55	18
工作	21	0.45	24	75	0.49	18	99	0.48	24
我国	16	0.34	42	66	0.43	25	98	0.48	25
经济	24	0.51	21	74	0.49	19	76	0.37	34
实现	18	0.39	31	69	0.45	23	76	0.37	35
问题	31	0.67	14	58	0.38	29	64	0.31	49
团结	21	0.45	23	46	0.30	43	80	0.39	32
充分	14	0.30	47	52	0.34	32	66	0.32	45
基本	15	0.32	43	53	0.35	31	63	0.31	50

分析这一共享词表后我们发现，三套民主话语体系中进入总排名前10的词中有7个是共享的，排名前50的词中有23个是共享的，呈现出高度的共享特征。这表明《邓小平文选》《江泽民文选》《胡锦涛文选》在关键词上表现出非常好的继承性。为了分别考察这三套话语体系与总话语体系之间共享词的情况，我们计算了这三套话语体系中能够进入总话语体系前10的词语数和前50的词语数，结果见表3。

表3　三套话语关键词进入总排名的情况

文选	进入前50的词语数	进入前10的词语数
《邓小平文选》	32	7
《江泽民文选》	45	10
《胡锦涛文选》	40	10

从这些共享词中，我们也可以看出《江泽民文选》和《胡锦涛文选》的主题更接近，而这两套话语体系与《邓小平文选》的话语体系则有一定的差异。三套话语相比较来看，《江泽民文选》和《胡锦涛文选》与总民主话语体系更接近。总词频中排名前10的关键词与《江泽民文选》和《胡锦涛文选》是重合的，只是在顺序上有细微的区别。《胡锦涛文选》中民主话语的词频排名前6名的关键词与总民主话语体系是一致的。不仅如此，江泽民民主话语当中进入前50的关键词，比如决策、体制、国际、合作等，在总排名当中虽然没有进入前50，但差距不大，最大的差距也只有30位。胡锦涛民主话语体系当中排名进入

前50但没有在总排名中进入前50的词较多,与总排名之间的差距都不太大。比如,在胡锦涛民主话语当中进入前50的科学、决策、党员、国际、关系等,在总排名当中虽然没有进入前50,但差距不大,最大的差距也只有32位。

分析核心词是分析共享词的重要工作。核心词出现频率高,与话语中其他关键词联系紧密,有利于我们更方便地认识话语体系的核心特征。为了更好地比较三套民主话语体系的共享词及其继承性,我们以总民主话语体系为基准,计算这三套话语体系与总民主话语体系在排名上的差值,并将各话语体系前10名核心词的差值做均值分析,可以得到表4的相关数据。

表4　前10名核心词排名差值的均值分析

	均值	N	标准差	中值	极小值	极大值	峰度	偏度
《邓小平文选》	5.60	10	11.578	.50	−1	36	6.183	2.458
《江泽民文选》	.00	10	1.700	.00	−2	3	−.521	.339
《胡锦涛文选》	.00	10	.816	.00	−2	1	4.500	−1.531

从表4中我们可以发现,《江泽民文选》和《胡锦涛文选》形成的民主话语体系与总民主话语体系的核心词的排名差异的均值为零,标准差也非常小,这说明两套话语体系与总话语体系的共享程度是非常高的。与之不同的是《邓小平文选》的均值则略高,达到5.6,并且标准差相对较大,达到11.578,这印证了我们上文的基本观察结果。

根据话语体系的容量,我们将总话语体系中排名前10的词选作核心词。这10个词包括:社会主义、人民、党、建设、发展、政治、中国、制度、坚持、领导。然后,我们再进一步对词频排名中的前100个词围绕着这10个词进行归并处理,集中分析这些词的基本内涵,以发现三套民主话语体系所具有的共同特征。

"社会主义"这个核心共享词以966次计数列改革开放以来民主话语总排名的第一名,而且在三套话语体系当中都是无可置疑的第一名,这十分明确地表明了中国民主话语的社会主义性质。在《邓小平文选》《江泽民文选》《胡锦涛文选》当中,"社会主义民主"是一个关键词,分别出现33、163、117次,属于高频复合关键词。

"没有民主就没有社会主义,就没有社会主义的现代化"这一命题正是对中国社会主义民主性质的正面表述。邓小平在《邓小平文选》第二卷中第一次提出这一科学命题。①江泽民在七届全国人大三次会议、全国政协七届三次会议的党员负责同志会议上的讲话中,明确指出:"党的十一届三中全会以来,中央一再强调,没有民主,就没有社会主义,就没有社会主义现代化"②。这说明,这一命题已经成为党内关于民主重要意义的共识。实

① 《邓小平文选》第2卷[M].北京:人民出版社,1994:158.
② 《江泽民文选》第1卷[M].北京:人民出版社,2006:111.

际上,仅以三套文选的统计来看,《江泽民文选》的第一、二、三卷都直接使用了这一命题,《胡锦涛文选》的第二、三卷中完全相同的表述先后出现6次[①]。这充分说明,这一命题已经成为我们党对民主与社会主义及社会主义现代化关系的高度共识。

在民主话语体系当中,"人民"以852次计数列改革开放以来民主话语总排名的第二名,这与中国共产党一直坚持人民主体地位、主张实现人民民主是非常吻合的。实际上,另一个在中国背景下与人民意义非常接近的"群众"(223)一词也进入了总排名的前100,两者加起来的共现次数非常可观。在《邓小平文选》《江泽民文选》《胡锦涛文选》当中,"人民民主"也是一个关键词,分别出现24、77、82次。在不同语境下,"人民民主"的具体内涵并不一致。有的时候,这一概念与专政搭配在一起,强调"人民民主专政";有的时候,这个词还会与"党内民主"前后呼应。

在民主的政治话语体系当中,人民民主居于非常重要的地位,与社会主义民主的本质性要求一样;"人民民主是我们党始终高扬的一面旗帜,也是我们党从成立以来就明确提出并不懈追求的一个目标"[②]。"人民民主是社会主义的生命"这一命题是胡锦涛在《中国共产党第十七次全国代表大会上的报告》中最早提出来的。[③] 此后胡锦涛在不同的场合先后4次提及这一命题。[④] 并且,"人民民主是社会主义的生命"这一民主命题在习近平总书记系列重要讲话当中也有体现,《在庆祝全国人民代表大会成立60周年大会上的讲话》中,习近平总书记再次重申了这一命题。

作为民主的另一个主体,中国共产党在民主话语体系当中占据了一个非常重要的位置,"党"出现了627次,位列第三。虽然"党"这一关键词可以有很多解释,但是,在三套民主话语体系当中,绝大多数情况下"党"都是指中国共产党。在排名前100的关键词当中,关键词"共产党"也有136次的计数,另外如"党内"(189)、"党员"(99)这样的关键词主要指的也是中国共产党。在排名前10的关键词中,另外一个关键词"领导"(418)也经常与"党"联系在一起。我们再精确搜索"党的领导""党领导"这两个关键词,归并后在《邓小平文选》《江泽民文选》《胡锦涛文选》中出现的次数分别达到了18、85、72。这实际上揭示了改革开放以来中国民主话语体系的另外一个重要维度:党的领导。在中国改革开放进程中,民主是中国共产党领导下的民主。

从三套文选的情况来看,三位前任领导人旗帜鲜明地在民主的问题上坚持党的领导,这是毋庸置疑的。同时,我们也看到,三位前任领导人还在这个问题上旗帜鲜明地反对资本主义国家的多党制。就文本分析的情况来看,三套文选20次提及西方的多党制,几乎每一次的情感分析都是负面的。三套文选当中,第一次明确批驳多党制的文献是在

---

① 《胡锦涛文选》第2卷[M].人民出版社,2016:30、208、72、238、72、634.

② 《胡锦涛文选》第2卷[M].北京:人民出版社,2016:72.

③ 《胡锦涛文选》第3卷[M].北京:人民出版社,2016:162.

④ 《胡锦涛文选》第2卷[M].人民出版社,2016:632;《胡锦涛文选》第3卷[M].人民出版社,2016:72、162、537.

《邓小平文选》第二卷。邓小平明确指出:"资本主义国家的多党制有什么好处？那种多党制是资产阶级互相倾轧的竞争状态所决定的,它们谁也不代表广大劳动人民的利益。"①这实际上构成了中国共产党领导下的民主的一个对立面,即西方的多党制、两党制、议会制、三权分立等。对于这些对立面,有的时候还用"西方的那一套"来指称,比如"不能搬用西方的那一套政治模式,如果搬用那一套,非乱不可"②。经过三位前任领导人的理论发展,反对多党制与坚持中国共产党的领导构成了一件事的两个方面:一个方面是"照搬西方国家的多党制,搞什么三权鼎立,是不符合中国国情的",另一方面是"实行中国共产党领导的多党合作和政治协商制度,有利于我国社会主义民主政治建设"③。这种对立逐渐在党的民主理论当中被确立下来,成为民主话语的一个重要语法,在后来的《胡锦涛文选》中也多次出现,比如"不能削弱和否定共产党领导,不能搞西方那种多党制"④。

还有两个值得注意的关键词,即"发展"(584)和"建设"(557),它们都是高频词,在总民主话语体系的分别排第四名和第五名。这两个关键词初看起来似乎与民主关系不大,但实际上却揭示了中国改革开放进程中民主话语的另一个非常重要的维度,我们称之为"发展型民主"。中国的民主在处理与改革(218)、发展、稳定(53)的关系时,突出了建设和发展,这是一种积极的民主类型,影响了三套民主话语体系。发展型民主的形成实际上与我们改革开放以来长期坚持的以经济建设为中心、政治体制改革要适应经济体制改革的基本战略有着深刻的内在关联,这非常有利于中国在民主政治建设过程中保持高度的治理绩效。与社会主义民主、人民民主、党领导下的民主等已经取得高度共识的概念比起来,"发展型民主"还没有受到高度重视,值得我们深入挖掘。

另外一个核心共享词"中国",并不是可有可无的。中国这个关键词在民主段落中出现 468 次,总排名第七位。实际上,在总排名前 100 的词语当中,"我国"(180)和"全国"(93)与"中国"的意思相近,它们的总词频很高。对中国的这种关怀反映出邓小平、江泽民和胡锦涛的民主话语是立足于中国国情的,表现出民主话语的中国特色。事实上,三套文选在谈论民主时,也体现了比较好的国际视野,"国际"(117)和"世界"(89)这样的关键词出现率也比较高,进入前 100 名。同时,我们对整理的文集进行全文搜索,发现"西方"出现了 62 次。我们进一步对这一关键词进行情感分析时发现,三套民主话语体系在提及"西方"时,基本上表现为一种负向情感。这从另一个侧面表明,中国特色民主道路是在批评西式民主的基础上借鉴人类政治文明的优秀成果建立起来的。

中国特色社会主义民主,是江泽民在中国共产党第十五次全国代表大会上的报告中

---

① 《邓小平文选》第 2 卷[M]. 北京:人民出版社,1994:267.

② 《江泽民文选》第 1 卷[M]. 北京:人民出版社,2006:357.

③ 《江泽民文选》第 1 卷[M]. 北京:人民出版社,2006:47.

④ 《胡锦涛文选》第 2 卷[M]. 北京:人民出版社,2016:33.

初步提出的。[①] 该报告的主题是《高举邓小平理论伟大旗帜,把建设有中国特色社会主义事业全面推向二十一世纪》,此报告正式将中国特色社会主义民主纳入中国特色社会主义事业当中。江泽民重申了邓小平“社会主义愈发展,民主也愈发展”的基本命题,明确提出“要在实践中积极探索规律,不断推进有中国特色社会主义民主政治的发展,使它在二十一世纪展现出更加蓬勃的生命力。”[②]之后这一命题不断发展,因为“有中国特色社会主义”调整为“中国特色社会主义”。之后这一概念也随之发生变化,被调整为“中国特色社会主义民主”。中国特色社会主义民主弘扬了一种更加适合中国国情的民主,明确地拒绝了西方的民主模式,这是一方面“坚持人民民主专政”,另一方面“不搞西方那一套”[③]。

基于核心共享词,在对排名前100的关键词进行归并的基础上,我们分析了排名前10的核心词。通过以上分析不难发现,中国改革开放进程中的民主话语体系包含了7个核心共享词,即社会主义、人民、中国共产党、领导、建设、发展、中国,它们构成了5个要素。另外3个进入前10的核心共享词有“政治”“制度”“坚持”,这3个词分别表明了中国民主的政治维度、制度属性和基本态度,有着重要的意义。综合这些情况,我们基本上可以形成一个内容比较全面的中国民主话语内涵,即中国的民主就是在中国共产党的领导下,以发展为目标,坚持社会主义人民民主。

三、民主话语的独立词与创新性

对共享词的考察有利于我们发现话语体系的共同点,观察话语体系之间的继承性。对独立词的考察则有利于我们发现话语体系的差异点,观察话语体系的创新性。在对独立词的考察过程当中,我们引入总民主话语体系,并与三套民主话语体系进行比较,主要考察的内容有两项,即特色词和淡出词。特色词在A话语体系基本不使用或很少使用,但却在B话语体系当中被大量使用的词,这就是B话语体系的特色词。如果因为B话语体系特色词的使用直接影响到了总话语体系中特色词的使用,那么,这就是B话语体系的贡献。淡出词在A话语体系使用,但B话语体系中不使用或很少使用的词,这就是B话语体系的淡出词。这类词可以分为两类:一是停用词,即在该话语体系当中不出现,不被使用;二是边缘词,即在该话语体系当中虽然出现,但是出现次数比较少,地位不突出。

为了从总体上比较三套民主话语体系的词的独立程度,我们以总民主话语体系为基

---

① 初次提出的时间更早,可能是在1991年的《中国共产党人的庄严使命》一文中,并且在十四大上也有所涉及。参见《江泽民文选》第1卷[M].北京:人民出版社,2006:155.

② 《江泽民文选》第2卷[M].北京:人民出版社,2006:32.

③ 《江泽民文选》第3卷[M].北京:人民出版社,2006:235.

准，观察这三套话语体系与总民主话语体系在排名上的差值，并将各话语体系的前200名差值做一个均值分析，得到表5的基本数据。

表5　前200名核心词排名差值的均值分析

	均值	N	标准差	中值	极小值	极大值	峰度	偏度
《邓小平文选》	118.74	200	174.934	57.00	−161	779	1.438	1.308
《江泽民文选》	10.30	200	41.712	4.50	−119	147	1.459	.541
《胡锦涛文选》	5.63	200	32.636	1.00	−90	154	3.121	.790

从表5中我们可以看到，《胡锦涛文选》的民主话语体系与总民主话语体系的核心词差值的均值只有5.63，并且标准差最小，中值也最小，极大值和极小值的范围也小，峰度偏高，偏度则偏低。《邓小平文选》则刚好与之相反，差值的均值达到了118.74，标准差更是高达174.934，极大值和极小值的范围也大，峰度偏低，偏度则偏高。相比来看《江泽民文选》则居于两者之间，但与《胡锦涛文选》更为接近。如果我们以《邓小平文选》的情况来比对，我们甚至可以忽略后两者之间的差距。

为了进一步发现三套话语体系中的特色词和淡出词，从而对三套话语体系的差异进行深入分析，我们对总民主话语体系当中排名前200的关键词中差值较大的条目进行了摘选，将其中具有实际意义的关键词整理出来，形成了各民主话语体系差异词表，见表6（表中《邓小平文选》称著作一，《江泽民文选》称著作二，《胡锦涛文选》称著作三）。

表6　各民主话语体系差异词表

	著作一计数	著作二计数	著作三计数	总体排名	著作一差值	著作二差值	著作三差值
建设	30	220	334	4	−11	1	0
社会	14	94	179	12	−40	−1	1
完善	6	69	102	21	−147	−3	−2
干部	5	53	113	24	−183	−6	7
健全	10	51	89	30	−58	−7	3
管理	14	51	79	32	−21	−3	−1
文明	3	45	91	33	−339	−11	7
执政	0	7	126	36	/	−411	22
专政	40	65	17	44	36	17	−202
建立	8	51	48	52	−70	16	−23
革命	17	48	37	59	20	19	−46
科学	3	23	75	60	−325	−56	24
和谐	0	5	86	74	/	−473	45

续表

	著作一计数	著作二计数	著作三计数	总体排名	著作一差值	著作二差值	著作三差值
世界	6	39	44	78	−74	21	−7
协商	1	35	51	82	−703	14	11
提高	4	15	66	85	−195	−113	39
伟大	0	32	42	97	/	19	6
民主化	14	23	35	101	50	−16	−16
集体	4	22	34	122	−188	−1	1
法治	0	15	41	128	/	−62	36
领导班子	0	12	41	138	/	−100	45

分析这一差异词表,我们可以很清晰地看到各民主话语体系的特色。比如,在胡锦涛的民主话语体系当中,与"民主"共现的关键词中与总民主话语体系和其他民主话语体系相差特别大的有"执政""和谐""科学"这三个词,它们成为胡锦涛民主话语体系的特色词。这三个词在邓小平民主话语体系里是边缘词,甚至是停用词,但是在胡锦涛的民主话语体系当中,这些词的使用频率非常高,两者之间相差的差值甚至达到400多,连"科学"这种比较中性的词,差值也达到400多。就算在与胡锦涛民主话语体系整体差异不大的江泽民民主话语体系中,这三个词的差值也是非常大的,比如"执政"一词相差了400多,而"和谐"一词则相差近500。这三个词之所以成为胡锦涛民主话语体系的特色词,与胡锦涛强调科学发展观、和谐社会、执政建设有着密切的关系。

这些差异较大的关键词体现了不同民主话语体系的差异性。通过分析这些关键词,我们可以找到不同话语体系的特色和创新之处。在这个过程中,发现特色词和淡色词非常重要,如果能找到不同的民主话语体系的特色词和淡色词,我们就能发现不同的民主话语体系之间在语词上的取舍,并进一步通过特色词和淡色词的变化发现中国民主话语体系的变化趋势。我们可以总结出这一变化的三大基本特征。

第一,中国改革开放进程中民主话语的变化具有一定的阶段性、渐进性,表现出替代性创新的基本特点。目前的研究普遍认为渐进性是中国改革和体制转型的鲜明特征,中国民主政治的发展要通过持续和稳健的政治体制改革来促进。① 而渐进性改革方式是在现有条件的基础上,以现实问题为导向,在现实的可能中不断试错探索的循序渐进式改革。② 国内对中国改革渐进性的研究比较多,集中于从实践的角度、理论的角度进行研究,从话语的角度研究改革的渐进性的内容还比较少。从对三套民主话语体系的分析,

① 房宁.中国特色社会主义民主政治发展道路——中国社会主义政治改革若干思考[J].科学社会主义,2006(3):32.

② 马德普.渐进性、自主性与强政府——分析中国改革模式的政治视角[J].当代世界与社会主义,2005(5):19.

我们可以看到,中国的民主化进程体现出了渐进的特色,这从三套话语体系之间的继承性可以看出来。事实上,改革开放进程中民主话语体系的变化经历了三代领导人,其间的多数变化都是由量变到质变、不断发展的,很少有突变的情况。同时,这种变迁也表现出一种替代性创新的过程。比如,"革命"的淡出是与"改革"的突出联系在一起的,"专政"的淡出是与法治的突出联系在一起的,"斗争"的淡出是与"和谐"的突出联系在一起的。

总体来看,邓小平的民主话语体系处于中国民主话语体系的开创阶段,此后这一话语体系得到不断完善,并呈现出创新发展的态势。"建设"一词,在《江泽民文选》和《胡锦涛文选》中分别位列第 3、第 4,差别不大,但是,在《邓小平文选》当中,"建设"一词的词频排名第 28,在重要性上明显不如其他两部文选。在计数上的差别也很明显,在邓小平民主话语体系中,"建设"的计数只有 38 次,而江泽民和胡锦涛民主话语体系当中分别为 220 次和 334 次,相差较大。出现类似情况的还有"制度""改革"等词。另外一个相反的情况是,有些词在《邓小平文选》中得到多次强调,但却在其他两部文选当中没有得到相似的重视,比如"问题""工作"这两个词在《邓小平文选》当中分别列第 6 位和第 8 位,但是,在《江泽民文选》和《胡锦涛文选》当中分别列第 28、29 位和第 18、24 位。

与改革开放的进程相适应,在江泽民和胡锦涛的民主话语体系中,"完善""健全""发挥""更加""维护"这样的词在排名中占据较为重要的位置,这也说明了改革的重点。比如,邓小平很少使用"完善"这个动词,在邓小平的民主话语体系当中,其词频排名排到了 396 名,是一个边缘词,这与邓小平关心的事项有着密切的联系。相反,在江泽民和胡锦涛的民主话语体系当中,"完善"这一概念分别排在 23 和 24 位,这与这两位前任领导人处理的事务中有更多与发展、改革等相关的内容有着密切的关系。

第二,整体来看,中国改革开放进程中民主话语的变化体现了由革命向执政转换的特征。就革命与执政转换的问题,学术界已经有了很多研究成果。20 世纪以来,在关于中国共产党建设的各种讨论中,"从革命党到执政党"和"从局部执政到全面执政"是两个富有启发性且影响广泛的命题。① 从革命到执政的转变同时还是一场政治文化转型②,需要从"夺权、革命"思维转向"执政、建设"思维,这被认为是"我党理论创新的根本任务"③。从话语体系的角度来审视这一转型,我们发现,三套民主话语体系都被打上了改革的烙印,但在具体细节上的差异还是比较明显的。在这一过程中,邓小平民主话语体系更多地提到了"斗争""反对""专政""问题"等概念,革命色彩相对浓厚一些,具有由革命向执政的过渡性质。相比来看,胡锦涛的民主话语则因为强调了"执政""和谐""文明"等词,

① 陈明明."革命"、"统治"与"执政":旧话重提——关于政党变革的两个命题的讨论[J].社会科学研究,2011(4):5.

② 吕元礼.从革命到执政的政治文化转型与创新[J].深圳大学学报(人文社会科学版),2005(1):28-32.

③ 李永清.我党理论创新的根本任务:从"夺权·革命"思维彻底转入"执政·建设"思维[J].当代世界与社会主义,2002(4):40-45.

并且淡化了“革命”“集中”“专政”等词，表现出更强的缓和色彩。当然，如果我们考虑到毛泽东民主话语的革命色彩的话，三套话语体系在改革进程中都体现出非常强烈的执政色彩，这一点是毋庸置疑的。

中国改革进程中民主话语体系不断发展，斗争色彩逐渐淡化，和谐色彩逐渐变强。在邓小平民主话语体系当中，“斗争”“反对”这样的词出现频率比较高，分别排名33位和38位，这与总话语体系以及其他两个话语体系相差较多。这两个词的排名与总民主话语体系中的排名相差了近100位，与江泽民民主话语中的排名也相差了100多位，与胡锦涛民主话语中的排名差了300位左右。另外一个关键词“和谐”则刚好反映出完全不同的情况。这一关键词在邓小平民主话语体系当中没有出现，在江泽民民主话语体系当中也仅出现了5次，在胡锦涛民主话语体系中排名进入前30名。

第三，“专政”的淡化和“法制”“法治”的强化也是中国民主话语体系变化的另一个明显的趋势。我国宪法明确规定，人民民主专政是我国的国体。因此“专政”这一概念与民主之间的关系非常密切，在《邓小平文选》两卷当中计数为40，排名第8，是一个核心词。但是，邓小平提到的专政，实际上是在破除“文革”期间的“全面专政”的基础上提出来的，其目的是加强社会主义民主建设。[①] 此后，在《江泽民文选》中，“专政”这一关键词虽然计数有所增加，但是排名却下降至27位。在《胡锦涛文选》中，计数下降为17，排名更是降到第122位。与“人民民主”搭配在一起的“人民民主专政”一词在不同时期的变化，也深刻地反映了这一点。我们对“人民民主专政”出现的次数进行了统计，发现这一概念在三套民主话语当中出现的次数分别为13、56、13次。如果计算此词出现比例，我们会发现，在《邓小平文选》当中，“人民民主专政”这种搭配在“人民民主”词频当中占据了50%的比例，在《江泽民文选》中甚至超过了70%。但是，这种情况在《胡锦涛文选》中发生改变，只占到了15%。

与“专政”一词使用次数下降的趋势相反，“法制”和“法治”这两个关键词却从无到有，出现次数不断上升，逐渐走到民主话语体系的中心。专政与法治的关系，一直是法治发展的一个重要主题。在中国改革开放开启的法治化建设进程中，有学者提出需要对专政与法治的关系重新定位。[②] 实际上，早在20世纪80年代，就有学者提出“法治为无产阶级专政所必需”[③]。通过分析三套文选，我们可以发现另一种有趣的替代方案，即通过强调法治、淡化专政来实现一种替代性创新。在邓小平的民主话语体系当中，没有出现“法治”，更多使用“法制”的概念，计数为37次；“法制”在《江泽民文选》中出现了83次，排名第16；在《胡锦涛文选》中计数为52次，似乎有所减少，但《胡锦涛文选》中“法治”这一关键词的计数却大幅度上升，达到41次。如果两者相加，则《胡锦涛文选》中对中国法

① 《邓小平文选》第2卷[M]. 北京：人民出版社，1994：158.
② 郑成良. 专政的源流及其与法治国家的关系[J]. 交大法学，2014(4)：59.
③ 杨满松. 法治为无产阶级专政所必需[J]. 法学研究，1980(4)：61.

治观念的提及次数变化不大。当然,从“法制”到“法治”,语义更加科学、更加全面,逐渐开始由“革命法制”走向“依法治国”①。

通过以上分析,我们发现,在三套民主话语体系当中,江泽民、胡锦涛民主话语体系与总民主话语体系更为接近,而《邓小平文选》第二、三卷的民主话语体系与总民主话语体系相比则表现出相对较强的个性。总体来看,中国民主话语体系的变化具有一定的阶段性,呈现由革命话语向改革话语逐渐转变的轨迹。在这一进程中,由“革命”到“执政”、由“斗争”到“和谐”、由“专政”到“法治”等一系列变化表现出非常突出的替代性创新趋势。

四、结论与讨论

中国以改革为背景的民主话语体系不断发展,反映了在中国共产党的领导下,以发展为目标的社会主义人民民主不断发展,并走向成熟。这是中国改革开放进程中民主的“常”:社会主义、人民、中国共产党领导、中国特色、发展是中国民主不变的主题,邓小平、江泽民、胡锦涛等人的民主话语体系呈现出继承性。同时,中国民主话语不仅表现为一个前后传承的形态,而且表现为不断创新的变化过程:革命的民主话语逐渐过渡到改革的民主话语。在这一过程中,邓小平民主话语处于开创阶段,由江泽民民主话语过渡到胡锦涛民主话语,以改革为背景的民主话语体系得以不断发展,中国的民主话语也渐进地由革命走向改革,并借由“革命一执政”“斗争一和谐”“专政一法治”等一系列替代性转变表现出来。

计算机辅助文本分析结合了定量分析与定性分析两种思路,但数据所起到的作用只是提示,最终结论需要通过更为细致的质性研究和专家介入分析才能得出。虽然我们尽量追求准确,但是计算机辅助文本分析使用的词频分析、共现分析等方法所得到的数据并不具有最终的精确意义。比如,我们很难说提及 128 次和 127 次之间有什么区别,对于相差较小的数据,我们需要做更进一步的精确调校。从这个意义上讲,计算机辅助文本分析无法代替人工分析。当然,这一技术的不断发展,比如,语词情感分析、语词树结构分析、语词关系分析、语词网络分析、主题模型分析等,会解决一些问题。另外,计算机辅助文本分析研究还处于的早期发展阶段,数据的使用,甚至是专用名词的使用还不是非常规范,需要我们不断完善。

非常值得指出的是,党的十八大以来,中国进入了一个全面深化改革的历史阶段。

① 佟德志.从革命的法制到依法治国——中国政治体制改革的道路选择与政治文明建设[J].求实,2004(10):65-67.

习近平总书记在民主理论方面发表了内容丰富的讲话，尤其是在人民主体地位和协商民主等主题上，提出了很多具有创新性的见解，这对中国的民主政治走向必将产生深远的影响。在邓小平、江泽民、胡锦涛等人的基础上不断进步，全面实现人民民主，创新民主实践，发展民主理论，丰富民主话语，这会对未来中国的国家治理产生重要影响。进一步研究中国民主话语体系的“变”与“常”，仍然有两个方面的工作需要完成：一是完善对中国民主的总体认识，旗帜鲜明地坚持达成的共识；二是把握民主话语的变化规律，将具有创新性的改革成果推向深入，达成新的共识。

（本文初刊于《政治学研究》2018年第1期）

政治传播中话语战胜的内在机理

——清前期正统性辩护话语策略的理论启示

◇ 白文刚[1]

引言：话语博弈是政治传播竞争中的白刃战

虽然很少被研究者提及，但竞争性是政治传播的本质属性之一。因为从实践来看，所谓政治传播，一般而言并非单一传播主体与受众之间封闭循环的政治沟通，而是多元主体为争取受众认同而展开的传播竞争，甚至在只允许单一传播主体存在的极权社会，也存在受众对传播者的无言抵抗。在多元力量和多元意识形态并存的社会变革时期，这种竞争性体现得尤为突出。

政治传播的竞争性体现在政治传播活动的各个环节，在最前沿展开激烈博弈的则是政治话语，因为作为“语言事件或者语言的使用”[2]，话语是思想、观念、情感得以表达的第一媒介，任何政治信息的传播最终都只能依靠特定的话语完成。因此在政治传播活动中，尤其在政治传播竞争中，最终在我们眼前展开的都是话语的较量。从某种意义上说，我们可以用“政治传播中的白刃战”来比喻话语博弈在政治传播竞争中的地位。特别是在传播的物质技术相似的情况下，话语的竞争胜负更是直接决定着竞争主体政治传播效果的优劣。

正是基于对话语在政治传播中的地位以及当代中国在对内、对外政治传播中话语困境的深刻认知，话语研究成为当下中国政治传播研究的核心话题之一。与西方的话语研究主要致力于探讨语言与权力的复杂关系不同，中国的话语研究主要致力于现有话语的改善。对内而言，研究者希望打通官方话语与民间话语之间的壁垒，实现国家与社会的

---

① 作者系中国传媒大学政治传播研究所副所长，政府与公共事务学院教授。

② 利科.诠释学与人文科学：语言、行为、解释文集[M].孔明安，等译.北京：中国人民大学出版社，2012：160.

良性沟通;对外而言,研究者希望通过构建一套新的话语体系来“讲好中国故事,传播好中国声音”,为硬实力正在崛起的中国争取国际话语权、塑造良好的国际形象。考虑到学者们对相关问题的探讨之多、忧虑之深,我们甚至可以说当下中国出现了一定程度的“话语焦虑”。

检视现有研究成果,就对外传播而言,学者们围绕“加强话语体系建设,构建融通中外的新概念、新范畴、新表述”这一重大命题进行了深入探讨,提出了诸多新的观点和看法;[①]就对内传播而言,学者们则围绕官方话语的改进这一重要命题提出了不少新建议。[②]这些新观点、新见解有效地加深了我们对当代中国话语问题的理论认识。但是,在肯定成绩的同时,我们也必须看到,目前学界就相关问题提出的观点或者是基于理论的推演,或者是基于现状提出的应用性对策,尚缺乏充分的经验证据来进行验证、修正、发展和完善。在这样的背景下,选择与当代中国话语体系面临的挑战相匹配的、已经完结的重大话语事例进行剖析,无疑有益于我们更为准确和深入地把握相关理论问题。

清初,以少数民族身份入主中原的清王朝在合法性建构方面面临着以华夷之辨话语构建的正统观念的尖锐挑战。为了应对这一挑战,清朝统治者精心制定话语策略,采用大一统话语来回应挑战,经过顺治、康熙、雍正三代努力,总体上实现了王朝的话语霸权,比较理想地解决了自身的正统辩护和合法性建构问题。清朝统治者的成功是多种因素综合施力的结果,话语策略的成功运用是重要原因之一。清王朝在当时面临的话语挑战的性质、程度及规模与当代中国面临的话语挑战有一定的相似性[③],因而也是相对理想的历史案例。本文希望通过对这一案例的考察,就政治传播中话语战胜的内在机理做一些初步的探讨,以便推进我们对相关问题的理论认识。

一、华夷之辨话语:清初合法性建构面临的话语挑战

中国古代新建王朝的合法性建构主要从天命、圣德和正统性三个方面着手。与前两个观念相比,正统性出现的时间比较晚,大约是在三国、魏晋时期,正统性在王朝合法性建构中的重要性才凸显出来,成为王朝合法性建构的三大基石之一。在之后的历史中,

---

① 陈亦琳,李艳玲.构建融通中外的新概念、新范畴、新表述——中国政治话语传播研讨会综述[J].红旗文稿,2014(1):27.

② 荆学民,李海涛.论中国特色政治传播中的政治话语[J].青海社会科学,2014(1):6-7.

③ 相似性,意指清朝前期与当代中国都面临着某种程度的异质话语的挑战,而且这种挑战是直接影响意识形态安全与合法性建构的。不仅如此,两个政权在构建自己的话语体系时也都面临如何处理在各自时代背景下普遍的政治文明价值与本政权特殊意识形态需要的难题。有必要指出的是,现代中国的话语体系建设与研究往往着力于对外争取话语权,而本文则主要从整体上着眼于以建构合法性为目的的话语体系建设。因为笔者认为,内外有别的策略并不能从根本上解决话语传播的困境,作为政治制度与意识形态的产物,内外话语从根本上来说是一致的。

正统的内涵及其在王朝合法性建构中的地位在各个时期并不同。以种族身份作为衡量正统与否的首要标准并将其提升为王朝合法性建构最关键的因素，则始于南宋。华夷之辨话语是当时反映这一观念最具代表性的政治话语。在元朝之后建立的明朝在正统观念上遥承南宋，而在晚明和清初，满族入主中原这样"天崩地解"的历史剧变，更是激发了这套话语的生命力，成为明朝遗民和清朝前期反叛者挑战清王朝政治合法性的强大武器。

语词是话语形成的基础，属于关键概念的语词更是区分话语体系的基本要素。当然，语词在话语中的重要性不在于语词本身的物质形态，而在于基于政治社会权力结构等特定历史情境对语词的解释。华夷之辨话语，正是以时人对华、夷这两个核心概念的界定及二者的相互关系的解释为基础而形成的。对夷的界定，在这套话语体系中尤其重要。

华、夷这两个概念在先秦时期就出现了。华，又称夏、华夏、中夏、诸夏、中国，等等，是主要生活于中原黄河流域、以礼仪文明为标志的族群的自我尊称。夷，常常又称夷狄，是华夏族对其周边文化相对落后、被认为未遵循礼仪文明的族群和政权的总称。这样的概念显然有高下、优劣的区分，但值得注意的是，虽然华夏文明当时主要在中原地区，但先秦时期人们在使用这两个概念时并非基于种族与地理标准，而是基于一种政治与文化标准，正如梁启超所言："后世之号彝狄，谓其地与其种族；《春秋》之号彝狄，谓其政俗与其行事。"[①]正因如此，华夷之间是可以相互转换的，关键在于是否尊奉为华夏文明标志的礼仪人伦，而非种族与地理。

但是，在自南宋兴起的基于种族主义的华夷之辨话语中，华、夷概念的界定及其相互关系和先秦时期有了天壤之别。时人在对夷狄的界定中刻意歧视性地使用动物来进行比喻，使华夷之间的差别由文化的高下变成了人与禽兽的区分，从而在理论上完全否定了华、夷转换的可能性。南宋遗民郑思肖在其所著的《心史》中，即用动物譬喻夷狄，称："四裔之外，素有一种孽气，生为夷狄，如毛人国、猩猩国、狗国，女人国等，其类极异，绝非中国人之种类。"基于这样的认识，他指出如果夷人学习践行华夏的礼乐文物，是"僭行中国之事以乱大伦，是衣裳牛马而称曰人也"。[②] 明初大儒方孝孺也用禽兽、犬马、蛇虫等词来譬喻夷狄，称若夷狄入主中国，就"是率天下为禽兽也"。明代中期著名理学家丘濬则把夷狄视为人与禽兽之间的一个物种，称帝王负有"攘夷狄""驱猛兽"的职责，在华夷之间，"华必统夫夷，夷决不可干中国之统"。[③] 黄宗羲、顾炎武、王夫之等明末清初反对清朝入主中原的著名士人，同样以禽兽的比喻来界定夷狄概念。黄宗羲称："以中国治中国，

---

① 梁启超. 春秋中国彝狄辨序[M]//梁启超. 饮冰室文集：第1集. 昆明：云南教育出版社，2001：135.

② 郑思肖. 心史·古今正统大论[M]//饶宗颐. 中国史学上之正统论. 北京：中华书局，2015：147.

③ 丘濬. 世史正纲序[M]//饶宗颐. 中国史学上之正统论. 北京：中华书局，2015：206.

以夷狄治夷狄,犹人不可杂之于兽,兽不可杂之于人。”①而王夫之则断言,如果夷狄效法华夏文化,就是“沐猴冠而为时之大妖”②。比黄宗羲等人稍晚的清朝前期著名的反清思想家吕留良也“以夷狄比于禽兽”③。正是这种对华夷概念的特殊解释及在此基础上对华夷关系的界定,为华夷之辨话语的形成及流行奠定了基础。

当然,我们把当时的有关正统论证的话语称为华夷之辨话语,并非仅仅是因为关于华、夷区别的话语是正统论证的代表性话语,更重要的是,当时还以华夷之辨为基础改造和重构了传统的儒家意识形态话语体系,形成了华夷之辨话语统摄的主流意识形态话语体系。

依照英国学者汤普森的看法,“所有的意识形态都是用话语形式表达出来的”④。从实践来看,这种意识形态的话语表达首先依靠的就是核心概念。不同的意识形态是通过不同核心概念的逻辑排列表述出来的。某一概念在意识形态表达中的有无及位置,能够有效地影响受众对意识形态的理解。华夷之辨话语对传统儒家意识形态话语体系的改变,正是通过凸显华夷之辨概念在意识形态关键概念链条中的显赫位置而完成的。众所周知,纲常伦理是儒家意识形态最核心的概念,一般而言,华、夷两个概念在这套意识形态中的位置并不靠前,至少不突出。但是,基于强烈的种族主义,提出华夷之辨话语的思想家不但在概念界定中通过将夷狄譬喻为动物加深了华、夷之别,而且将其提升为意识形态话语体系中最关键的概念,置于纲常伦理概念之前,构建了一套以华夷之辨话语主导的儒家意识形态。明朝思想家丘濬的《世史正纲》可谓是体现这套意识形态的典型文本。在这部书的序言中,丘濬明确指出此书的首要宗旨是“严华夷之分”。

> 夫华夷之分,其界限在疆域。华华,夷夷,正也。华不华,夷不夷,则人类殽世,不可以不正也。君臣之义,其体统在朝廷,君君,臣臣,正也。君不君,臣不臣,则人纪隳,国不可以不正也。父子之心,其传序在世及。父父,子子,正也。父不父,子不子,则人道乖,家不可以不正也。⑤

由上述引言不难看出,作者将华夷之辨置于君臣、父子伦常之前,认为其涉及人与物的区分,在此基础上才能谈君臣、父子之伦常。明末清初著名思想家顾炎武则用“君臣之分,所关者在一身。夷夏之防,所系者在天下”⑥来表达相同的意识形态立场。余波所及,清雍正年间,受吕留良思想影响的反清人士曾静,继续沿用这样的话语体系,强调华夷之辨在儒家意识形态中的至高地位,声称:“华夷之分,大于君臣之伦;华之与夷乃人与物之

---

① 黄宗羲.留书泆史[M]//黄宗羲.黄宗羲全集:第11册.杭州:浙江古籍出版社,2012:12.
② 王夫之.读通鉴论:中册[M].北京:中华书局,1975:386.
③ 雍正.大义觉迷录[M].北京:中国城市出版社,1999:5.
④ 汤普森JB.意识形态理论研究[M].郭世平,等译.北京:社会科学文献出版社,2013:10.
⑤ 丘濬.世史正纲序[M]//饶宗颐.中国史学上之正统论.北京:中华书局,2015:205.
⑥ 顾炎武.日知录:卷七[M]//.兰州:甘肃人民出版社,1997:349.

分界，为域中第一义。”[①]

综上，华夷之辨话语通过对华、夷这两个概念的种族主义界定，尤其是通过以禽兽譬喻对夷这个概念进行污名化界定，在华、夷之间挖了一条不可逾越的鸿沟，完全堵死了两者转换的可能性。而将华夷概念置于传统儒家意识形态话语体系的首要地位，则强化了这套话语的威力，使传统儒家意识形态有了浓厚的种族主义色彩，从而在理论上给清王朝为自己入主中原的正统性和合法性辩护造成了似乎难以逾越的巨大障碍。当代学者葛兆光指出：“在中国历史上，可能没有哪一个王朝的覆亡会（像明朝一样——引者注）出现这么多的‘遗民’，也没有哪一个王朝的更迭会引起如此激烈的文化震撼。”[②]明明是一个腐朽的、对民众横征暴敛的王朝的覆亡，竟然出现如此多的遗民、如此激烈的文化震撼，这显然与民众难以接受新统治者满族的身份有关，而这种对统治者的身份的不认同，是与华夷之辨话语及其建构的种族主义观念的流行有密不可分的关系的。

二、以“大一统”应对“华夷之辨”：清王朝正统性辩护的话语策略

早在入关之际，清朝统治者就清楚地意识到了由华夷之辨话语造成的正统性辩护困境是其在中原，尤其是在江南地区建构王朝合法性的重大挑战，并开始积极应对。[③] 而其应对的策略则是从对华、夷概念的重新解释入手，修改、重构南宋和明朝以来流行的儒家意识形态的核心概念链条，创制一套既以历史传统为基础又具有本朝特色的“大一统”政治话语。

雍正年间因“曾静案”刊发全国的奇书《大义觉迷录》，收录了雍正为清王朝正统性及本人帝位正当性辩护的大量一手资料。在为清王朝正统性辩护的语篇中，雍正充分运用了具有本朝特色的大一统话语来应对华夷之辨话语的挑战，这为我们考察两种话语的博弈提供了范例。以下我们就以《大义觉迷录》为范本，具体分析清王朝在正统性论证中的话语策略。

前文已经阐明，华夷之辨话语的基础是通过对夷这一概念进行动物化、污名化界定，制造出华、夷之间不可逾越的鸿沟。与近代西方国家在对华交往中把夷理解为野蛮人（barbarian），并要求废弃这一名词不同，清朝统治者并不避讳这一概念，[④]而是对这一流传甚广的概念进行重新界定，界定的思路是：在大一统的视野下，不仅将华、夷两个概念彻底去种族化，而且彻底去文明差异化，使之成为仅表示内外的地域概念。针对满族被

---

① 雍正. 大义觉迷录[M]. 北京：中国城市出版社，1999：116.

② 葛兆光. 中国思想史：第 2 卷[M]. 上海：复旦大学出版社，2001：384.

③ 杨念群. 何处是江南？[M]. 北京：三联书店，2010：232-234.

④ 刘禾. 帝国的话语政治[M]. 北京：三联书店，2014：100.

视为夷狄的言论,雍正言:"不知本朝之为满洲,犹中国之有籍贯,舜为东夷之人,文王为西夷之人,曾何损于圣德乎?"①又说:"且逆贼吕留良等,以夷狄比于禽兽,未知上天厌弃内地无有德者,方眷命我外夷为内地主。"②通过这样的解读、界定,华夷之间仅有内外地域之区别,不仅没有了几乎是人与禽兽之分的种族主义色彩,而且连文明先进、落后的区分也没有了,华不再有任何优越性,夷也不再有任何贬义色彩。依照这样的界定,由华夷之辨话语构建的华、夷之间的不可逾越的鸿沟就不复存在了。这就为清朝统治者的自身合法性辩护清除了最根本的障碍。

不仅如此,雍正还通过将华夷之辨概念历史化来进一步降低其地位、削弱其影响。他指出:华夷之说,是"晋宋六朝偏安之时"的产物,是"自古中国一统之世,幅员不能广远"的产物,在历史上,随着天下一统局面的发展,华夷的边界和所指也在不断发生变化,雍正反问:"如三代以上之有苗、荆楚、猃狁,即今之湖北、湖南、山西之地也。在今日而目为夷狄可乎?"③这揭示出夷狄所指随历史发展而不断变化的事实,使华夷概念历史化,瓦解了宋明以及清初反清人士在华夷之辨话语体系中建构起来的华夷概念所指的普世化、永恒化的历史假象,大大降低了华、夷概念的重要性。

在彻底解构华夷之辨话语中华、夷概念的同时,清朝统治者还通过重新选择和排列儒家意识形态的核心概念,精心创制了符合清朝统治需要的儒家意识形态话语体系。依据其特点,我们可以把这套意识形态话语体系称为"大一统话语体系",这套体系的基础则是按重要性排序的若干核心概念。在《大义觉迷录》中,这套话语体系有充分的展现。

本文称这套话语体系为大一统话语体系,是因为大一统是这套话语体系的基础。大一统的含义非常广泛,由于国家疆域广阔,天下一统无疑是基础。对清朝而言尤其如此,并且这也是其可利用的优势。所以在构建大一统话语体系时,疆域的广阔和统一成为清朝统治者反复强调的内容。《大义觉迷录》的首篇是雍正为此书刊发全国而发布的上谕,在这道上谕中"统一寰宇""天下一家""天下一统""华夷一家"等词随处可见,目的是炫耀清朝幅员之广阔,说明"海隅日出之乡,普天率土之众,莫不知大一统之在我朝"。④ 天下的一统,是建构正统性重要的且历史最悠久的要素之一,旨在构建王朝官方意识形态的大一统话语的物理基础,所以才在雍正的诏书中反复出现。正是从基于疆域广阔的大一统概念出发,雍正才能贬斥华夷之辨话语不过是"乡曲疆域之私衷浅见""讪谤诋讥之说耳"。⑤

天命与帝王之德是这套大一统话语体系中的两个核心概念。当然,这里的帝王之德

---

① 雍正.大义觉迷录[M].北京:中国城市出版社,1999:2.
② 雍正.大义觉迷录[M].北京:中国城市出版社,1999:5.
③ 雍正.大义觉迷录[M].北京:中国城市出版社,1999:4,5.
④ 雍正.大义觉迷录[M].北京:中国城市出版社,1999:2.
⑤ 雍正.大义觉迷录[M].北京:中国城市出版社,1999:1,2.

不能被简单理解为帝王的道德与品德。依据刘泽华先生的解释，古代中国的“德是一个综合概念，融信仰、道德、行政、政策为一体”[①]，在具体文本中常以“恩德”“大德”“圣德”等形式出现。这里把两个概念合并讨论，是因为这两个概念在实际运用中也常常联系在一起，用来证明帝王正是由于其足以感动上天的圣德而赢得了天命，而天命则是中国古代帝王建构合法性最关键的理由，几乎可以视为中国古代皇权合法性的代名词。在《大义觉迷录》收录的上谕中，雍正熟练地运用由这两个概念组合而成的话语来为清王朝的合法性辩护，成功地在理论上击破了华夷之辨话语给清王朝建构合法性造成的困境。在上谕的开篇，雍正即声言：“自古帝王之有天下，莫不由怀保万民，恩如四海，膺上天之眷命，协亿兆之欢心……盖德足以君天下，则天锡佑之，以为天下君，未闻不以德为感孚，而第择其为何地之人而辅之之理。”[②]不难看出，雍正把天命和圣德作为这套话语体系的两个核心概念，矛头依然指向华夷之辨话语强调的种族、地域观念。在将华夷解读为内外地域的基础上，雍正用天命与圣德两个核心概念直接阐明了清王朝入主中原的合法性，声称：由于天命无私地眷顾有德者，“是为德在内近者，则大统集于内近，德在外远者，则大统集于外远”。他指出，满族作为外夷之所以能入主中原，就是因为“上天厌弃内地无有德者，方眷命我外夷为内地主”。[③]

当然，在这套大一统话语体系中，还有一个更为核心的概念，那就是纲常伦理，通常又被简称为伦常。伦常概念在这套话语体系中之所以地位重要，不仅是因为一般而言，君权至上是大一统的内在含义之一，而伦常是构建君权至上权力秩序的概念框架，更是因为就清王朝的合法性建构而言，凸显伦常在意识形态中的重要地位，就在理论上剥夺了反清人士运用华夷之辨话语反对清王朝统治的正当性，即在理论上剥夺了反清人士的话语权。雍正显然深谙此理。在上谕中，针对华夷之辨话语用禽兽来比喻夷狄的说法，他把伦常确定为区分人兽的标志，并凸显君臣之伦的核心重要性。其文曰：

> 夫人之所以为人，而异于禽兽者，以有此伦常之理也。故五伦谓之人伦，是缺一则不可谓之人矣。君臣居五伦之首，天下有无君之人，而尚可谓之人乎？人而怀无君之心，而尚不谓之禽兽乎？尽人伦则谓人，灭天理则谓禽兽，非可因华夷而区别人禽也。且天命之以为君，而乃怀逆天之意，焉有不遭天之诛殛者乎？[④]

不难看出，正是依靠伦常概念，雍正完成了对反清人士所持的华夷之辨话语的最后一击。如果说之前的概念都是这套大一统话语体系中用来为清王朝的合法性辩护的，那

---

① 刘泽华，葛荃. 中国古代政治思想史(修订本)[M]. 天津：南开大学出版社，2001：7.
② 雍正. 大义觉迷录[M]. 北京：中国城市出版社，1999：1.
③ 雍正. 大义觉迷录[M]. 北京：中国城市出版社，1999：5.
④ 雍正. 大义觉迷录[M]. 北京：中国城市出版社，1999：13.

么通过对伦常概念的运用,清王朝已经转守为攻,展开了雷霆万钧的反击。因为在伦常话语中,作为臣民的反清人士挑战清王朝的言行被顺理成章地界定为违反伦常之首的君臣之伦,依据雍正的界定,违背伦常就沦为了禽兽,而禽兽是没有话语权的。

综上所述,面对华夷之辨话语给清王朝入主中原制造的合法性挑战,清朝统治者选择了用大一统话语体系予以反击,从历史上看,清朝统治者的话语策略是成功的。清王朝依靠这套大一统话语体系击破了华夷之辨话语对其正统性的挑战,扫除了合法性建构的主要障碍,直到晚清现代民族主义话语兴起,这套话语体系一直在清朝占据统治地位,反清复明的观念和话语只能在一些底层社会中流行。

三、清朝实践的理论思考:话语博弈的因变原则与竞争基础

本文的"引言"部分已经指出,本文并不是像常见的历史研究那样,通过引入新的视角、概念来重新解读、理解特定历史事件,而是希望通过选择合适的历史案例来推进我们对话语问题的理论认识,具体而言,就是希望依托对清初话语博弈实践的考察,以政治传播中话语战胜的内在机理为中心,与目前学界流行的关于我国政治话语建设的若干重要观点展开对话,推进我们对相关问题的理论认识。

这里强调"话语战胜",是因为话语作为"意识形态的一个至关重要的物质形式",①作为反映并同时建构权力的媒介,直接关系到一个政权的合法性与统治的稳定性。从争夺或维系合法性和权力的角度出发,话语的主体在构建自己的话语体系时,其最终目的必然是话语的战胜,即取得足以维护自身统治合法性的话语霸权,而不可能仅仅是"共振"或"融通"。强调"内在机理",表明我们的探讨聚焦于话语本身的力量及其源头,暂且不考虑传播技术的作用。因为在笔者看来,传播技术固然非常重要,但在政治传播中最终面对面交锋的依然只能是话语而非技术,最终获得受众认同并达成目标也只能依靠话语而非技术。特别是传播的竞争都发生在同一历史时期,而同一历史时期的传播技术条件多是相似或者相近的。所以在政治传播中考察话语战胜的内在机理比考察外在条件更重要。

结合我国学界有关政治话语建设的一些观点,围绕话语战胜的内在机理,有两个问题值得我们首先考虑:第一,在政治话语博弈中,关键概念的因循与变革应该遵循什么原则?第二,从根本上来说,政治传播中话语竞争的实质或者说基础到底是什么?第一个问题是讨论政治话语博弈的策略原则,第二个问题是讨论政治话语力量的根源所在。在笔者看来,这既是我国政治话语体系建设中必须有清醒理论认识的问题,也是目前各种观

① 费尔克拉夫.话语与社会变迁[M].殷晓蓉,译.北京:华夏出版社,2003:30.

点、歧见最集中的问题。而清前期应对华夷之辨话语的策略，能给我们提供一些理论启示。

先来看第一个问题。在目前有关中国政治话语建设的讨论中，实际上存在两种对立的观点：一种主张尽量淡化意识形态色彩、规避意识形态纷争；另一种则主张站在语言主权的高度，全面建立中国的政治话语体系。当然，这些建议主要是针对对外政治传播提出来的。不过，前文已经指出，内外有别的策略并不能从根本上解决话语传播的困境，作为政治制度与意识形态的产物，内外话语从根本上来说是一致的。换言之，今天中国在对外传播中面临的话语困境，在对内传播中也同样存在。因为中国对外传播的话语困境主要源于制度及与之伴随的意识形态差异，而国内的话语困境，从根本上来说，是源于有不同意识形态背景的多元社会思潮。而且从政治话语传播困境的本质来说，二者其实都是关涉合法性辩护的困境，而不仅仅是关于能否接受的困境。正是基于这样的认识，我们才说清王朝当时面临的话语困境与当下中国有一定的相似性，清王朝的案例有借鉴的价值和研究的必要。

那么，关于这一问题，我们能从清王朝的实践中得到什么启示呢？在笔者看来，最重要的启示就是：在话语博弈中，要精准选择博弈的关键概念并且基于自身意识形态需要旗帜鲜明、针锋相对地争夺其解释权，但在选择博弈概念时要以必要性为原则，不宜贪多、贪全、刻意创新。我们知道，所谓的华夷之辨话语是以对华和夷这两个核心概念作种族主义的界定为基础的，如此界定的两个概念给清王朝的正统性论证造成了根本障碍。从历史来看，清朝统治者恰恰是从对这两个概念及其关系的重新解释入手展开反击的，而新的解释旗帜鲜明地与旧的界定针锋相对，彻底剥离了其在华夷之辨话语体系中的浓厚的种族主义色彩，使其仅仅作为表示内外的地域概念，从意识形态最核心的概念变为毫无意识形态色彩的一般语词。而清王朝建立的大一统话语体系也处处指向对华夷之辨话语的驳斥，竭力消除其影响。

如果说上述行为体现了针锋相对、毫不妥协的原则，那么考察这场话语博弈，我们会发现清王朝对关键概念解释权的争夺主要聚焦于对华、夷的界定，此外，几乎一切都沿用了明代及明代以前中国古代社会长期使用的概念和话语。清朝所谓的大一统话语中的所有关键概念都是原先就有的，清朝并没有创立一套完全崭新的话语体系。也就是说，清王朝的话语调整是以必要性为原则的，并不追求过多的话语创新。

究其原因，中国古代社会中存在着当时被视为具有普遍意义的核心价值。不同于华夷之辨这样具有明显特殊时代色彩的概念，表达这些价值的语词被各个朝代的人普遍接受，被认为是儒家文明的标志。获得受众认同是政治传播中话语战胜的关键，从当时清王朝合法性建构的需要来看，作为当时社会普遍认同的政治文化的表述，这些概念不但没有消极作用，反而有利于清朝统治者更好地为自身辩护，所以除了坚决解构具有种族主义色彩的华夷概念之外,清王朝并没有做更多的话语变革。[①] 同样,当代也有被认为属于"没有政治冲突性"的政治文明的基本概念,[②]在话语体系建设中全面挑战这些基本概念未必是合理的选择。

除此之外,清王朝在这场话语博弈中的策略还启示我们:在话语博弈中,即使是关键词的争夺,也未必需要对每一个词进行重新解释、界定,或许只要适当调整一下旧意识形态话语体系中的关键词及其排序,就能成功地将其改为新意识形态的话语体系。清王朝大一统话语体系的形成,正是通过这种调整完成的,颇有四两拨千斤的意味。

我们从清前期的历史实践提炼了政治传播中话语战胜的策略原则。正确的策略自然是话语战胜的重要条件,不过,我们还需要进一步追问:从内在机理来看,在政治传播中决定话语博弈胜负的根本性因素是什么?这是上文提出的第二个问题。之所以提出这个问题,是因为在笔者看来,我国学界有关政治话语的研究虽然非常热烈,但基于强烈的现实关怀,研究的着力点多少有点儿偏差。具体来说,我们的研究过多地着力于通过话语的改进来争夺话语权,但有意无意地忽略了话语的根本性制约因素,似乎话语可以不受制约地为了传播目的而任意改变。

从清前期的话语博弈来看,政治话语的竞争其实是政治观念、政治意识形态的竞争,没有相应的观念、意识形态,就没有相应的话语,因此所谓的话语战胜,从根本上来说是以话语为媒介的观念或者意识形态在竞争中因得到受众的广泛认同而胜出。华夷之辨话语是基于种族主义世界观的儒家政治文明,而大一统话语则是基于世界主义世界观的儒家政治文明。世界观的不同,使人们对儒家文明有了不同的意识形态解读,而两种话语体系就是两种不同意识形态的物质呈现。在这场博弈中,大一统话语胜出的根本原因其实是它所表达的意识形态更符合当时社会主流的观念和政治文化,更能解释当时已经形成的政治权力结构。同样的大一统话语,在清前期可以战胜华夷之辨话语,在晚清则无法抵御在形式上与华夷之辨话语颇为相似的民族主义话语的冲击。这一鲜明的对比也充分说明了话语博弈的基础其实是意识形态。

认识到话语博弈的基础是意识形态,或者认识到话语是意识形态的表达,有利于我们更深刻地理解当代中国政治传播中存在话语焦虑的原因,也有利于我们更客观、理性地看待我国的政治话语体系建设问题。

(本文初刊于《社会科学战线》2017年第7期)

---

① 或许有人会认为当时的清朝统治者这么做是因为除了沿用这套话语,没有别的话语可用。但从历史来看,清朝统治者对蒙藏等边疆少数民族地区运用的话语与中原不同。这表明他们在中原做这样的选择是经过深思熟虑的,并不是出于无奈。

② 相关论述请参见荆学民教授的著作《政治传播活动论》(中国社会科学出版社2014年版第115-116页)以及论文《国际政治传播中政治文明的共振机制及中国战略》(国际新闻界,2015年第8期第13页)。依据荆学民教授的观点,"政治文明是人类各民族各国家历史悠久的政治文化中所积淀的有益于人类的积极成果。因而,政治文明的本质特征是'没有政治冲突性'"。本文对"政治文明"这个概念的运用,正是基于这样的理解。

中国政治传播与媒体管理制度

媒介法视角下党管媒体法制化历史研究/段　鹏　苏天翱

守土与调适：中国政治传播的制度结构及其变迁/苏　颖

媒介法视角下党管媒体法制化历史研究

◇段　鹏　苏天翱[①]

党管媒体在具体施政中的表达实践要通过法律文本的形式来进行，这种表达集中体现在媒介法的发展演变上。我国媒介法的主旨是："公民有自由，媒介归国家"[②]，主要功能是确保党管媒体原则，牢牢把握媒介的喉舌性质和思想宣传阵地功能。

一、20 世纪八九十年代：媒介法进入铺垫准备期

党的十一届三中全会以后，我国出版业开始全面复苏与发展，政府不断出台文件以对出版工作的指导思想和工作方针做出阐明和规定。1978 年 7 月 18 日，国务院以 141 号文件批准和转发《关于加强和改进出版工作的报告》，为出版体制改革奠定了基础。

1983 年 6 月 6 日，中共中央、国务院颁发《关于加强出版工作的决定》，这是新中国成立后第一个由党中央、国务院联合做出的关于出版工作的重要决定，是新时期指导出版工作的纲领性文件。1988 年 4 月，中共中央宣传部、新闻出版署联合发布《关于当前出版社改革的若干意见》（以下简称《意见》），这是新时期关于出版社改革的第一个文件，文件的重点是确立了出版社内部机制改革的原则。1988 年 5 月 6 日，中宣部、新闻出版署联合发布了《关于当前图书发行体制改革的若干意见》，提出了图书发行体制改革的基本原则和思路，第一次触及出版体制改革的问题，成为发行体制改革的纲领性文件。

早期对新闻媒介的管理属于"单一宣传纪律管理"，没有专门法规。条例、通知、规定、座谈会纪要、领导人讲话等都发挥着新闻政策的作用，发布机构主要是中共中央和中

① 作者段鹏系中国传媒大学副校长，移动互联与社会化媒体研究中心主任，教授，博士生导师；作者苏天翱系中国传媒大学互联网信息专业社会化媒体方向 2016 级硕士研究生。

② 魏永征. 公民自由，媒体归国家——《新闻传播法教程（第四版）》修订札记之三[J]. 青年记者. 2013(7)：77.

宣部。[①] 这些文件和精神在成文法条出现之前，扮演了法律文书的角色，给党的媒介管理工作提供了指导，同时也为日后媒介法的出台打下了基础。

在这一时期对媒介法发展起关键作用的另一个事件是媒介侵权案，即新闻报道侵犯名誉权的新闻案件，案件主要以“名誉侵权”为主要表现形式。这类案件的重要意义在于打破了媒介作为阶级斗争工具而“不需要承担法律后果”的特殊地位，给媒介的法制化提供了重要的前提条件。

二、20世纪90年代以后：媒介法制化正式起步

进入20世纪90年代后期，真正具有法律性质的管理条例陆续发布。这一时期的法律条例，一类是针对具体媒体领域的，另一类则是面向整个新闻出版行业的全局性法律条文。

前者的突出代表是《广播电视法》。1986年广播电影电视部(以下简称“广电部”)就开始调研起草《广播电视法》。1987年后，全国人大代表也多次提出制定广播电视法的议案，但由于多方面的原因，广播电视法一直未能出台。直到1995年，广电部决定在《广播电视法(草案)》的基础上起草《广播电视管理条例(草案)》，并上报国务院。经过两年多的调研、修改、协调，1997年7月国务院常务会议通过了该条例，这是我国广播电视法制建设史上的里程碑。该条例是我国广播电视领域覆盖面最宽、内容最全面、效力等级最高的法规。

相比具体媒体领域的法律，面向整个新闻出版行业的法律法规的出现更具奠基意义。

1997年1月，国务院发布《出版管理条例》。这是新中国成立后第一个比较全面系统的出版管理行政法规。此后，国务院多次对该条例进行修订，使之不断适应新形势的要求。迄今为止，我国尚未制定出版法，现有的关于出版的行政法规在一定程度上为出版法的制定准备了条件。

通过《出版管理条例》(2016年版本)的三段论，确立“公民有自由，媒体归国家”的原则。《条例》二十三条规定：“公民可以依照本条例的规定，在出版物上自由表达自己对国家事务、经济和文化事业、社会事务的见解和意愿，自由发表自己从事科学研究、文学艺术创作和其他文化活动的成果。”这体现了公民的言论出版自由；而第九条中的“报纸、期刊、图书、音像制品和电子出版物等应当由出版单位出版”，则对媒体权限做出了规定，进而借助第十一条中的“符合国务院出版行政主管部门认定的主办单位及其主管机关”进

---

① 夏倩芳. 党管媒体与改善新闻管理体制——一种政策和官方话语分析[J]. 新闻与传播评论，2004(5)：124-243.

一步限制了媒体的资质，明确了党和国家对媒体的所有权、管辖权，也为接下来的媒体整顿提供了理论基础和法律依据。①

三、21世纪：互联网新媒介管理时期

2001年，党管媒体的提法通过新华网首次正式出现在书面文件里。这份文件以谈话形式提出："新闻出版广播影视业既是大众传媒，又是党的思想宣传阵地，无论什么情况下，党和人民喉舌的性质不能变，党管媒体不能变，党管干部不能变，正确舆论导向不能变。"

党管媒体的基本精神由此得到正式完整的阐述，配套行政体系也相继确立。新闻机构的许可制就是重要的特色。原新闻出版总署对外公布的资料显示，2003年《行政许可法》公布后，国务院确立了一大批此前行政法规未曾设定的媒介领域的许可项目和规定。如新闻出版部门实施的行政许可共有40项，其中由行政法规设定的有22项。广电部门实施的行政许可共31项，其中行政法规设定的有19项。新闻记者证件核发和广播电视节目主持人资格认定都成为行政许可项目。②

伴随着以互联网为代表的新媒介的兴起，媒介法规也在不断细化调整。早在2000年初，就有《电信条例》《互联网信息服务管理办法》等行政法规发布，同时，其他相关部门共计发布了50多个相关规章制度。而随着移动互联网技术的发展，管理部门对新闻媒体的管控也进一步加强，尤其是在对资质的限制方面，依照规章制度，只有特定新闻单位的网站等新媒体可以进行新闻采编工作和生产发布时政新闻，非新闻单位的网站只可转载、发送中央和省级直属新闻单位发布的新闻。

2001年国务院颁布的《电影管理条例》发挥着电影产业基本法的作用。这部条例是2001年12月21日国务院第50次常务会议通过的，分为总则、电影制片、电影审查、电影进口出口、电影发行与放映、电影事业保障与罚则等8个章节，68条。

此外原国家广播电影电视总局也制定发布了一些关于电影行业的规章制度，这些规章制度对于电影产业行业准入规则、从业人员管理、影片审查等方面进行了规定，以调整行业管理者——国家广播电影电视总局与从业主体之间的法律关系。随着电影市场的发展，要求颁布电影法的呼声越来越高。2004年起，起草"电影促进法"的消息引起了业内许多人士的关注和期待。2005年2月，时任电影局局长童刚表示，"电影促进法"的起草工作已经进入实质性运作阶段，力争在2005年拿出立法草案，并争取列入国家立法计

① 魏永征.新闻传播法教程(第二版)[M].北京：人民大学出版社，2006：156.

② 魏永征.中国媒介管理法制的体系化——回顾媒介法制建设30年[J].传媒与法，2008(12)：75-80.

划。但是立法工作并不顺利,直到2015年10月30日,全国人大常委会才首次审议《电影产业促进法(草案)》。

2011年国家新闻出版广电总局下发了《广播影视“十二五”立法工作规划》,此文件提出争取颁布实施《电影产业促进法》《广播电视传输保障法》,适时启动《广播电视法》的立法工作。2015年3月,时任中宣部副部长,国家新闻出版广电总局党组书记、局长蔡赴朝表示,要启动《广播电视法》的立法工作。

与此同时,除了加强对媒体的管制约束外,网络空间法制化的工作也在同步进行。十八大之后,中央领导在多次会议中强调媒体舆论的重要性,而且反复使用了“舆论战场”“舆论战斗”这样的词语。党的十八届四中全会重申要提高领导干部运用法治思维和法治方式深化改革、推动发展、化解矛盾、维护稳定的能力。2014年10月28日,《中共中央关于全面推进依法治国若干重大问题的决定》发布,其中又特别谈到了“党管媒体”的重要性。2016年4月19日,国家主席习近平在网络安全和信息化工作座谈上发表重要讲话,再次强调依法管网治网、加快网络立法进程、完善依法监管措施、化解网络风险。从这些重要讲话中,我们可以看到执政核心对舆论环境和新闻宣传工作的高度重视,也可以看出在当前环境下还有许多亟待解决的问题。

综上所述,从媒介法的演变过程来看,党管媒体原则的法制化践行经历了从讲话精神到法规条例、从全面覆盖到明确针对的发展历程,党管媒体原则所依据的法律体系正在不断完善。

四、党管媒体法制化建设的意义

中国共产党是中国特色社会主义事业的领导核心,坚持党管媒体原则,是党总结历史经验教训得出的必然结论,是巩固党的执政地位、提高党的执政能力的内在要求,是完成党的历史任务的重要保证。法制化建设,则是在这一命题下落实党管媒体原则的核心举措。党管媒体是党中央提出的全局性原则,而在具体的管理落实层面上,需要依靠完善的传媒法体系。

从这个角度上看,党管媒体的原则提供了指导,奠定了基本方向,而法制化建设则为具体工作提供方法与依据。法制化建设需要在党管媒体原则的指导下进行,法治工作的开展也会丰富党管媒体原则的内涵。

在具体媒介领域,法制化建设和媒体改革同步进行,二者形成了法治促进改革、改革实践促进法治完善的相辅相成的关系。其发展过程并非一帆风顺的,但总体上呈现出曲折前行和螺旋上升的态势。目前,传媒法制化的主要成果有《广播电视管理条例》《出版管理条例》《电影产业促进法》《网络安全法》等,已经形成了一个以国家基本法为主、相关行业政策规定和管理条例为辅的传媒法规体系，并且这个体系处于不断完善的过程之中。

但目前的情况不容乐观。一方面，伴随互联网技术的崛起，纷繁复杂的媒介环境正在不断出现新的挑战。在这样的背景下，针对整个媒介领域的基本行业法的修订和完善是当前法制化建设的重要任务。另一方面，随着传媒行业实践的发展和快速变革，在基本行业法的基础上制定更多行之有效的细分法律和行业规定以适应不断变化的现实情况，也是一项迫在眉睫的任务。

党的十八大将依法治国提升到新的战略高度，也从政治层面强调了媒介法制化工作的重要性。伴随媒介法制化提供的实践经验不断增加，党管媒体的精神内涵也在不断丰富，推动出台更为全面的具有宏观全局意义的政策文件，为法制化工作提供指导和保障。

随着互联网的快速发展世界各国都在探索适合自身的互联网治理模式，并取得了一些初见成效的经验，几乎所有接入国际互联网的国家都在探索适合自己的互联网治理模式。

从国外的经验来看，互联网管理需要统筹运用立法、行政、行业自律等多种手段。在管理依据方面，德国、澳大利亚和一些北欧国家倾向制定新的、单独的互联网管理法规，而美国、英国、日本则更多依赖现成法特别是刑法，亚洲国家总体偏重行政管理。

2014 年 7 月，习近平主席在巴西国会发表演讲时就强调了网络主权的重要性，“当今世界，互联网发展对国家主权、安全、发展利益提出了新的挑战，必须认真应对”。在首届世界互联网大会的贺词及第二届世界互联网大会的主旨演讲中，习近平主席再次就网络主权问题进行阐释。他强调，要“尊重网络主权，维护网络安全”“尊重各国自主选择网络发展道路、网络管理模式、互联网公共政策和平等参与国际网络空间治理的权利，不搞网络霸权，不干涉他国内政，不从事、纵容或支持危害他国国家安全的网络活动”。2015 年 7 月 1 日，我国正式颁布实施新的《国家安全法》，“网络空间主权”被写入法律，上升至国家意志层面，这也意味着我国并未像诸多全球化倡议者或技术乌托邦主义者设想的那样削弱或放弃权力，反而是借助互联网和信息技术进一步增强国家实力。

近年来，习近平主席通过不同场合和形式，阐述了中国政府对于构建国际互联网治理体系和治理规则，建立多边、民主、透明的国际互联网治理体系的基本主张，这成为中国政府的明确态度。党的十八大基于加强执政能力建设的战略思考，做出了“唱响网上主旋律，推进网络规范有序运行”的战略部署，其中借鉴外国在网络谣言治理中的有益经验，正是加强学习型政党建设的生动体现。综上所述，党的十八大将依法治国方略提升到了新的高度，党管媒体的实践也要坚持好这一原则，将现有的以行政条例为主的媒介法系统建设成为一套健全有效的法律体系，敏锐关注媒介环境的快速变革，对不断涌现的新兴媒体做好管理工作，从而进一步丰富党管媒体的语境内涵。

守土与调适:中国政治传播的制度结构及其变迁[①]

◇苏 颖[②]

中国政治传播是一个系统运作的过程,这一系统又被称为“宣传文化系统”。[③] 对它的研究或者侧重于传播输出的研究,如对传播内容、传播方式的研究,或者侧重于传播输入的研究,如舆情舆论研究等。然而,鲜有文献对政治传播涉及的政治运作本身进行正面的描述。本文拟研究当前中国政治传播中正式权力机构和它们之间的关系,以及动态的结构变化过程:(1)当前中国政治传播的制度性的静态结构,所谓结构,即系统中的要素及要素之间的关系;(2)近年来中国政治传播中制度的动态调适。

在本文中,政治传播指为多元行动者所用的,用以达成其政治目标的传播。(1)“政治”揭示目标、意图或功能取向。[④] 政治传播不是客观的信息流动,所有行动者都希望获得一个有利于其目标实现的结果,因而各行动者(在现代社会中主要是政府和政党)会为了获得一个具体结果而提供一些加工过的信息。(2)“传播”是达成目标的方式、方法和技术。(3)政治传播由诸多行动者共同参与。在现代社会,政治传播由基于独立地位与自主能力的多元行动者共同参与,体现为政治传播中的多元权力结构。[⑤] 这种理解试图突破自上而下的宣传思维,将政治传播纳入国家与社会沟通的思路中来。制度结构是指在政治制度的设计与实际运作中,各种正式组织及组织与组织之间的关系。正式组织与非正式组织不同,前者主要指政党、行政、立法、司法等政治系统内部的机构。考虑到篇幅有限,尽管所有党直属的事业单位,如中央党校、干部培训学院等组织通道,人民日报社、新华社、光明日报社等制度化特征非常明显的媒介通道在中国政治传播中发挥着非常重要的作用,但均不纳入本文考察范围之列。

尽管学界鲜有涉及这一议题,但我们还是能找到具有代表性的研究,这些研究主要

---

① 本文为国家社科基金重点项目“自媒体时代中国政治传播新秩序及转型研究”(17AXW010)的阶段性成果。

② 作者系中国传媒大学政治传播研究所讲师。

③ 中共中央组织部.中国共产党组织工作辞典(修订版)[M].北京:党建读物出版社,2009:74.

④ 麦克奈尔.政治传播学引论[M].殷祺,译.北京:新华出版社,2005:4.

⑤ SWANSON D L. The political-media complex[J]. Communications monographs,1992,1(59):397-400.

分为三类。其一，特殊历史时期的宣传机构的研究。例如，Schurmann 考察了 1961—1966 年与意识形态工作相关的所有组织，包括党组织、政府行政组织、管理组织等。[①] 喻德基考察了大众劝服工作的组织与运作模式，尤其强调宣传组织系统在连接党与群众中的作用。[②] Changm 考察了 20 世纪 50 年代中国与苏联的中央宣传部及其宣传机制。[③] 其二，对 20 世纪 90 年代之后中国宣传机构的系统描绘。例如，沈大伟对中国宣传系统的机构、运作过程与效度做了系统的整理。[④] Brady 的著作对当前中国宣传机构进行了粗线条描绘。[⑤] 美国学者林丹则聚焦于当前中国思想工作机构的改革。[⑥] 其三，从意识形态视角进行的研究。有研究对宣传机构建设理论进行了系统梳理。[⑦]

本文在以上研究的基础上，试图推进以下两个学术问题的解决：(1)以政治文件或政党、政府的公开文献为基础，对以上资料进行修正与补充；(2)以上研究均基于宣传视角展开，基本上将政治传播机构等同于意识形态灌输机构，但是从现实经验来看，政治传播机构的职责不限于此。因此，本文主要沿袭制度分析的理论路径，从政治传播的视角出发，审视现有政治传播的制度设置，并从制度革新的角度讨论一种调适的思路。

一、当前中国政治传播的制度结构[⑧]

政治传播一般被认为主要是宣传部门的事情，但是无论是从中国政治系统的制度设计来看，抑或是从政治制度的实际运作来看，这样的认识都是远远不够的。

(一)中国政治传播制度结构中的领导小组

从中国的政治结构来看，居于正式政治权力结构顶端的常常是不那么“正式”的组织——领导小组。领导小组是中国政治运作过程中独具特色的部分，是中国政治体制中

---

① SCHURMANN F. Ideology and organization in Communist China[M]. Berkeley & Los Angeles：University of California Press，1996：150-151，157，178，183-185.

② YU F T C. Mass persuasion in Communist China[M]. New York：Praeger. ，1964：70-89.

③ CHANGM J. The mechanics of state propaganda：the People's Republic of China and the Soviet Union in the 1950s [M]//CHEEKT，SAICHT. New perspectives on state socialism in China. Armonk：M. E. Sharpe，1997：76-124.

④ 沈大伟. 中国共产党：收缩与调适[M]. 北京：中央编译出版社，2012：149-182.

⑤ BRADY A M. Marketing dictatorship：Propaganda and thought work in Contemporary China[M]. Rowman & Littlefield，2009：9-11.

⑥ LYNCH D C. After the Propaganda State：media，politics，and thought work in reformed China[M]. California：Stanford University Press，1999.

⑦ 才华. 中国马克思主义宣传机构建设理论研究[D]. 天津：南开大学，2013：26-36.

⑧ 中国政治制度及运作机构是不断调整的，以下内容均以公开文件、党和政府的公开出版物、权威媒体报道为依据。如有机构或职能变更，以能找到依据的最新公开信息为准。截止时间是 2017 年 12 月 4 日。

广泛存在的尚未制度化的组织。① 这些领导小组在外界看来相当神秘,它们很少在公开的出版物中被提及,但是却在决策过程中发挥着至关重要的作用。② 从制度设计的意图来看,这是中国政治中政党领导原则在制度上的体现。

居于中国对内政治传播系统顶端的是中央宣传思想工作领导小组,它直接把控和协调宣传系统。同时,近年来中国政治传播制度结构的一个调整是:2014年2月,在制度结构的顶层新增设中央网络安全和信息化领导小组,该领导小组与政治传播中的信息管理工作密切相关。它的设置不仅仅是中国政治传播制度结构的一次调适,也是中国全面深化改革进程中强化顶层设计、整体谋划工作的一个重要部分。

1. 中央宣传思想工作领导小组

中央宣传思想工作领导小组是中央常设性领导小组之一。所谓"常设",是为了与诸如十八大后成立的中央党的群众路线教育实践活动领导小组③等临时性小组区分,它是为解决全局性、战略性任务而长期存在的。这个小组的前身是1958年6月10日成立的中央文教小组。④ 1988年1月10日,中央宣传思想工作小组正式成立。⑤

《中共中央关于中央宣传思想工作领导小组的人员组织及工作事务的指导》规定,中央宣传思想工作领导小组的工作职能包括:(1)分析意识形态领域的动态,研究和掌握宣传工作的方针、政策及其他带有全局性的问题;(2)协调宣传、理论、文化、新闻、出版等部门有关意识形态方面的工作;(3)对宣传、理论的队伍建设提出意见和建议。具体来说:第一,该领导小组通常只负责宣传领域内的重大事项,一般性事务则交由对应的中央直属职能部门——中央宣传部负责;第二,该领导小组是整个宣传系统的协调者,又被称为"宣传口","口"是中国特有的政治术语,类似于"条块关系"中的"条",但要大于"条",⑥这体现的是中国政治制度设置中的"归口领导体制","口"的负责人通过"领导小组"开展工作;第三,它承担宣传思想工作领域、理论研究领域重要机构的干部管理与队伍建设的相关职能。

尽管领导小组并非正式的制度性组织,但是重要的常设性领导小组一般在长期的政治实践过程中逐步具备了制度化特征,例如小组的任务、成员、开展活动的形式等都在长

---

① 李侃如.治理中国:从革命到改革[M].北京:中国社会科学出版社,2010:209.

② DUMBAUGH K, MARTIN M F. Understanding China's political system[J]. Current politics and economics of South, Southeastern, and Central Asia, 2011, 20(2): 277; MILLER A L. The CCP Central Committee's Leading Small Group[J]. The China Leadingship Monitor, 2008: 26.

③ 中共中央文献研究室.十八大以来重要文献选编(上),2014a:291;十八大以来重要文献选编(中)[M].北京:中央文献出版社,2014:85.

④ 邹锡明.中共中央机构沿革实录[M].北京:中国档案出版社,1998:95.

⑤ 中国共产党中央宣传部办公厅.党的宣传工作会议概况和文献(1951—1992)[M].北京:中共中央党校出版社,1994:1703.

⑥ 杨光斌.中国政府与政治导论[M].北京:中国人民大学出版社,2003:28-34.

期的实践中沉淀并成为某种不成文的惯例。按照惯例，中央领导小组均由中央政治局常务委员会领衔，正副组长按照政治局常委已有的分工来确定。具体到中央宣传思想工作领导小组，该小组组长通常由主管宣传思想文化领域工作的政治局常委担任。中央宣传思想工作领导小组按会议制形式活动，不设办事机构，只有少量秘书类工作人员[①]，主要工作由中央宣传部负责协调落实。

中央领导小组通过中央书记处联系中央各部门，中央书记处是中央政治局及其常务委员会的办事机构，一般来说中央宣传部部长也任职于书记处。中央宣传思想工作领导小组通过中央书记处与中央宣传部联系起来。三者的关系表现为：除 1987—1989 年之外，宣传部部长和书记处宣传专员均为同一人。[②]

与该领导小组“重叠”的机构是中央精神文明建设指导委员会，该委员会是“党中央指导全国精神文明建设工作的议事机构”[③]。这里“重叠”的意思是，虽然二者职责指向重点不一样，但是人事设置的关联度非常高：一般而言，中央精神文明建设指导委员会主任由中央宣传思想工作领导小组组长担任。中央精神文明建设指导委员会成立于 1997 年 4 月 21 日，其前身是 1983 年 3 月 30 日成立的中央“五讲四美三热爱”活动委员会。[④] 该委员会的活动形式与领导小组类似，按会议制形式活动，只在每年 1 月和 10 月召开的全国精神文明建设工作会议中公开露面和集中开展工作。[⑤] 为了方便处理日常事务，该委员会在组织结构上是“双层次”构造，一是小组本身，二是它的办事机构——中央精神文明建设指导委员会办公室，该办事机构由常设职能部门代管，办公室设在中央宣传部。[⑥]

2. 中央网络安全和信息化领导小组

中央网络安全和信息化领导小组是中央层面设置的高层领导和议事协调机构，第一次会议于 2014 年 2 月 27 日召开[⑦]，其前身是 20 世纪 90 年代设立的国家信息化领导小组[⑧]。该领导小组采用了领导层最高配置，由党的总书记担任组长、总理担任第一副组长，这打破了以往由中央政治局常委的分工来确定中央领导小组组长的惯例。

该领导小组的组织结构也采用了“双层次”构造，办事机构是中央网络安全和信息化领导小组办公室，而该办公室与国家互联网信息办公室是“一个机构、两块牌子”。“一个机构、两块牌子”是很有中国特色的制度设置，这种情况通常出现在中国共产党内部的某

---

① 邹锡明. 中共中央机构沿革实录[M]. 北京：中国档案出版社，1998：190.

② SHAMBAUGHD. China's propaganda system：institutions，processes and efficacy[J]. The China journal，2007，57(1)：33.

③ 邹锡明. 中共中央机构沿革实录[M]. 北京：中国档案出版社，1998：215-216.

④ 周望. 中国“小组机制”研究[M]. 天津：天津人民出版社，2010：33.

⑤ 周望. 中国“小组机制”研究[M]. 天津：天津人民出版社，2010：60.

⑥ 邹锡明. 中共中央机构沿革实录[M]. 北京：中国档案出版社，1998：216.

⑦ 强调总体布局统筹各方创新发展努力把我国建设成为网络强国[N]，人民日报，2014-02-28(01).

⑧ 汪玉凯. 中央网络安全和信息化领导小组的由来及其影响[J]. 信息安全与通信保密，2014(3)：24.

部门同时亦与国务院某部门“一个机构、两块牌子”。以国家互联网信息办公室为例,该机构从名字看应当隶属于国务院办事机构,即国务院内部设立的协助总理办理专门事项的工作机构,但因其与党的机构职能重合而与其合并办公,列入的是中央办事机构序列①,且两个机构的人员与组织基本重叠。

作为最高层次的议事机构,该领导小组旨在解决该领域“多头管理、职能交叉、权责不一”②等弊端。根据2014年2月28日的公开报道,该领导小组的职责是:发挥集中统一领导作用,统筹协调各个领域的网络安全和信息化重大问题,制定实施国家网络安全和信息化发展战略、宏观规划和重大政策,不断增强安全保障能力。这个职能描述突出了议事协调机构的职能特征:统一领导、统筹协调。

(二)中国宣传思想工作的制度结构

自1949年新中国成立以来,政治传播的对应职能部门一直是各级宣传机构。中国的宣传系统就像中国政治传播的一张神经网,通过组织通道,进入各层级的正式制度结构中,并且通过非正式的组织结构深入社会。

1. 中央宣传部

在这张神经网中,中国共产党中央委员会宣传部(简称“中央宣传部”)是中国宣传文化系统的神经中枢,它是“党中央主管意识形态方面工作的综合职能部门”③,也是中央的直属部门之一。1921年7月,中国共产党第一次全国人民代表大会召开时,中央局即下设有组织主任与宣传主任。④ 1924年5月,中央正式决定设立宣传部。宣传部于“文化大革命”期间被取消,后于1977年10月恢复。⑤

中央宣传部的职能主要有八项,分别是:指导全国理论研究、学习、宣传工作;通过新闻媒体进行舆论引导;宏观指导精神产品的生产;规划、部署全局性的思想政治工作;干部管理;指导宣传文化事业的发展;舆情信息收集与指导;推进文化体制改革。以上职能分别对应一些业务局,包括理论局、新闻局、文艺局、出版局、宣传教育局、干部局、政策法规研究室、舆情信息局、文化体制改革与发展办公室。⑥ 另外,中央宣传部还下设政治思

① 国务院机构概况[EB/OL]. [2017-12-04]. http://www.scopsr.gov.cn/zlzx/jggk/gwyjg/index.html.

② 习近平. 习近平谈治国理政[M]. 北京:外文出版社,2014:84.

③ 中共中央组织部. 中国共产党组织工作辞典(修订版)[M]. 北京:党建读物出版社,2009:74.

④ 邹锡明. 中共中央机构沿革实录[M]. 北京:中国档案出版社,1998:1-3.

⑤ 中共中央组织部. 中国共产党组织工作辞典(修订版)[M]. 北京:党建读物出版社,2009:73.

⑥ 中共中央宣传干部局. 新时期宣传思想工作[M]. 北京:学习出版社,2006;
中共中央组织部. 中国共产党组织工作辞典(修订版)[M]. 北京:党建读物出版社,2000;
中宣部新闻发言人介绍部门定位详解八大职能[EB/OL]. (2010-06-30)[2019-10-31]. http://cpc.people.com.cn/GB/164113/1202020/html.

想工作研究会、学习出版社、全国哲学社会科学基金规划办公室、全国宣传干部学院等机构。

2. 地方宣传部门

地方宣传部门在各自权力范围内大致履行与中央宣传部类似的工作职责。作为党组织机构，其工作机制遵循党的组织工作原则，由同级党委负责，由党委会议决定宣传方针和任务。在宣传工作中实行双重请示报告制度——既向同级党委请示报告，也向上级宣传部门请示报告。同级党委和上级宣传部门对其宣传工作负有指导责任。

中国的宣传系统还依托党的基层组织和党员深入非正式的社会结构之中。截至2016 年 12 月 31 日，中国共产党有基层组织 451.8 万个。其中基层党委 22 万个，总支部 27.7 万个，支部 402.1 万个。[①] 中国共产党党员总数 8944.7 万名，约占中国总人口的6.5%。党的基层组织的基本任务之一是宣传党的路线方针政策，宣传党中央、上级组织和本组织的决议。[②] 从众多的指导手册来看，宣传工作占据了这一层级党组织的许多时间。[③] 通过组织通道，地方的全体党员都被纳为党的宣传对象。

(三)中国政治传播的协同一会同输出机构

中国的宣传文化系统是一个庞大的系统，除宣传部门之外，一些政党、政府部门也是该系统中的重要部分。党的公开出版物在对宣传文化系统进行描述时使用的措辞是“协同和会同有关部门……进行管理”[④]。“协同”的意思是互相配合办理，“会同”的意思是会合有关方面共同办理。这里的“有关部门”包括中央组织部、文化部、教育部、国家广电总局、国家新闻出版署、信息产业部、国务院新闻办等政治系统内部的机构，以及新华社、人民日报社等媒体机构，中国社会科学院等研究机构。在对宣传文化相关部门的职能进行分析后，可知其功能大体包括两类：一是内容输出，二是信息管理。

所谓内容输出，是指协助中央宣传部输出宣传内容。这些部门与中央宣传部一样，侧重于“积极的宣传”[⑤]，即撰写和发布那些被认为“应该”被传播的内容，并使之传播或被

---

① 中共中央组织部. 2016 年中国共产党党内统计公报[EB/OL]. (2017-06-30)[2017-09-13]. http://cpc.people.com.cn/n1/2017/0630/c64387-29375750.htm.

② 中共中央组织部. 中国共产党组织工作辞典(修订版)[M]. 北京：党建读物出版社，2009：84.

③ 党的基层宣传思想工作手册编写组. 党的基层宣传思想工作手册[M]. 北京：人民日报出版社，2008：54-163；郭德宏. 党的宣传工作培训教程[M]. 北京：红旗出版社，2013：133-141；于亚博. 党的基层宣传工作手册[M]. 北京：红旗出版社，2003：56；朱锦平. 党的基层组织宣传工作[M]. 北京：人民日报出版社，2003：64-213.

④ 中宣部新闻发言人介绍部门定位详解八大职能[EB/OL]. (2010-12-02)[2017-12-04]. http://cpc.people.com.cn/GB/164113/12020201.html.

⑤ SHAMBAUGH D. China's propaganda system: institutions, processes and efficacy[J]. The China journal, 2007, 57(1): 29.

贯彻。宣传都是正面的,内容包括“社会主义精神文明”“社会主义核心价值观”“习近平新时代中国特色社会主义思想”等。

具体来说,在政治系统中协助宣传部履行内容输出功能的高层机构主要有以下几个。

1. 国务院新闻办公室

国务院新闻办公室组建于1991年1月。在1993年的党政机构改革中,中共中央决定中央对外宣传办公室[①]与国务院新闻办公室“一个机构、两块牌子”[②],国务院新闻办公室的牌子加挂在中央宣传部下[③]。国务院新闻办公室的主要职责包括以下几项。(1)在新闻舆论的宏观管理体制中,主要负责对外宣传工作的管理和协调[④],具体包括推动中国媒体对外说明中国、指导和协调对外新闻报道;制定对外新闻事业的发展规划,并负责组织实施;组织对外介绍中国政府的方针政策和中国经济社会发展情况;组织编写并发表中国政府白皮书等。[⑤] (2)在对内政治传播方面,主要负责举办新闻发布会,向中外记者介绍中国情况和方针政策等。[⑥] (3)曾作为专项内容管理部门,负责互联网意识形态工作[⑦]。

2. 文化部

文化部是主管文化艺术事业的国务院组成部门。它承担的与宣传工作相关的职责主要有:对文化艺术工作的管理和指导负有联合责任[⑧],负责对音乐美术类音像制品的网上传播进行前置审批和监督管理等[⑨]。

3. 教育部

教育部是主管教育事业和语言文字工作的国务院组成部门。它承担的与宣传工作

---

① 中共中央对外宣传办公室是当前中国对外政治传播的核心机构,它的前身是1980年4月8日在中共中央和国务院的共同支持下成立的“对外宣传领导小组”。在此之前,对外宣传工作由1958年成立的“外事领导小组”和“宣传教育领导小组”共同负责,后者于1988年2月被暂时取消,但于1990年3月19日恢复。由于本文着重关注中国对内政治传播的结构,在此不对该机构做过多介绍。

② 邹锡明.中共中央机构沿革实录[M].北京:中国档案出版社,1998:189.

③ 党中央部门机构概况[EB/OL].(2014-10-13)[2017-11-03]. http//www. scopsr. gov. cn/zlzx/jggk/201410/t20141013_267051. html;国务院机构概况[EB/OL].[2017-11-03]. http://www. scopsr. gov. cn/zlzx/jggk/gwyjg/index. html.

④ 中共中央宣传部干部局.新时期宣传思想工作[M].北京:学习出版社,2006:50.

⑤ 中华人民共和国国务院新闻办公室网站 http://www. scio. gov. cn/xwbjs/index. htm.

⑥ 中华人民共和国国务院新闻办公室网站 http://www. scio. gov. cn/xwbjs/index. htm.

⑦ 中共中央宣传部干部局.新时期宣传思想工作[M].北京:学习出版社,2006:88.

⑧ 国务院办公厅秘书局 & 中央机构编制委员会办公室综合司.中央政府组织机构[M].北京:改革出版社,1998:315-316.

⑨ 中共中央宣传部干部局.新时期宣传思想工作[M].北京:学习出版社,2006:88-89.

相关的职责主要有:负责规划高等学校马克思主义理论课建设工作及思想政治工作,与此相关的重大事项请示中央宣传部。[①]

4. 中央军事委员会政治工作部

中央军事委员会政治工作部由原解放军总政治部改编而来,是负责管理军队中、党的工作和组织进行政治工作的中央军事委员会的政治工作机关,职责包括领导全军的宣传教育工作。[②]

除以上有明确宣传职能的单位之外,中央宣传部也经常协同或会同宣传文化系统之外的单位执行专项宣传任务,例如与中央组织部一起进行以党员(有时也包括基层群众)为对象的宣传教育工作[③],与司法部一起进行以公民为对象的法制宣传教育工作[④]等。

(四)中国政治传播的信息管理机构

前文提到的宣传文化系统中的其他政治机构,一般不承担内容的主动输出功能,而主要涉及中国政治传播的另一个重要方面:信息管理。"内容输出"和"信息管理"是中国政治传播系统的一体两面,内容输出是积极传播对党和政府有利的信息,而信息管理则是拦截、屏蔽和监管"不利信息"。信息管理功能虽然并不进行内容的直接输出,但塑造了整个社会系统的信息环境。

具体说来,当前在政治系统中承担信息管理功能的高层机构主要有以下几个。

1. 国家互联网信息办公室/中央网络安全和信息化领导小组办公室

国家互联网信息办公室成立于 2011 年 5 月 4 日。根据国务院 2011 年 5 月 4 日发布的通知,国家互联网信息办公室的主要职责包括:(1)落实互联网信息传播方针政策和推动互联网信息传播法制建设,指导、协调、督促互联网信息内容管理;(2)负责网络新闻业务的审批和监管,指导网络文化领域业务布局规划;(3)协调做好网络文化阵地建设的规划和实施工作,负责重点新闻网站的规划建设,组织、协调网上宣传工作;(4)依法查处违

---

① 国务院办公厅秘书局 & 中央机构编制委员会办公室综合司. 中央政府组织机构[M]. 北京:改革出版社,1998:175,178.

② 新华社. 中央军委政治工作部印发《关于认真学习主席瞻仰中共一大会址时重要讲话的通知》[EB/OL]. (2017-11-03)[2019-10-31]. http//www.mod.gov.cn/2017-11/03/oonlen_4796550.htm.

③ 中央宣传部中央组织部联合发出通知要求认真组织学习《习近平总书记系列重要讲话读本》(2016 年版)[N]. 人民日报,2016-4-6(1).

④ 中央宣传部中央组织部联合发出通知要求认真组织学习《习近平总书记系列重要讲话读本》(2016 年版)[N]. 人民日报,2016-4-6(1).

法违规网站;(5)指导有关部门督促互联网基础管理工作。[①] 中央网络安全和信息化领导小组的成立,标志着国家互联网信息办公室职能的升级。国家互联网信息办公室作为中央网络安全和信息化领导小组的办事机构,其职责虽然仍有引导网络舆论等方面的考量,但其核心战略职责是"加快中国建设网络强国的历史进程,提高中国全局信息化的水平"[②]。

2. 国家新闻出版广电总局

前身为国家新闻出版总署、国家广播电影电视总局,两家机构于 2013 年整合为一家,更名为国家新闻出版广电总局,并加挂国家版权局的牌子。[③] 该机构负责印刷类媒体,包括新闻出版类、境外著作、互联网著作等的前置审批和监督管理,[④]以及广播类媒体,包括广播、电影、电视等的广播内容,影视类音像制品、互联网视听节目等的前置审批和监督管理。[⑤]

3. 工业和信息化部

原信息产业部,主要负责互联网行业管理,包括信息通信业准入管理,同时承担网络安全审查职能,包括网络环境和信息治理,配合处理网上有害信息,网络与信息安全监测预警、威胁治理、信息通报和应急管理与处置等。[⑥]

除以上机构之外,公安部、国家安全部等机构也承担了重要的信息管理与监督职能。[⑦] 当然,中央宣传部、国务院新闻办公室、文化部、教育部、解放军总政治部在承担内容输出功能的同时,也履行着内容监管的职能。

二、中国政治传播制度机构总览及结构性特征

综上所述,可知中国政治传播制度的结构如图 1 所示。

---

① 中华人民共和国中央人民政府国办通知设立国家互联网信息办公室王晨任主任[EB/OL]. (2011-05-04)[2011-05-18]. http://www.gov.cn/rsrm/2011-05/04/content_1857301.htm.

② 汪玉凯. 中央网络安全和信息化领导小组的由来及其影响[M]. 信息安全与通信保密,2014(3):27.

③ 国务院办公厅关于印发国家新闻出版广电总局主要职责内设机构和人员编制规定的通知(国办发[2013]76 号)[EB/OL](2013-07-17)[2013-07-19]. http://www.gapp.gov.cn/news/1663/152995.shtml.

④ 中共中央宣传部干部局. 新时期宣传思想工作[M]. 北京:学习出版社,2006:50,87-89.

⑤ 中共中央宣传部干部局. 新时期宣传思想工作[M]. 北京:学习出版社,2006:59.

⑥ 中央编办:中央编办关于工业和信息化部有关职责和机构调整的通知(中央编办发[2015]17 号)[EB/OL](2015-09-16)[2015-09-18]. http://www.miit.gov.cn/n1146285/c3722500/content.html.

⑦ SHAMBAUGH D. China's propaganda system: institutions, processes and efficacy[J]. The China journal, 2007, 57(1):25-58.

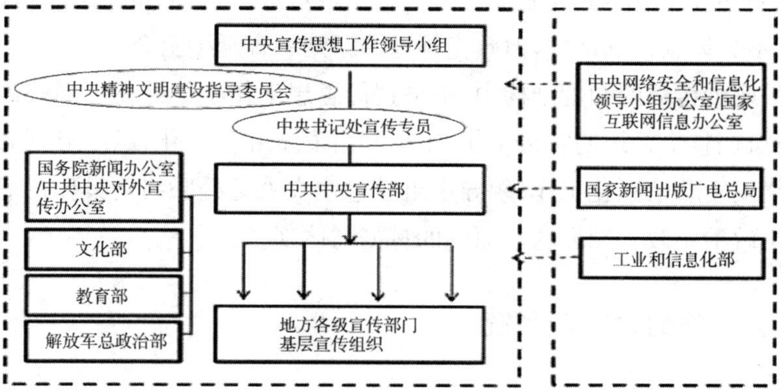

图1　中国政治传播制度的结构

处于中国政治传播系统顶端的是中央宣传思想工作领导小组，领导小组通过中央书记处与对应职能部门联络。中央宣传部是这个系统的核心机构，领导地方各级宣传部门，开展宣传工作。国务院新闻办公室、文化部、教育部、解放军总政治部等机构协同或会同宣传部门开展工作，中央网络安全和信息化领导小组办公室、国家新闻出版广电总局、工业和信息化部等是政治传播系统中的信息管理机构，影响整个系统的信息环境。由此可见，中国政治传播存在以下几个结构性特征，即结构本身自带的特征。

（一）中国政治传播的政党领导原则

政党是一定阶级、阶层或集团的代表组织，在大多数国家，政党一般作为社会力量参与国家的政治运作过程。中国是一个政党国家（Party State），中国共产党在国家权力组织体系中具有高度的“自主性”[①]，并作为唯一的执政党领导政治运作，这是中国独特的政治体制。而政党领导原则在制度上的突出表现是，中国的正式政治权力结构通常由“小组”领导，中国政治传播权力结构也不例外。

在中国“小组政治”形成时，领导人的批示明确说明了该制度设计的意图：“这些小组是党中央的，直接隶属于政治局和书记处，向他们直接报告。大政方针在政治局，具体部署在书记处，只有一个‘政治设计院’，没有两个‘政治设计院’。大政方针和具体部署，都是一元化，党政不分。具体执行和细节决策属政府机构及其党组。对大政方针和具体部署，政府机构及其党组有建议之权，但决定权在党中央。政府机构及其党组和党中央一同有检察之权。”[②]在这种指示下，1958 年，中央成立了财政、政法、外事、科学、文教各小组，具体领导对应的政府职能部门，其中文教小组负责与政治传播相关的文教“大口”的

① 福山. 政治秩序的起源[M]. 南宁：广西师范大学出版社，2014：341.
② 毛泽东. 建国以来毛泽东文稿（第 7 册）[M]. 北京：中央文献出版社，1992：268.

工作,一元化领导和党政不分体制在全国文教领域形成。在20世纪90年代的政府机构改革中,党政不分体制得到调整,但政党领导的原则一直延续至今。

在当前的政治传播的制度结构中,中央宣传思想工作小组处在中国政治传播系统的顶端,指导与协调整个系统的宣传工作;中央网络安全和信息化领导小组归口统一领导、统筹协调网络安全和信息化工作;领导小组通过中央书记处联络更具体的职能部门——以上都是我国政治中政党领导这一原则的贯彻与体现。

(二)合纵连横的大宣传系统

中国的政治传播是一个合纵连横的大宣传系统:在纵向上,形成了中央、省、市、县、乡等不同层级党委宣传部的正式制度结构,以及通过党的基层组织(支部、党组)和党员深入社会基层、群众的宣传思想工作系统;在横向上,中国的宣传部门还与诸多协同机构、会同机构共同开展宣传工作,而后者也同样隶属于中国政治制度结构,纵向上在各层级展开工作。可以说,中国的政治传播通过横向与纵向上的各职能部门进入中国国家与社会的各个层级。这一结构特征由中国政治,尤其是中国共产党强大的组织性特点所决定。中国宣传思想工作系统的组织结构,与中国共产党严密一体的组织网络一一对应;中国政治传播中协同会同工作的展开,也依赖于政党领导下的组织制度的统筹。

这一制度特点对于中国政治传播中一个颇具"中国特色"的特点起到了决定性的作用。通常来说,中国政治传播以会议或文件的形式,经由组织通道即可完成①,而不必依赖媒体通道。这使得中国政治传播的政治性和组织性都非常强,而这一特点在西方政治传播中几乎无法实现。以美国为例,政党只是一部选举机器,只在竞选时启动运作,且政党内部组织非常松散,两个大党在全国层面并没有正式的组织来管理党员活动。没有政党组织的支持,美国政党就不得不依赖于大众传媒,因此政治传播的媒介化、商业化、娱乐化特征非常明显。从比较政治传播的视角来看,政党组织性与政治传播政治性有高度相关性。

(三)中国政治传播的一体两面

中国政治传播制度结构的直接功能大体分为两大类:一是内容输出,二是信息管理。中国政治传播不仅涉及"传播什么",同时也注重对"不传播什么"的把控,这是中国政治传播的一体两面,难以分割。

在内容输出方面,中国政治传播呈现出强烈的意识形态色彩。从比较政治传播的

---

① 景跃进. 中国的"文件政治"[M]. //北京大学国家展研究院. 公意的边界. 上海:上海人民出版社,2013;苏颖. 作为国家与社会沟通方式的政治传播[M]. 北京:中国社会科学出版社,2016:160-166;谢岳. 当代中国政治沟通[M]. 上海:上海人民出版社,2006:44;朱光磊. 当代中国政府过程[M]. 天津:天津人民出版社,2002:181.

视角来看，这是一个独具特色的地方。有学者论断，现代国家内政治领域的意识形态趋于衰竭。[①] 在西方国家的政治传播中，除面对特定群体（如美国非洲裔公民、英国工党党员）之外，政党需要刻意弱化党派之间的意识形态差异，争取中间选民的选票。中国政治一直强调正面宣传意识形态的重要性。

从制度主义的研究方法来看，要认识某种制度特征，往往需要从制度生成的源头找答案。中国政治传播的意识形态色彩的形成与新中国国家建构的起点相关。学界对中国国家建构的起点有一个相对统一的经验判断：20 世纪 20 年代（中国现代化进程的起点）的中国处于一种总体性危机之中。总体性危机是指彼时的中国面临的是政治、外交、文化、经济、军事等各个领域全面崩塌的危机。[②] 在这种压力之下，国家建构的任务不仅仅是组织建构，同时还需要重建道德基础。因此，新中国的国家建设从一开始就有浓厚的意识形态诉求。在这一过程中，它有意无意地依靠政治力量来建构国家：政党介入正式政治权力之中，确定新中国的制度安排，并将政党意识形态嵌入权力的合法性论证之中，使权力得以成为权威。[③]

中国政治传播中内容输出与信息管理同样重要，也与这种政治权威模式密切相关。由于政治统治与意识形态结合得过于紧密，政治系统必须不断强调自身在意识形态解释中的正统性。任何对意识形态的质疑，都直接指向对政治权力合法性的质疑，反之亦然。这种政治传播系统难以保障传播结构的自主性。这并非当代中国面对的独特问题，几乎所有依赖意识形态建立政治权威的政治体系都需要面对同样的境况。[④]

总之，以上是中国政治传播一直延续且难以撼动的结构性特征。对中国来说，政治传播的这些结构性特征有着重要的政治意义，它的延续意味着对当前根本政治体制的坚持。中国政治传播的"轴心与边界"[⑤]由此凸显出来：中国政治传播的轴心是政党宣传的实践，必须在中国政治体制边界范围之内被讨论。无论是在何种新形势下，"政党领导意识形态"一直被强调，宣传思想部门应当承担起"守土有责、守土负责、守土尽责"[⑥]的重要职责这一点也被强调，因为这种制度结构一旦出现变化即意味着国家根本性政治制度的变革，而这在政治原则上是不被允许的。

---

① 贝尔. 意识形态的终结[M]. 北京：中国社会科学出版社，2013：450-468；萨托利. 民主新论（下卷）[M]. 冯克利，阎克文，译. 上海：上海人民出版社，2015：727；李普塞特. 政治人：政治的社会基础[M]. 张绍宗，译. 上海：上海人民出版社，2011：416-419.

② 杨光斌. 政治变迁中的国家与制度[M]. 北京：中央编译出版社，2011：227；杨阳，李筠. 现代化与近代以来中国政治发展的相关理论问题[J]. 政法论坛，2007(5)：5-15；邹谠. 二十世纪中国政治[M]. 香港：牛津大学出版社，1994：51.

③ 这不同于英美等西方国家主要由自发秩序主导的现代国家生成过程。作为现代国家的中国的形成主要是由于外部压力的刺激，在政治力量尤其是政党力量的主导下，主动建构的过程。

④ 亨廷顿. 变革社会中的政治秩序[M]. 李盛平，等译. 北京：华夏出版社，1988：8-36，91-99；杨阳，李筠. 现代化与近代以来中国政治发展的相关理论问题[J]. 政法论坛，2007(5)：5-15.

⑤ 荆学民. 中国特色政治传播理论的基础、轴心与边界[J]. 中国社会科学报，2015-4-10(A04).

⑥ 习近平. 习近平谈治国理政[M]. 北京：外文出版社，2014：156.

三、中国政治传播制度结构的变迁

制度研究不仅关注制度的稳定,同时也强调制度的创新与变迁是国家本身的职能之一,在中国,这是一个政党主导下的适应性转型的过程。[①] 中国政治传播的制度结构反映出来的特征与以上判断相呼应:它在延续政治根本的前提之下,也与时俱进地进行着调适,不断适应着新的政治、社会与传播环境。

近十年来,中国政治传播制度结构中的机构及相互关系的变化是非常明显的,主要包括:(1)在信息管理结构的顶层增设专门的领导小组:中央网络安全和信息化领导小组;(2)宣传系统内部的组织结构中增设新的舆情工作部门:舆情局;(3)在内容输出的协同会同机构方面,国务院新闻办公室加挂到中央宣传部下,列入中共中央直属机构序列;(4)在信息管理结构的协同会同机构方面,国家互联网信息办公室不再加挂在国务院新闻办公室下,而是成为中央网络安全和信息化领导小组的办事机构。这些调整表面上看是组织机构的增减或变化,但事实上是中国政治传播各机构职能范围的重新界定与调整,而在更深处,这种变化与国家战略的调整及其价值变迁相关。

(一)从意识形态权威向现代法理、民主权威转型

宣传思想工作在社会主义新中国的建立过程中,起到了至关重要的作用,这不仅是意识形态的要求,也是应对总体危机的必然需求。但是,宣传思想工作对于现代政治认同的建构是否能担负起同样的历史重责?有学者提出:"任何人都不能因此将国家认同的建构完全寄托在国家意识形态层面的宣传与教育上。实际上,对于国家认同的建构来说,这种宣传教育不是本,而是末,真正的本在于这种宣传与教育所服务的国家制度是否为创造国家认同提供了可能。"[②]中国的宣传体制的独特性甚至在客观上对政治合法性造成了负面影响,它需要对当前中国基层党组织的合法性困境、政治信任上的"差序格局"负责任[③],宣传体制带来的影响,依靠宣传工作本身无法消除。自新一届领导人执政以来,主管意识形态的政治局常委担任中央全面深化改革领导小组办公室主任,中宣部部长担任中央精神文明建设指导委员会主任[④],由此布局可见中央高层已深刻认识到制度建设对于合法性建构的关键作用,也认识到了不能仅仅依靠政治意识形态的宣传思想工

① 杨光斌.政治变迁中的国家与制度[M].北京:中央编译出版社,2011:234.

② 林尚立.现代国家认同建构的政治逻辑[J].中国社会科学季刊,2013(8):37.

③ 林尚立.制度创新与国家成长[M].天津:天津人民出版社,2005:58.

④ 人民网.中国政要数据[EB/OL][2017-12-04].http://cpc.people.com.cn/GB/64162/394696/index.html.

作。在中央的部署下，中国政治传播制度结构的改革工作在全面深化改革领导小组的统筹协调下展开。

因此，中国政治传播的制度结构调整，实际上是中国政治制度结构调整的一部分。对于中国政治传播的制度结构调整来说，最大的挑战可能是：如何在不挑战意识形态权威的前提下，推进中国现代法理权威与民主权威的建构。

（1）中国政治传播中的正式机构在工作中越来越强调自身行为的合理性与合法性。所谓合理性，在政治过程中是指将个人意志决定的政治过程，转化为符合制度和法律规范的政治过程。自中共十五大以来，该任务被表达为“依法治国”方略，合法性逐渐成为中国政治发展中最基本的价值标准和理论依据。① 在中国政治传播的结构性调适中，也能明显看到这种价值的推进。以国家互联网信息办公室的职能调整为例，为了推进网络安全与信息化工作，国家发布了一系列法律（如《网络安全法》）、行政法规（如《信息网络传播权保护条例》）、部门规章（如《互联网域名管理办法》）、司法解释、规范性文件（如《互联网用户公众账号信息服务管理规定》）和政策文件（如《关于加强国家网络安全标准化工作的若干意见》）等，力图使国家互联网信息办公室的互联网信息管理与审查工作有更为明确的法律法规依据，增强自身行为的“合法律性”。由此可见，与中国政治传播相关的正式机构对自身角色定位有了一个更为明确的转向：它力图使自身从政治传播领域的内容输出者和信息管理者转变为游戏规则的制定者或规则执行者。按照马克斯·韦伯的经典说法，这是政治走向专业化的表现：专业的政治是为社会其他机构的运作提供基本的游戏规则，而不是以管理者的身份甚至参加者的身份介入其他专业机构的内部。这种理念与现代国家价值取向一致，也与全面深化改革的国家战略指导思想相符合。②

（2）中国政治传播试图通过制度调适来寻找民主权威建构的可能性与空间。现代政治合法性以民主价值为基础，它与古典合法性有着根本区别：前者的依据来自民众（公民）的认可、同意，其论证路径是自下而上的；而后者的依据来自公民个体之外的规范，如父权、君权，其论证路径是自上而下的。③ 中国的政治合法性在原则上建立在“人民当家作主”的根基之上，而这种合法性的维系仅仅依靠自上而下的意识形态宣传是不够的，它必然要求这种价值观在制度安排上得到体现。

中国政治传播在宣传工作机制方面的一次调整体现了以上价值意图。在党的十六大之后，中央从提高党的执政能力的立场出发，明确提出要“建立社会舆情汇集与分析机制，畅通社情民意反映渠道”④。在制度安排方面，中央宣传部开始设置专门的舆情局，同

① 林尚立．制度创新与国家成长［M］．天津：天津人民出版社，2005：22-23．

② 中央人民政府网站．中共中央关于全面深化改革若干重大问题的决定［EB/OL］．（2013-11-15）［2017-12-4］．http://www.gov.cn/jrzg/2013-11/15/content_2528179.htm．

③ 周濂．现代政治的正当性基础［M］．北京：生活·读书·新知三联书店，2008：11-12．

④ 胡锦涛．中共中央关于加强党的执政能力建设的决定（2004 年 9 月 19 日中国共产党第十六届中央委员会第四次全体会议通过）［M］．人民日报，2004-9-27．

时依托中国共产党自身严密的立体化组织网络，以及宣传文化系统覆盖广泛的组织网络，在我国各层级的宣传机构中都设立专门的舆情机构或舆情专员。舆情信息工作的制度化建设在各层级大力推广开来。中国宣传部门将这种转变总结为“宣传工作向舆情工作的转向”，是宣传思想工作中的一大“创新”和“飞跃”，“蕴含着工作方向、内容、对象、方式的重大变化”。① 这一转向是中国政治传播中枢机构试图从制度上提高宣传思想工作对民意的回应的表现。②

中国政治传播在推进意识形态权威向现代法理、民主权威转型过程中，如何协调两类权威模式中相互冲突的部分、如何使新的调整符合意识形态的解释成为改革的难点。必须承认的是，和对西方制度的借鉴相比，当前中国政治权力机构更注重从主流意识形态中挖掘制度创新的可能性，将党的领导置于法治权威与民主价值。比如，新一届领导人在民主价值的推进中，就试图通过宣传系统将群众路线、协商民主等转换为强化政党认同的战略资源。③

(二)新宣传方式的探索：从“Propaganda”到“Publicity”

作为宣传思想工作的中枢机构的中央宣传部，名称中“宣传”二字的英文翻译不再是“Propaganda”，而是“Publicity”④，由此可以窥见中国宣传工作理念上的一些微妙变化。“Propaganda”与“Publicity”都有“宣传”的含义，排除意识形态色彩的偏见，从严格的学术角度来看，这种理念的转变与“宣传与民主关系的重构过程”⑤相关，是宣传寻找正当性的过程的产物。学者分别将其命名为“旧宣传”与“新宣传”，这是两种不同的宣传范式，前者由国家来操作，后者则由组织通过现代公共关系来操作。⑥

中国从旧宣传到新宣传的变化不是理念上的想象，而是已有明确的制度推进。这种变革主要由中国政治传播的“外围”机构——国务院新闻办公室推进。当然，国务院新闻办公室实际上只是在职责范围内工作，却在客观上推进了中国对内政治传播方式方法上的创新，成为中国政治传播的重要探索者。

这种客观效果的出现，与中国政治传播中奉行的一项独特的原则相关，这项原则被称为“内外有别”。在中国政治传播的机构设置与工作安排中，对内政治传播(“内宣”)系

---

① 中共中央宣传部舆情信息局. 舆情信息工作概论[M]. 北京：学习出版社，2006：44.

② 在中国实际政治运作中，舆论舆情工作也有诸多“中国特色”的部分，不能简单地将其看作对西方政治传播中民意调查技术的借鉴，它也并不完全体现“舆论与民意统治”的价值追求。

③ 中国文明网. 关于深化群众性精神文明创建活动的指导意见[EB/OL]. (2017-04-05)[2017-12-4]. http://www.wenming.cn/ziliao/wenjian/jigou/wenmingban/201704/t20170405_4161316.shtml.

④ 中共中央编译局. “中共中央宣传部”的对外标准英文翻译是什么？[EB/OL]. (2013-06-14)[2017-12-4]. http://www.cctb.net/zxhd/ly/ly/201306/t20130614_282725.htm.

⑤ 刘海龙. 宣传：观念、话语及其正当性[M]. 北京：中国大百科全书出版社，2013：69.

⑥ 刘海龙. 宣传：观念、话语及其正当性[M]. 北京：中国大百科全书出版社，2013：318.

统与对外政治传播（“外宣”）系统是相互独立又有一定关联的两个部分。前者的中枢机构是中央宣传部，而后者的核心机构是中央对外宣传办公室，中央对外宣传办公室与国务院新闻办公室是“一个机构、两块牌子”。随着中国参与世界事务的增多及国家形象敏感度的增加，加强和改进对外宣传成了宣传思想战线的一项战略性任务。[①] 最近十几年，相比较内宣工作，外宣工作在意识形态方面的束缚较少，它在工作思路和做法上的创新更为大胆，[②]许多做法实际上对新时期中国对内政治传播也有着重要的探索意义。

中国在对外政治传播方面的成功经验，被适度引入对内政治传播工作中。其中最典型的例子是在政治领域内建设与推广新闻发布制度。[③] 政府机构设立新闻发言人制度最初是为了改善和加强对外宣传工作。1983 年 2 月，中宣部、中央对外宣传领导小组联合下发《关于实施〈设立新闻发言人制度〉和加强对外国记者工作的意见》，要求外交部和对外联系较多的国务院各部门，如国家统计局，建立新闻发言人制度，定期和不定期地发布新闻。1993 年初，国务院新闻办公室开始具体负责国务院新闻发布工作和协调各部门新闻发言人工作，并以国务院新闻办公室记者招待会或新闻发布会的形式组织新闻发布。

进入 21 世纪，在“非典”、北京奥运会等重大事件的间接推动下，对外宣传中积累的新闻发布的成功经验逐渐被对内政治传播借鉴和使用。2003 年中央提出建立健全国务院新闻办、中央各部门、各省区市人民政府三个层次的政府新闻发布制度。2006 年，国务院办公厅印发《关于进一步改进和加强政府新闻发布制度的意见》，对建立完善新闻发布制度提出具体要求。2007 年，设立国防部新闻事务局。2009 年，党的十七届四中全会提出“建设党委新闻发言人制度”，党委新闻发布工作开展起来。自此，新闻发布制度在中国各类政治机构中普及开来，成为一项常规制度。从实际效果来看，新闻发布制度的建设在政务信息公开、政府回应性的提升、党的执政能力提高等方面都起到了很好的推动作用。

（三）从信息管理到信息安全、信息强国转型

中国政治传播在信息管理上的职能变迁，相对来说是最明确的。中央网络安全和信息化领导小组的设立引起了连锁效应，直接或间接影响了政治传播制度结构体系中的几个相关机构的职能定位：（1）其前身——国家信息化领导小组是国家议事机构，职能是信息化领导小组；而中央网络安全和信息化领导小组是党中央的议事机构，从职能来看，它把网络安全放在更突出的位置。（2）该机构的设置直接影响了国家互联网信息办公室的

---

① 中共中央宣传部干部局. 新时期宣传思想工作[M]. 北京：学习出版社，2006：12.

② 比如引入公共外交的思路，注重软实力的建设；以文化为主要内容进行价值观的传输（世界范围内“孔子学院”的设立）；关注国家形象（中国国家形象宣传片的放映）；引导“中国学”的讨论（如一年一度的“世界中国学论坛”）等。案例参见：中央对外宣传办公室研究室. 对外宣传工作论文集[M]. 北京：五洲传播出版社，1998.

③ 在政治领域内建设与推广新闻发布制度的相关资料，请参阅国务院新闻办公室对外新闻局. 新闻发布工作手册[M]. 北京：五洲传播出版社，2016：8-101.

定位。国家互联网信息办公室设立之初,作为国务院新闻办公室的挂牌机构,主要负责互联网上的意识形态工作。① 而在当前,国家互联网信息办公室(中央网络安全和信息化领导小组办公室)作为中央网络安全和信息化领导小组的办事机构,虽然仍有引导网络舆论等任务,但其核心工作是承担"加快中国建设网络强国的历史进程,提高中国全局信息化的水平"②的历史重任。(3)另外,该机构的设置也厘清了它与其他相关部门,如国务院新闻办公室、工业和信息化部③等部门的职能界限。

值得强调的是,该小组是所有领导小组中三个采用领导层最高配置(即由党的总书记担任组长、总理担任第一副组长)的领导小组之一,另外两个分别是2013年12月30日成立的全面深化改革领导小组、2013年11月12日成立的国家安全委员会。从这样的政治布局可知,网络安全与信息化工作同全面深化改革、国家安全并列,是当前事关国家战略全局的三大工作之一。习近平在讲话中提出,"没有网络安全,就没有国家安全""没有信息化,就没有现代化"④,在某种意义上,这两句话已经很明确地说明了设置该机构的战略考量:未来中国致力于保障国家安全,同时,大力推进国家现代化的发展进程。"安全是发展的前提,发展是安全的保障"⑤,这两项工作相辅相成,不可偏颇。

中央对于互联网工作展现出前所未有的重视程度,这与当前全球政治、媒体环境及其影响下的政治传播转向密切相关。从全球政治传播趋势来看,随着电子媒体、社交媒体、移动媒体的扩散,媒体环境与政治传播系统几乎被彻底改变⑥,传统新闻媒体数量减少,媒体边界变得模糊⑦,社会处于高度选择性的媒体环境之中⑧,信息极化与碎片化的程度在加深⑨,公民对制度化的政治与新闻媒体的依附性在以前所未有的速度下降⑩。以上趋势改变了旧有的政治信息环境,当下的政治传播需要对政治信息的供给(Supply)产生

---

① 中共中央宣传部干部局.新时期宣传思想工作[M].北京:学习出版社,2006:58.

② 汪玉凯.中央网络安全和信息化领导小组的由来及其影响[J].信息安全与通信保密,2014(3):27.

③ 中央编办.中央编办关于工业和信息化部有关职责和机构调整的通知(中央编办发[2015]17号)[EB/OL].(2015-09-16)[2017-12-4].http://www.miit.gov.cn/n1146285/c3722500/content.html.

④ 习近平.在网络安全和信息化工作座谈会上的讲话[N].人民日报,2016-4-26(2).

⑤ 习近平.在网络安全和信息化工作座谈会上的讲话[N].人民日报,2016-4-26(2).

⑥ HENN P,JANDURA O,VOWE G. The traditional paradigm of political communication research reconstructed [M]//VOWE G,HENN P. Political communication in the online world:theoretical approaches and research designs. London:Routledge,2016:11-25.

⑦ CHADWICK A. Internet politics: states,citizens,and new communication technologies[M]. NewYork:Oxford University Press,2013:7.

⑧ VAN AELST P,STROMBACK J,AALBERG T,et al. Political communication in a high-choice media environment:a challenge for democracy[J]. Annals of the international communication association,2017,41(1):3-27.

⑨ PARISER E. The filter bubble:how the new personalized web is changing what we read and how we think[M]. New York:Penguin,2011.

⑩ BENNETT W L,IYENGAR S. A new era of minimal effects:the changing foundations of political communication [J]. Journal of communication,2008,58(4):707-731.

影响，更需要深刻理解公民对于政治信息的需求(Demand)。① 中央在互联网工作方面的重大调整与一系列布局，是对这一时代特征的回应。这些布局将对中国政治传播产生深刻影响，在某种程度上，未来中国的互联网政治传播不仅仅是互联网这个平台上的意识形态等“内容上”的传播，其将更加倚重政治信息“环境”(包括政治信息供给与政治信息需求)的塑造。由于互联网环境对旧有秩序形成了巨大挑战，因此该项工作被中央视为实现“国家安全”这一战略的重要内容；旧秩序的改变往往意味着新秩序的浮现，对于中国来说，这同时是一个难得的历史机遇，因而这项工作也被赋予了担负“国家富强”这一历史重责的期待。

四、讨论：中国政治传播制度结构的未来

中国政治传播制度结构的变迁是中国政治与社会变迁的一个缩影，这是中国政治传播制度结构变迁的更深层次的社会动因。

整体来看，中国政治传播的角色已经变化，它不再是革命年代的宣传者或控制者，而是成了一种混合了现代价值的国家治理手段。美国学者沈大伟认为，中国宣传系统的变化与中国政治体制的变革一样，自 20 世纪 80 年代以来不断处于“收缩与调适”的反复循环中。② 在收缩的过程中，中国政治传播有意淡化革命年代和新中国刚成立时深入国家与社会各个领域、层级的“总体性宣传”模式的影响；收缩使得意识形态效力下降，而在中国特殊的权威模式下，意识形态效力的下降可能带来某种程度上的合法性危机，这促使政党不断调适，为宣传思想工作寻找更具有正当性的定位。这种制度上的高度适应性也部分解释了 Changm 提出的疑问：为何苏联与中国有着非常类似的宣传制度与机制，但前者走向崩溃，而后者维持强大？③ 实际上，正是这种“收缩中的调适”使得虽然中国政治传播背后的国家权力(Power)在缩小，但是国家能力却未呈现同比例的减弱。在这里，“国家权力”指“国家精英可以在不必与市民社会各集团进行例行化、制度化讨价还价的前提下自行行动的范围(Range)”；而“国家能力”指“国家事实上渗透市民社会，在其统治的领域内有效贯彻其政治决策的能力(Capacity)”。④ 但是，中国政治传播也并非处于持续不断的收缩状态，而是既有收缩，亦有扩张。中国政治传播的结构性特征一直是中国政

① VAN AELST P, STROMBACK J, AALBERG T, et al. Political communication in a high-choice media environment: a challenge for democracy[J]. Annals of the international communication association, 2017, 41(1): 3-27.

② 沈大伟. 中国共产党：收缩与调适[M]. 北京：中央编译出版社，2012：153.

③ CHANGM J. The mechanics of state propaganda: The People's Republic of China and the Soviet Union in the 1950s. [M]//CHEEK T, SAICH T. New perspectives on state socialism in China. Armonk: M. E. Sharpe, 1997: 76-124.

④ 李强. 国家能力与国家权力的悖论[M]//张静. 国家与社会. 浙江：浙江人民出版社，1998：18.

治坚守的原则性问题,执政党的高度自主性强化了政党领导原则在政治体系内部,包括政治传播系统内部的地位。因此,被结构性特征所影响的那些极具中国特色的政治传播特点也随之扩张,包括政治倾向、意识形态宣传强化,信息管理被提升到一个前所未有的高度。

中国政治传播制度结构的调整是中国全面深入改革进程的表现。中国是一个复杂的国家,它实际上是三个时空的压缩:第一个时空是中国千年历史与传统的时空,这个时空建构了中国人对"文化中国"的认同及其独特的国家观念;第二个时空是鸦片战争以来中国从传统帝国迈向现代化国家的时空,这个时空建构了中国人对现代国家的认同;第三个时空是1949年以来中国社会主义革命与建设的时空,这个时空建构了中国人对社会主义中国的认同。① 如果说中国政治传播致力于政治认同建构,那么这三个时空就不能被忽视。

美国学者福山(Francis Fukuyama)将后发现代化国家的政治发展总结为三项指标:国家建设(秩序)、法治、民主(负责制)。从维护政治秩序的立场来看,中国能否实现对第三个时空的稳定的政治认同是至关重要的。② 在全面深化改革与推进国家现代化的国家战略下,改革的一个主要方向已经非常明确了,它正在强化党的全面领导,完善政党国家这种独特的政治体制,走出了有中国特色的政治道路。这与亨廷顿(Samuel Huntington)所总结的后发现代化国家中的"权威－秩序－发展"模式颇为呼应。③ 从现有趋势来看,只要政治体制不发生剧烈变革,未来中国政治传播结构变迁将在这种大前提下推进:在制度特色方面,中国政治传播的制度结构将坚持政党领导原则不变、党管意识形态的管理体制不变。

中国人要在第三个时空形成稳定的政治认同,离不开第一个时空和第二个时空对政治认同的建构作用。而且不论是从政治发展目标来看,还是从全球化进程的深入影响来看,第二个时空的作用必定强于第一个时空的作用。这种关系决定了未来中国的政治传播需要为一个"现代中国"提供政治合法性的论证,适应现代价值的基本取向,对自身做出调整。况且,从全球范围来看,政治传播不论在技术还是在规范、制度安排方面都在走向趋同。④ 与世界上大多数国家一样,中国政治传播面临着外来压力的冲击、新技术的刺激。从这一点来看,中国政治传播的制度结构可能在以下两个方面出现变迁:在内容输出方面,政治传播的专业化程度将加强,⑤可能出现一些职能的"外包",就像国际政治传

---

① 林尚立. 制度创新与国家成长[M]. 天津:天津人民出版社,2005:7-9.

② 福山. 政治秩序的起源[M]. 桂林:广西师范大学出版社,2014:424.

③ 亨廷顿. 变革社会中的政治秩序[M]. 李盛平,等译. 北京:华夏出版社,1988:117-122.

④ HALLIN D C, MANCINI P. Americanization, globalization, and secularization: understanding the convergence of media systems and political communication[M]//ESSER F, PFETSCH B. Comparing political communication: theories, cases, and challenges. Cambrdge: Cambridge Unirersity press, 2004: 25-44.

⑤ NEGRINE R, LILLEKER D G. The professionalization of political communication: continuities and change in media practices[J]. European journal of communication, 2002, 17(3): 305-323.

播实践领域做的许多尝试一样。为了适应现代社会的要求，中国政治传播的内容输出可能会往程序传播、法治传播的方向转型；在信息管理方面，由于面临着新时期的挑战与压力，策略性的管理与审查将成为未来趋势。

中国政治传播制度结构的改革实际上是一个异常艰巨的任务，这不仅仅是技术、方式方法更新上的问题，在更深层，它涉及的是中国特色社会主义制度与现代价值体系是否能相互融合，是否能在秩序、法治与民主之间找到动态平衡点的问题。在这个过程中，强调意识形态的政治权威模式仍将是中国政治传播发展进程中的“紧箍咒”，其需要意识形态理论的更新，更需要在政治实践上有所突破。

（本文初刊于《甘肃行政学院学报》2018 年第 1 期）

历史视野中的政治传播

古代王权合法性舆论建构路径的四大维度

◇ 谢清果　张　丹[①]

伊尼斯(Harold Adams Innis)在《帝国与传播》(*Empire and Communications*)中提醒世人要从历史构建的"宏大模式"中,深挖"历史运行机制",注意传播在帝国的扩张与文明的存续中的作用。[②] 因为"社会政治结构与传播结构存在着共协关系"[③],即有什么样的政治机构,就会有什么样的传播体制,这种传播体制会直接反映出社会政治文化机制。从某种意义上说,"一个政府组织的存在方式,也就是它的传播方式"[④]。这其中牵涉到传播学的一个重要研究领域——政治传播。所谓"政治传播",荆学民教授将其概括为"特定政治共同体中政治信息扩散和被接受的过程",并圈定了两个限定条件:一是,"政治信息"只能是"政治"的;二是,这种政治信息是在"扩散和接受"状态中。[⑤] 换言之,应在政治秩序的建立、维持、改变与政治运行等一系列政治活动中探讨政治传播,因为政治传播存在与运行的基础始终是政治活动的需要。[⑥] 现代政治学研究常常将政治活动最基本的需要视为统治者建立与维持自身权力的合法性的需要,即"对统治者权力的承认"[⑦]。如果得不到这种认同,统治者就将失去权威,面临丧失政权的威胁。罗素(Bertrand Russell)认为获取这种认同的关键,是将指涉权力的问题尽量置于开放的环境,以一种广泛通达的舆论共识促成这种合法性,倘若将权力的问题封闭在无可指摘的绝对权威和不可触碰的黑暗中,将会带来更大的合法性危机,"权力必须被看作是不断地从一种形态向另一形态转变……想把任何一种形态的权力孤立起来的企图,一向是而且仍然是许多具有重大实际意义的错误的根源"[⑧]。为此,罗素甚至认为,"舆论是万能的,其他一切权力形态皆

---

① 作者谢清果系博士生导师,厦门大学新闻传播学院教授、传播研究所所长;张丹系厦门大学新闻传播学院2016级博士生。

② 伊尼斯.帝国与传播[M].何道宽,译.北京:中国传媒大学出版社,2013:19-29.

③ 孙旭培.华夏传播论[M].北京:人民出版社,1997:33.

④ 陈谦.中国古代政治传播思想研究[M].北京:中国社会科学出版社,2009:233.

⑤ 荆学民,施惠玲.政治与传播的视界融合:政治传播研究五个基本理论问题辨析[J].现代传播,2009(4):19.

⑥ 白文刚.中国古代政治传播研究[M].北京:中国社会科学出版社,2014:8.

⑦ 夸克.合法性与政治[M].佟心平,王远飞,译.北京:中央编译出版社,2002:12.

⑧ 罗素.权力论:新社会分析[M].吴友三,译.北京:商务印书馆,1991:4-5.

源于舆论”①。

事实上,多数情况下获得政权合法性的过程都是曲折的,“很少有与生俱来的合法性政权,合法性政权都是经过或长或短的合法化过程而实现的”。② 关于中华民族五千余年的岁月变迁,葛兆光先生甚至认为,所谓“华夏文明”,其实是逐渐由权力确立它的合法性,将其扩张与辐射到整个中国,并由时间把它渐渐积淀成“历史”,皴染为“传统”③。权力要想合法化,首先要寻求舆论支持,获取民意、民心。传播学者喻国明认为,“民意之所向,可以建设一切,也可以毁灭一切。……一切社会竞争的事实(包括政治的、经济的、思想文化的等)都昭示这样一条基本社会法则:谁能更深刻地了解、掌握和运用民意,谁就能在社会竞争中更多地‘得分’,谁就能成为顺乎民心、合乎潮流、推动社会事业发展的杰出人物”。因此,“在一定意义上说,人类自觉活动构成的文明史,就是‘民意’地位不断被认识和提高的历史”④。回溯中华文明的历史进程,我们发现为维护自身合法性统治而进行的话语权争夺和舆论建构始终是统治者们长久以来孜孜追求的,而华夏文明的延绵不绝,正是在王朝更替、政权变革、社会动荡下传播依然正常运作,王权思想得以延续与发展的结果。就建构王权合法性的舆论来说,它应包括“王权来自何处?”“何人可称王? 王权将受到何种力量制约?”“王权的统摄边界是什么?”这些基本问题。我们认为千百年来古之为君者的建构手段是复杂而多样的,但总体而言大致通过四种方式建构,将王权合法性置于一种相对安全的境地,即:王权的舆论“神化”,天命而王、君权神授;王权的舆论“圣化”,得道而王、圣人当王;王权舆论的“王化”,圣王合一、君神合一;王权舆论的民化,“水则载舟、水则覆舟”。正是这四种不断产生、重塑、叠加的舆论在历史中消解、融合,最终“层累”地造就了古代中国具有多重面向的王权思想。

一、天命而王:王权舆论的“神化”

东汉许慎的《说文解字》对“王”的解释为:“王,天下所归往也。”《康熙字典》引用了《广韵》的解释:“大也,君也,天下所法。”“王权”是人世间最高统治者君王的权力,拥有裁定一切事务的权力。但这种权力是后天派生的,并没有生而有之的“王”,也没有毋庸置疑的权力承载者。因此,拥有绝对权力的王需要在世俗化的世界中获得一致性的认同,才能实现权力的合法性占有。合法性的塑造是多元的,这其中最原始的做法是“神化”王权,即将王权绑定在更高层面的天权(天命、天志)上,而这种行为背后是中国古代由来已

① 罗素.权力论:新社会分析[M].吴友三,译.北京:商务印书馆,1991:97.

② 杨光斌.政治学的基础理论与重大问题[M].北京:中国人民大学出版社,2011:167.

③ 葛兆光.中国思想史(上)[M].上海:复旦大学出版社,2009:131.

④ 喻国明.解构民意:一个舆论学者的实证研究[M].北京:华夏出版社,2001:9.

久、根深蒂固的"天命"信仰的支撑。

古代中国舆论中的"天"通常并非一个实体的概念，而是具有人格化意味的世界主宰者，一个"有意志、有情感、无法被彻底认识、只能顺应'道'并与之和谐共处的庞大神秘活物"[①]。《尚书·泰誓》中说"惟天地为万物之母"，孔子也说"巍巍乎！唯天为大，唯尧则之"（《论语·泰伯》），《史记》的开篇《黄帝本纪》亦言"顺天地之纪"。天，不仅具有神性，而且具有人性，它懂得将自身的意志传递给世间的某个人，而这个连接上天与世俗的"中介者"便显得尤为重要，因为他不仅承载上天的意志，更可被看作上天在世间的"代言人"。

这个代言人，最早可追溯至上古时期民神杂糅时代的巫师，后经五帝时代天神与地祇分离的"绝地天通"转向后，在帝神分治的政教格局下，与天沟通的主体逐渐转为"帝"，即后世所言的"天子"。[②] 反映在舆论中，有黄帝"生而能言，役使百灵"（《抱朴子》），帝尧"其仁如天，其知如神"，帝舜"遂类于上帝……弁于群神"（《史记·五帝本纪》），"禹致群神于会稽之山"（《国语·鲁语下》），等等。这些早期帝王都是通天（神）的。而"通天"背后实则暗藏着权力的支配，张光直指出："通天的巫术，成为统治者的专利，也就是统治者施行统治的工具。'天'是智识的源泉，因此通天的人是先知先觉的，拥有统治人间的智慧与权力。……占有通达祖神意旨手段的（人）便有统治的资格。统治阶级也可以叫作通天阶级，包括有通天本事的巫觋与拥有巫觋亦即拥有通天手段的王帝。"[③]在原始时代"绝地天通"转向后，通天的巫性逐渐内化为上古君王"某种体制化、道德化的行为和品格"，"巫君（王）合一""政教合一"的政治生态形成，这就是李泽厚先生所称的"中国上古思想史的最大秘密"和"中国思想大传统的根本特色"。[④]

上古君王构建的"通天"神性舆论，意在强调君王具有某种异能，然而这还不足以确证其拥有政权的完全合法性，因此后世的统治者常常试图加盖各种"天命而王""君权神授"的"神化"舆论印章，以彰显自身统治的神赋合法性。

(一)君王称谓与身世的舆论神化

君王神化舆论最常用的手段是将君王比作"天子"。"天子"意为"天之子"，具有"天"的意志与属性，自然而然地承担了"受命于天，代天施治"的责任。笔者认为，"天子"之称具有三层含义和政治效力。其一，君权神授，王的一切，包括权力都是上天所赐。比如：

---

① 江晓原. 天学真原[M]. 北京：译林出版社，2011：9.

② 陈赟. 绝地天通与中国政教结构的开端[J]. 江苏社会科学，2010(4)：19.

③ 张光直. 考古学专题六讲[M]. 北京：文物出版社，1986：107.

④ 李泽厚. 说巫史传统[M]. 上海：上海译文出版社，2012：11-12.

董仲舒认为:“王者天之所予也。”[①]“天者,百神之君也,王者之所最尊也。”[②]古代帝王(天子)也是神的化身,是具有神性的,君王的权力当然也是“神授”的。其二,以天为宗,将天纳入所属的派别和尊奉的客体。比如:“君,天也。”[③]“君天下,曰天子。”[④]“天子惟君万邦,百官承式。”[⑤]其三,受命于天,承命施治,天子肩负治理天下的责任和义务。譬如《尚书》所言:“天子作民父母,以为天下王。”在这个神化的称谓下,王的权力始终都是先验性的,源于上天。董仲舒在《春秋繁露·为人者天》中宣称:“天下受命于天子,一国则受命于君。君命顺,则民有顺命;君命逆,则民有逆命。故曰一人有庆,万民赖之,此之谓也。”[⑥]此话堪称对天子极致崇拜的代表。天子秉持天命,拥有无上权威,世间万物与之息息相关,不可分割。唐以后帝王的尊号与谥号中多出现“统天”“仪天”“感天”之词,其实也是帝王强调自身与天相连、具有“天子”属性的方式。

此外,“天子”的“天命之”,也反映在君王身世的神化舆论中。我们发现,远古帝王都有自己的感生神话。比如,伏羲感迹(脚印)而生。《诗纬·含神雾》曰:“太跡出雷泽,华胥履之,生伏羲。”黄帝感大电绕北斗之枢星或权星而生。《河图·始开图》曰:“黄帝,名轩,北斗黄帝之精。母地祇之女附宝之郊野,大电绕斗枢星,耀感附宝,生轩,胸文曰‘黄帝子’。”另有,少昊感金星而生,颛顼感瑶光贯月而生,尧感赤龙而生。《河图》《太平御览》《潜夫论》《春秋纬》等书中也出现了针对三代帝王的感生神话。比如,夏禹感金星或金星贯晶而生,商汤感白气贯月而生,周文王感长人而生,等等。宋兆麟、郭沫若等学者将这种远古帝王的感生神话,视为远古图腾信仰的产物[⑦],或是母系氏族社会“民知其父,不知其母”的反映[⑧]。

如果说这些针对早期帝王的感生神话可被看作远古时代蒙昧文化的残迹,或因多出现在汉后的谶纬之说中,被后人视为单纯的神话创造,且其中的“王权”与神话勾连不够紧密,只是初露端倪的话,那么汉及后世帝王的感生神话则大多具有明显的政治动机,君王“天命而王”倾向愈加明显,且多被载于史书。比如,《史记·高祖本纪》中记载:“高祖,沛丰邑中阳里人,姓刘氏,字季。父曰太公,母曰刘媪。其先刘媪尝息大泽之陂,梦与神遇。是时雷电晦冥,太公往视,则见蛟龙于其上,已而有身,遂产高祖。”刘邦是其母刘媪“梦与神遇”、与蛟龙交合而生的,因此刘邦就是龙之子。而在中国的民族图腾信仰中,龙之子即隐喻着天子。刘邦的感生神话在《汉书》中也有出现,所载内容与《史记》大致无

---

① 董仲舒.春秋繁露·天人三策[M].陈蒲清,校注.长沙:岳麓书社,1997:128.
② 董仲舒.春秋繁露·天人三策[M].陈蒲清,校注.长沙:岳麓书社,1997:251.
③ 左丘明.左传[M].北京:线装书局,2007:202.
④ 戴圣.礼记[M].钱玄等,注译.长沙:岳麓出版社,2001:42.
⑤ 李民,王健.尚书译注[M].上海:上海古籍出版社,2012:168.
⑥ 董仲舒.春秋繁露·天人三策[M].陈蒲清,校注.长沙:岳麓书社,1997:183.
⑦ 宋兆麟.巫与巫术[M].成都:四川民族出版社,1989:26-29.
⑧ 郭沫若.中国古代社会研究(外二种):上册[M].石家庄:河北教育出版社,2000:19-20.

二,但是在《宋书》中却有了新的变化。

> 汉高帝父曰刘执嘉。执嘉之母,梦赤鸟若龙戏己,而生执嘉,是为太上皇帝。母名含始,是为昭灵后。昭灵后游于洛池,有玉鸡衔赤珠,刻曰玉英,吞此者王。昭灵后取而吞之;又寝于大泽,梦与神遇。是时雷电晦冥,太上皇视之,见蛟龙在其上,遂有身而生季,是为高帝。(《宋书·符瑞上》)

大意为,昭灵后(刘邦生母)在洛池游玩时,发现一只衔红色珠子的玉鸡,玉上刻着"吞此者王",昭灵后取而吞之。这种舆论在刘邦原有感生神话(与蛟龙交合)的基础上又复写了一层,如果说"龙之子"的政治隐喻还不够明显的话,那么《宋书》中的记载已经非常直白地指出了刘邦是天命而为王。再如《三国志·魏书二·文帝纪第二》中对魏文帝曹丕感生神话的记载:"帝生时,有云气青色而圜如车盖当其上,终日,望气者以为至贵之证,非人臣之气。"其文毫不掩饰曹丕"至贵""非人臣"的天子命。

这种梦与神交、梦日、出现神光和紫气等政治感生神话,在古代舆论中屡见不鲜。据中国台湾学者孙广德统计,汉代开始,算上曹丕、王莽、刘备、孙权,中国古代开国帝王中有感生神话的共 23 人,占开国帝王总数的 92%。[①] 单就魏晋南北朝时期而言,正史中出现的政治感生神话就有 31 处,其中《三国志》5 处、《晋书》10 处、《梁书》2 处、《陈书》1 处、《魏书》4 处、《北齐书》3 处、《周书》2 处、《南史》3 处、《北史》1 处。[②] 可以说,纵然合法性的塑造是多元的,但神化舆论俨然已经成为书写王权合法性的常规手段,并被广泛地应用于政治实践中。

(二)政权的获取与君王施政治国的舆论神化

在古代中国,即使君王获取了世俗世界的实际"治权",也常需要补办另一道合法性手续,即直言自身治国理政是依天命所为,并布告天下以获取认可。换句话说,君权的最终获得,需要一种广泛的共识性舆论——"天命"进行确权。

"天命"舆论早在商周时期便已出现,比如《尚书·洛诰》中有"奉答天命",《尚书·泰誓》中亦明确提及:"惟天惠民,惟辟(君主)奉天。"既然天子承奉天命,那么服从君王,就是服从上天。百姓表达"奉天""敬天"之意,首先要"顺天",即在实践中既要服从上天的安排,又要顺从君王的统治,这时君王的个人意志与上天的天命便合二为一了。王权合法性绑附在这种神圣权威的外衣下,民受到"天"与"王"的双重役使,正如清人谭嗣同所言:"天子既挟一天以压制天下,天下遂望天子俨然一天,虽胥天下而残贼之,犹以为天之

① 杜维运. 中国史学论文选集:第 6 辑[M]. 台北:幼师文化事业有限公司,1986:65.

② 梁力. 魏晋南北朝时期帝王政治感生神话探析[J]. 太原理工大学学报(社会科学版),2014(5):64.

所命,不敢不受。民至此乃愚人膏肓,至不平等矣。”①

值得注意的是,天子的“天命”身份并非一经获得就终身拥有的,还需要在统治期间不断强化这种身份,否则就有权力被褫夺的危险。无论是百姓揭竿而起,还是君王兴兵征伐、平定四海,首先都要获得上天的允可,营造出“师出有名”的舆论共识,而这个“名”就是上天赋予的正当性“法力”。《国语・鲁语下》有言:“天子作师,公帅之,以征不德。”夏启征伐不服其统治的有扈氏,便作《甘誓》,声言“有扈氏威侮五行,怠弃三正,天用剿绝其命”。周武王推翻商纣之后,即声称周是“膺更大命,革殷,受天明命”②,力图阐明“周得天下”是顺天命所为。

除了“奉天”之外,古代中国的统治者往往也积极构建“承运”的舆论。所谓“运”,本意是运动、旋转,《易・系辞》中说“日、月运行”。老子认为主宰世界的“道”中便暗含“运”。庄子受此启发提出“天运”的概念,并作《天运》篇,但他的论述是对老子概念的延伸与再阐释,并没有跳出“运”的原旨。战国后期邹衍将“运”与国家和个人相勾连,提出“主运”概念,创造出阴阳五行主历史之变、朝代更替、帝王福祸以及国策调适等的五德终始说。秦始皇泰山祭祀,封禅梁父,刻字于石碑,称“治道运行,诸产得宜,皆有法式”,认为自己的平天下的功劳一方面是因为“皇帝躬圣”,但更重要的是“遵奉遗诏”,顺从了世间的“运”。③ 东汉班固作《王命论》,专门论述帝王之“运世”(又称“世运”)。傅幹作《王命叙》,论述了王命与天命的关系:“虽有威力,非天命不授;虽有运命,非功烈不章。”三国时期的李康作《运命论》称:“夫治乱,运也;穷达,命也;贵贱,时也。故运之将隆,必生圣明之君。”朝代的更替都是应运而生,“夏殷承运,周氏应期”④。北魏献文帝将自己的政绩也归功于“世之所运”,说“朕承洪业,运属太平”⑤。到了明朝,“奉天承运”成了皇帝昭告天下、书写文书的定语。可见,中国古代对“运”的舆论建构,已经深入到国家政权、社会运转、君王安康等各个方面,并成为其行为依据。但是,这里的“运”只与君主相关而与常人无缘,“运”是“天命”的变种,是在上的“天”向在下的“人”的重心转移,本质上还是一种“天命观”。

事实上,“奉天”和“承运”代表了帝王的神圣性和不以意志为转移的客观性,也是王权合法性的最高标准。古代君主将自身绑定在不可言说的天志方面,通过将高高在上的“天”不断拔高,营造自身不容置疑的权威。马克斯・韦伯(Max Weber)认为这是通过确立已久的传统型权威(traditional authority)获得其政权的合法性,“之所以能够有统治权,或者是因为他的家族一直有统治权,或者因为他是神所选中的,或者因为他是部族会

---

① 谭嗣同.仁学[M].北京:华夏出版社,2002:89.

② 司马迁.史记[M].北京:线装书局,2006:14.

③ 司马迁.史记[M].北京:线装书局,2006:31.

④ 房玄龄.晋书[M].北京:中华书局,2000:321.

⑤ 魏收.魏书[M].北京:北京燕山出版社,2010:44.

议通过传统的仪式性形式选出来的"[1]。任继愈认为,包括中国哲学在内的一切哲学讲"天"的意义都在于探索天命与人事的关系。[2] 刘泽华认为,中国古代对天的崇拜有着宗教的意义,天人合一带来了帝王的泛教主属性。[3] 李泽厚则认为,中国人"天人合一"思想的产生是人与自然、个体与群体的顺从、适用的协调关系,既包含着人对自然规律的能动适应遵循,也意味着人对主宰、命定的被动顺从崇拜。[4] 在葛兆光先生看来,所谓"天人合一",其实是"'天'(宇宙)与'人'(人间)的所有合理性在根本上建立在同一个基本的依据上……在这个背景中,延续和笼罩一个文化时代的知识和思想系统被建立起来,它在一段时期内会呈现出绝对的稳定性,在这个根基上,人们思考、联想和表述,知识与思想通过语词似乎完美地表达着世界的秩序和存在的秩序,因为在一个时代中,知识与思想总是需要而且拥有统一的秩序,但是一旦这种根基被动摇、秩序被搅乱,知识与思想就会失去理解和解释世界的有效性"[5]。简言之,"天人合一"带来了一种政治稳定性。

稳定是所有政治实践的最终目标。西方世界也在试图建构一种神性化的王权舆论,而且在某种层面上更为彻底。西方基督教世界被称为"上帝的王国",上帝与子民之间的关系依靠一种忠诚的承诺维系。上帝谕示摩西对百姓说:"如今你们若实在听从我的话、遵守我的约,就要在万民中作(特别)属我的子民,因为全地都是我的。你们要归我作祭司的国度,为了圣洁的国民。"(《圣经·出埃及记》第 19 章第 5 节)然而,这种王权并没有降格到上帝的子民身上,比如上帝在回答撒母耳要求立一个王的请求时说:"百姓向你说的一切话你只管依从,因为他们不是厌弃你,而是厌弃我、不要我作他们的王"(《圣经·撒母耳记上》第 8 章第 7 节)。可见,上帝本身就是他们的王。

基督世界的王(上帝)的权力实施需要将"神性"引渡至"圣子"与"先知"(或者称为"大祭司")身上。圣子是圣父、圣子、圣灵三位一体下的第二位格,是上帝所发出的光辉,圣约翰称之为"道成了肉身"(《圣经·约翰福音》第 1 章第 14 节),先知是上帝传达神谕的中介,两者都是上帝完整赋权的对象,带有某种"圣性",但基督世界中的"圣"不同于中国古代舆论中的"圣",前者更偏向于"神性"层面,后者则偏向于世俗层面。英国政治学家托马斯·霍布斯(Thomas Hobbes)认为"圣"必须"神圣"才可被称为"圣",他直言:"'圣'和'专有'两词在上帝的王国中也必然是意义相同的……一个人的生活如果虔诚到仿佛已经放弃一切尘世念头、全心全意地献身于神的话,便也称为圣者。"[6]霍布斯的观点宗教意味很浓,而且一个人放弃"一切尘世念头""全心全意地奉献"的标准,本身也值得商榷。基督教历史中,个人圣性进阶过程中上帝的作用是最重要的,因为"国度、权柄、荣

---

① 柯林斯,马科夫斯基. 发现社会之旅:西方社会学思想述评[M]. 李霞,译. 北京:中华书局,2006:204.

② 任继愈. 试论"天人合一"[J]. 传统文化与现代化,1996(1):3.

③ 刘泽华. 王权思想论[M]. 天津:天津人民出版社,2006:7.

④ 李泽厚. 中国古代思想史[M]. 天津:天津社会科学出版社,2003:302.

⑤ 葛兆光. 中国思想史(上)[M]. 上海:复旦大学出版社,2009:47.

⑥ 霍布斯. 利维坦[M]. 黎思复,黎廷弼,译. 北京:商务印书馆,1985:328.

耀,全是你的,直到永远"(《圣经·马太福音》第6章第13节B)。直到在16世纪开始的宗教改革,加尔文主义者推崇马丁·路德(Martin Luther)的"因信称义"说,主张个人"完全的无能力"(total inability),上帝拣选的"无条件选择"(unconditional election),个人只有接受"不可抗拒的恩典"(irresistible grace),才能实现"有限的代赎"(limited atonement)。这种宗教观看似解放了教廷对个人的束缚,激发了马克斯·韦伯笔下的资本主义精神,但确也把上帝推向了更高更远之处。赋予上帝更大权力的同时,也带来了更多的不可知性。

笔者看来,东西方文化如此迷恋建构权力"神话",一方面在于受制于早期社会的科技水平和认识能力,另一个方面在于神性外衣带来的权力先验性与绝对性,而且这种可以模糊化而又充满神秘色彩的倾向规避了很多现实问题,因而也很难找到进行针对性攻击的切入口。或者说,神化王权舆论实则是在回避现实世界的质疑。但是,只靠"神话"构建的权力合法性常常不具有长久的稳定性。在梁漱溟看来,"所谓宗教的,都是以超绝于知识的事物,谋情志方面之安慰勖勉的"。一切宗教式的东西都有其相通之处:"超绝"与"神秘"。超绝意为"感觉做未接""理智所不喻",或可统称为"外乎理智",而神秘更是理智不喻的。宗教的非理智性很难被信任,因而"在人类生活上难得稳帖和洽"①。所以,当附着在权力上的神秘主义色彩逐渐褪色之时,权力的合法性建构必然要寻求一种更自洽的话语,比如由"神"向"圣"的舆论让渡。

二、圣人而王:王权舆论的"圣化"

在中国古代,当"神化"的王权舆论因不可触碰的虚无与某种绝对性在历史的进路中逐渐受到质疑时,"得道而王""圣人当王"便成了一种新的舆论指向,王权合法性的编织开始由"神"向"圣"转变。这一转变大致发生在社会动荡、战乱丛生的春秋战国时期,如何用贤济世和治国安邦成为这一时期社会的突出问题。人们也逐渐体悟到:"国将兴,听于民;将亡,听于神。"(《左传·庄公三十二年》)"是以圣王先成民而后致力于神。"(《左传·桓公六年》)

现实世界中的急迫问题要求人们从祭天敬神中短暂抽离,实践理性将神性排挤到身后,复杂的社会环境和广阔的舞台带来了"圣人"地位的提高,在用贤使能的浪潮中,"圣"被凸显出来,这时,王权舆论开始由"神化"向"圣化"转变。所谓"圣化",是指王权中被注入"圣"的精神,体现在实践中为"圣人"化身乱世中的救星,或直接治理天下,或与帝王"共治天下"。西方哲学家雅斯贝尔斯(Karl Theodor Jaspers)把公元前500年前后同时

---

① 梁漱溟.东西文化及其哲学[M].北京:商务印书馆,1999:96-99.

出现在中国、西方和印度等地区的人类文化突破现象称为“轴心时代”(Axial Age),而这个时期的一大特征是“终极关怀的觉醒”,即理性精神开始参与到现实世界的改造中。[①]那么,作为理性精神代表的中国圣人,是如何参与社会实践,指引、带领迷途的大众脱离苦海的?若要实现圣人治世,首先要解答“为何是圣人”“圣人何为”等圣人获得世俗世界“治”权而为王的合法性问题,而回答这些问题的关键不仅在于厘清圣、道、王三者之间的关系,还需要重新界定和审视“圣人”“王”“道”“圣人之责”等的基本内涵。针对这些问题,我们可在这一时期的舆论领袖——诸子们的言论中发现某些解决路径。

(一)圣人与“道”存在联系紧密的舆论建构

从诸子的舆论中可以发现,圣人之所以为“圣”,是因为圣人知晓常人所不知的天理运行的法则和世间万物的奥秘,而这恰是“道”的旨指所在。道存于世、高于人,这突出了道的超然性,但若能将道落实于人,就与“圣”或“圣人”发生了关系,体现了道的实在性。为此,中国古人大致通过三种舆论建构的方式,实现“道”与“人”的勾连。一是将圣人视为道之原,认为天地万物的道发源于圣人。比如,《易·说卦》曰:“昔者圣人之作《易》也……以立天之道,曰阴与阳;立地之道,曰柔与刚;立人之道,曰仁与义。”《中庸》也有言:“大哉,圣人之道!洋洋乎发育万物,峻极于天。”二是认为道高于圣人,独立于天地之间,圣人与凡人的区别只是捕捉与体悟到的道的多寡而已,所以才有“体道”“中道”“得道”等词。比如《易·彖传》中说:“观天之神道,而四时不忒;圣人以神道设教,而天下服矣。”这里的道源自“上”(天),圣人则来自“下”(地),两者是有高下之别的。三是将道与圣看作平等的对象,两者皆是孕育天地万物不可或缺的要素,相互完善,相互促进。如《国语》中所言,“天地生之,圣人成之”,“天因人,圣人因天;人自生之,天地形之,圣人因而成之”。又如《易·彖传》所言:“天地之道,恒久而不已也……圣人久于其道,而天下化成。”庄子则说:“圣有所生,王有所成,皆原于一。”(《庄子·天下》)

可见,三种建构方式虽在道的源起、道与人的关系上有分歧,但这些言论中却含有相同的指向:道无所不在,统摄万物,又变幻莫测、难以捉摸,“道可道,非常道”,唯有圣人才能在最高层级上洞悉攫取世界的“元语言”,进而成为得道之人,通达于天地万物。

(二)圣人具有“行道”之责的舆论建构

先秦舆论中圣人与“道”之间存在着紧密联系,圣人既然作为“道”的代言人,便有义务法天行道,将天道引至人间,践行“体道”之用。以儒道两家之言为例,老子崇尚形而上的抽

---

① 雅斯贝尔斯.历史的起源与目标[M].北京:华夏出版社,1989:8-13.

象的“道”,认为能凭借直观感受觉察事物之本、运动之律,通晓万物之道的人才是真正的“得道”之人,才堪称圣人,“圣人不行而知,不见而名,不为而成”(《道德经》第四十七章)。圣人行道,以“无为”之道治世,“是以圣人之治,虚其心,实其腹,弱其志,强其骨。常使民无知无欲,使夫智者不敢为也。为无为,则无不治”(《道德经》第三章)。“圣人在天下,歙歙焉,为天下浑其心,百姓皆注其耳目,圣人皆孩之。”(《道德经》第四十九章)孔子亦认为:“所谓圣者,德合天地,变通无方,究万事之终始,协庶品之自然,敷其大道而遂成情性,明立日月,化行若神,下民不知其德,睹者不识其邻。此圣者也。”(《孔子家语·五仪》)

可见,在孔子与老子所构创的儒道舆论中,圣者之所以为圣,不仅是因为他具有“通晓万物之道”的理性精神,更在于圣人自身就是理性的化身,具有将治世的理性精神撒播于万物、“博施于民而能济众”(《论语·雍也》)的义务。圣人不仅要“悟道”,还必须“施道”。“悟道”是圣人向上获取万物奥秘的过程,“施道”则是圣人秉天道而施之于民的向下传递过程,两者共同界定了圣人的标准。所以我们由儒道两家之言可以看出,至少在春秋时期,社会上已存在将圣人与治世绑定在一起的舆论了。

(三)圣人与“王”紧密相连的舆论建构

圣人践行“道”的义务时需加“王”的称谓,需被赋予一种政治权力。为此,荀子提出“尊圣者为王”:“天下者,至重也,非至强莫之能任;至大也,非至辨莫之能分;至众也,非至明莫之能和。此三至者,非圣人莫之能尽。故非圣人莫之能王。圣人备道全美者也,是县天下之权称也。”(《荀子·正论》)《荀子·解蔽》又曰:“圣也者,尽伦者也;王也者,尽制者也;两尽者,足以为天下极矣。故学者以圣王为师,案以圣王之制为法,法其法,以求其统类,以务象效其人。”墨子直言“选天下之贤可者,立以为天子”(《墨子·尚同上》),亦有关于圣人为君称王的论述。

圣与王存在一种紧密的联系,或者说圣与王形象的合一,体现在“圣王”舆论的出现上。“圣王”一词最早出现在《左传·桓公六年》中:“圣王先成民而后致力于神”。在诸子百家的舆论中,墨家似乎更偏好对“圣王”的阐发,《墨子》中有大量关于“圣王”的言论:“故古者圣王之为政,列德而尚贤”(《墨子·尚贤》);“故古者圣王,明知天鬼之所福,而辟天鬼之所憎,以求兴天下之利,而除天下之害”(《墨子·天志》);等等。儒家著述中也有“圣王”舆论,如孟子认为“圣王”的显现是荡涤天下、疏通仁义之道的重要途径,“圣王不作,诸侯放恣,处士横议,杨朱、墨翟之言盈天下,天下之言,不归杨则归墨”(《孟子·滕文公下》)。荀子肯定圣人与王之间的相通性,认为个人只要好学善为,不仅可以成为圣人,也有可能成为圣王:“通则一天下,穷则独立贵名。”(《荀子·儒效》)

可以说,“圣王”一词在舆论中的出现,打通了道德、知识和权力之间的通道,为王权的合法性提供了另一个重要依据,即理论上出现了谁是圣人,谁即可称王的可行性。从某种意义上说，这里的“圣王”寄托了诸子们的道德理念与执政方略，是其心中理想化君主形象的投影。孔子身后的儒家舆论中，多有尊孔子为“王”之言。比如宰我认为孔子“贤于尧舜远矣”，而尧舜是公认的圣王，孔子既然比尧舜还贤德伟大，那理应被列入圣王之列。荀子也说：“孔子仁知且不蔽，故学乱术足以为先王者也。”（《荀子·解蔽》）孔子有帝王之德而未居帝王之位，虽无官职、土地与人民，却被后世儒家学者尊称为“素王”。释迦牟尼未曾到过中国，也无半点权势，却被中国佛教徒尊为三界的“空王”。可见，“圣”与“王”之间存在着某种通约性，无论是“素王”还是“空王”，都是后人对得道圣人没能行使王权的一种惋惜，他们通过追谥的方式弥补这种缺憾。

总之，圣人因“悟道”而成圣人，“行道”而为天下王，在圣、王、王权三者之间关系的舆论建构下，王权合法性逐渐由“天命而王”转向了“得道而王”。两者体现了统治者寻求自身合法性的不同路线，前者崇尚神性，要从神那里获取权力；后者则崇尚理性，要通过人的自我完善为合法性提供依据。因为政治不只是一个强制占有社会权力的过程，更涉及一个形而上的问题，即君王、明主（统治者）要通过所谓的“坐而论道”的方式把握道的高度，不仅要“体道”“悟道”，和道产生一种亲密的关系，而且还要践行“行道”之责。简言之，即“法天地”，实现“天道、地道、人道及三者的合一”①。

汉娜·阿伦特（Hannah Arendt）指出：“为权力的行使赋予合法性的权威必须来自一个在权力领域之外的东西，并且像自然法或上帝律令一样，必须不是人为的。”②西方世界亦有类似“圣人为王”的观点。比如，柏拉图在《理想国》中描绘的“哲学王”，希望用“理性”治国。在《理想国》《政治家篇》《法律篇》中，他尝试通过哲学式的“政治对话”对大量关系模式进行引导，比如主人和奴隶、水手和船客、医生和病人以及牧羊人和羊群等，但他的努力并没有实现哲学家对城邦的现实“权威”，也没有获得汉娜·阿伦特所说的“超外”的权力。事实上，无论是“圣人为王”还是“哲学家为王”的舆论建构，都是理性精神参与政治活动的理想化实践。但不同的是，中国古代并没有把西方式的理性精神，直接付诸政治实践，而是对这种理性（“圣”）做了两方面的努力，一是“虚化”，二是“内化”。“虚化”是指将理性精神虚化为一种“道性”与“德行”，它既非法律条例，也不是政治制度，而是一种非强制性的约束力，这种不留痕迹的“虚化”方式可以巧妙地避开政治活动中的某些攻讦，在复杂的权力斗争中存续力量。所谓“内化”，是指将这种理性精神内化于个人修养，在实践中，并不抱有以柏拉图为代表的西方世界追求的以哲学家为王的幻想。

具体说来，这是中国古代舆论中倡导的内化社会规范，追求“德性”（与西方的理性精神相对，是中国式的“理性”）而为圣人的情怀，是儒家一脉相承的核心命题。孟子在性善论中提出“四端”与“良知”之说，认为人人皆有恻隐、羞恶、恭敬和是非之心，并可以通过

---

① 刘泽华. 王权思想论[M]. 天津：天津人民出版社，2003：8.

② 阿伦特. 过去与未来之间[M]. 王寅丽，张立立，译. 南京：译林出版社，2011：114.

后天的努力达至完备,“尽其心者,知其性也。知其性,则知天矣。存其心,养其性,所以事天也。殀寿不贰,修身以俟之,所以立命也”(《孟子·尽心上》)。《大学》认为,治国为目,修身为纲,“物格而后知至,知至而后意诚,意诚而后心正,心正而后身修,身修而后家齐,家齐而后国治,国治而后天下平”。《中庸》则认为,“赞天地之化育”的能力在于“至诚”与“尽性”。朱熹批解道:“天下至诚,谓圣人之德之实,天下莫能加也。尽其性者德无不实,故无人欲之私,而天命之在我者,察之由之,巨细精粗,无毫发之不尽也。”①“天下至诚”的关键在于人如何达至圣人、如何获得“圣人之德之实”,而“圣人之德,浑然天理,真实无妄,不待思勉而从容中道,则亦天之道也”②。除了“至诚”,还需要“尽性”,而“尽性”的关键还在于“至诚”,因为“至诚惟能尽性,只尽性时万物之理都无不尽了”③。王阳明则对“圣人”观做了进一步的内化,在《象山文集序》中第一句便说“圣人之学,心学也”,他认为成圣的关键在于“养心”,即先为“人”,后至“圣”。如此,经由宋明儒生们的不懈努力,中国古代形而上的“圣”的精神内核逐渐“内化”与“虚化”,“圣人治世”一步步走向形而下的“人”这个载体。

三、“圣”“神”“王”合流:王权舆论的“王化”

在以先秦时期思想为代表的早期舆论中,“圣”是对王的一种内在要求,王需要具有“圣”的特质,圣人可以不为王,但王却一定要具有“圣”的内在属性,即道性、德性、品性等。这些观点多反映在诸子的言论中,如前文所述,这一时期的圣人是理想中的完美的人,他们通晓万物变化规律,“明君守始以知万物之源,治纪以知善败之端”(《韩非子·主道》),又能洞悉政治的治乱之道与兴衰,“圣人者,明于治乱之道,习于人事之终始者也”(《管子·正世第四十七》)。圣人虽可“审于是非之实,察于治乱之情也”(《韩非子·奸劫弑臣》),也可代表芸芸众生与天对话,“参于天地,并于鬼神”(《礼记·礼运》),但这并不意味着圣人必能为王。事实上,“圣人为王”更多是现实困境下对理想社会幻想的产物,在孔子看来,唯有“尧舜”才堪称圣王。

及至秦汉大一统,伴随着政治生态、社会制度的日臻完备与稳固,统治阶层急需寻求一种更强力的合法性话语,将王权合法性的基础构筑其上,以实现长治久安。随着君主专制制度的确立,君王的权力达到巅峰,以至于出现君权高于神权,“天下事无大小皆决于上”的情况。此时,王权合法性的建构很容易地转向了对王的臣服与拔高上,这就是王权舆论的“王化”转向。

---

① 朱熹.四书章句集注[M].北京:中华书局,1983:32-33.
② 朱熹.四书章句集注[M].北京:中华书局,1983:31.
③ 黎靖德.朱子语类[M].北京:中华书局,1985:381.

这种转向,可能始于“王”对“道”的垄断,即对“圣”的占有(“圣化”),并将其内化为一种先天属性和个人品质,即只有真正的圣人才能成为真正的王,成为王的人必是圣人。舆论开始由“王应得道,王须是圣人”的应然状态转化为“王必得道,王必圣人”的必然状态。这个转向虽萌发于先秦时期,比如诸子在论述那些著名的先王都为圣王时所言“帝德广运,乃圣乃神”“古之治天下者必圣人”①,但开展具体政治实践却始于秦汉时期。具体来说,王权对“圣”的垄断过程是把王权、认识、道德和行为准则合而为一,使君主制度与权力绝对化,最终实现“君道同体”和“君圣同一”目标。“道”,概言之,即宇宙的本原和法则以及各种理想化的社会政治规范。贾谊提出:“君之为言也,考也。故君也者,道之所出也。”②董仲舒甚至认为,“道,王道也。王者,人之始也”③。道和王本属一家,“圣人者,道之极也”④。圣王操持着道,掌握着自然和社会的各种必然性。秦人称秦始皇“圣智仁义,显白道理”⑤,说他既具有智慧,又有仁爱之心。陆贾说:“天生万物,以地养之,圣人成之。功德参合,而道术生焉。”⑥这种人“统物通变”,当然是最能载道的,“故杖圣者帝”。贾谊说:“夫帝王者,莫不相时而立仪,度务而制事,以驯其时也。”⑦成为帝王的人无不是“相时”而“制事”的,所谓“相时”即载道之人的体现。古代君王被称为“圣上”,这使圣王一体、君道一统,从圣人为王的角度把君主专制说成了逻辑的必然结果。圣化的实质是憧憬和信仰某种绝对化的个人权威,对圣的认同,其最终归宿依然是皈依王权。刘泽华先生认为:“(王权)只要与圣发生联系,便具有不可怀疑和超越的性质。”⑧这点和马克斯·韦伯所说的“卡里斯玛”(Chrisma)式的强权人物有某种相通性,他们都具有超自然的力量和与生俱来的带有某种神圣性的品质。

更进一步,当王者将“神性”(自身受“神性”加持)舆论和“圣性”舆论统一时,集神、圣、王色彩于一体的君王便实现了对统治权力的垄断。《史记》中记载秦始皇在荡平六国、一统天下后宣称:“吾慕真人,自谓‘真人’。”而“真人者,入水不濡,入火不爇,陵云气,与天地久长”,其实就是“得道”的仙人。这种言论并非无根之木,可被看作对早期社会“巫王同一”舆论的复辟,“神性”也再次被召唤出来,注入王权之中。杨向奎先生说:“古代,在阶级社会的初期,统治者居山,作为天人的媒介,全是‘神国’,国王们断绝了天人的交通,垄断了交通上帝的大权,他就是神,没有不是神的国王。”⑨我们发现,早期中国的“神化”舆论延续到秦朝大一统时代,秦始皇虽不具有“绝地天通”的天人沟通垄断权,但

① 王聘珍.大戴礼记解诂[M].北京:中华书局,1983:184.
② 贾谊,卢文弨.新书[M].北京:中华书局,1985:95.
③ 董仲舒.春秋繁露·天人三策[M].陈蒲清,校注.长沙:岳麓书社,1997:53.
④ 司马迁.史记[M].北京:线装书局,2006:33.
⑤ 司马迁.史记[M].北京:线装书局,2006:34.
⑥ 陆贾.新语[M].沈阳:辽宁教育出版社,1998:1.
⑦ 贾谊.新书[M].卢文弨,译注.长沙:岳麓书社,1997:110.
⑧ 刘泽华.王权思想论[M].长沙:岳麓书社,1997:52.
⑨ 杨向奎.中国古代社会与古代思想研究[M].上海:上海人民出版社,1962:163.

他却拥有世俗世界的实际治权，在构建这种统治权力的合法性时，也依然需要“神性”舆论的加持。此外，秦始皇在总结自己的丰功伟业时，反复强调自己是“体道行德”，自己的胜利也是“道”的胜利。“今皇帝并一海内，以为郡县，天下和平。昭明宗庙，体道行德，尊号大成。”①于是，他将自己称为“秦圣”“大圣”；将自己的旨意称为“圣旨”“圣令”“圣喻”；将自己的恩施称为“圣恩”；将自己的决断称为“圣断”“圣决”；将自己的功业政事称为“圣治”“圣业”；等等。诸如此类，以圣称王的语词不胜枚举。自秦始皇以降，历朝历代的皇帝言必称神（天子）、称圣，在集权制的政治生态下，这些舆论观已融入古人的王权观念中。

及至西汉，以董仲舒为首的儒士们，则采用两种舆论构建方式尝试将“王”与“圣”“神”合流，并将君王的地位再次拔高，这也是典型的“王化”舆论建构方式。具体说来，第一次是通过“唯天子授命于天”的言论，彰显王的独特地位。董氏认为，王具有“拨乱世，反诸正”的能力，“王者皇也，王者方也，王者匡也，王者黄也，王者往也。是故王意不普大而皇，则道不能正直而方；道不能正直而方，则德不能匡运周遍；德不能匡运周遍，则美不能黄；美不能黄，则四方不能往；四方不能往，则不全于王”②。王之所以有此能力，是因为感应了上天，而且只有王才可承接“天道”，即人间的君主“上承天之所为，而下以正其所为，正王道之端云尔”③。但这时王虽然地位极高，却还要依天道、天命、世运等来治理社会。第二次是在“王道通三”的演绎下，将王奉为“天地人主一也”。在《春秋繁露·王道通三》中，董氏指出：

> 古之造文者，三画而连其中，谓之王。三画者，天地与人也，而连其中者，通其道也。取天地与人之中以为贯而参通之，非王者孰能当是？是故王者唯天之施，施其时而成之，法其命而循之诸人，法其数而以起事，治其道而以出法，治其志而归之于仁。仁之美者在于天。天，仁也。④

董氏通过对“王”字的解析，创造性地将天道、王道、地道与人道混于一体，董氏这种精心而为之的“混通”式演绎，将王道推到了天道的高度。许慎的《说文解字》完全沿用董氏的这种说法，并引用孔子的“一贯三为王”来强调“王者参通天地人”⑤。董氏甚至认为王还可以超越天的制约，“人主立于生杀之位，与天共持变化之势，物莫不应天化”，不再“屈于下”，而是与天并肩，“共持变化之势”，“天地人主一也”⑥。在这里，中国古人遵循的“天人合一”的重心便转化为“天王合一”。但是，董仲舒敬天、尊王等王权思想真正转化

---

① 司马迁. 史记[M]. 北京：线装书局，2006：33.

② 董仲舒. 春秋繁露·天人三策[M]. 陈蒲清，校注. 长沙：岳麓书院，1997：170.

③ 董仲舒. 春秋繁露·天人三策[M]. 陈蒲清，校注. 长沙：岳麓书院，1997：306.

④ 董仲舒. 春秋繁露·天人三策[M]. 陈蒲清，校注. 长沙：岳麓书院，1997：192.

⑤ 许慎. 说文解字[M]. 徐铉，校定. 北京：中华书局，2013：3.

⑥ 董仲舒. 春秋繁露·天人三策[M]. 陈蒲清，校注. 长沙：岳麓书院，1997：192-194.

为正统的强势舆论，是在汉武帝“罢黜百家，独尊儒术”、惩处“异端邪说”，使“辟邪之说灭息”后，通过“皆绝其道，勿使并进”的方式规训人们的思想而逐渐完成的。① 在官方力量强势介入的“舆论一律”压力下，董氏的王权合法性中的“王化”舆论才得以逐渐成为主流舆论，并得到稳固发展。依张分田先生所言，汉武帝的独尊儒术标志着一次重大文化选择的完成，以儒为宗的思想下，中华帝制及统治思想已基本形成。②

如果说秦始皇、汉武帝、董仲舒等人代表的秦汉“官方舆论”更多的是依附强势的政治力量将“神”“圣”收归于“王”宰制的王权舆论下，并使合法王权的基本形制定型的话，那么，后世儒生们代表的“士人舆论（民间舆论）”则大多通过相对柔性的方式，或妥协屈服于“王”的霸权下，或对王权思想进行重构与修复，使王权合法性更加通达妥帖。

比如，我们由滥觞于唐代、贯穿千年的“道统”之辩可管窥后世儒生对王权合法性“王化”舆论的建构历程。虽然“道统”论争的焦点是“圣人之道”的存续问题，但这些辩言中也蕴有“为王”之道，并可能在某种程度上带来王权舆论中“王”的进一步集权化。韩愈在《原道》中认为：“由周公而上，上而为君，故其事行；由周公而下，下而为臣，故其说长。”在周公以前，得道之人都在上做君王，因而道能够在具体事务中推行；在周公以后，继承道的都是臣子，所以道在他们的学说中得以弘扬，无论是君王行道还是君子弘道，都是必不可少的。韩愈并没有提及道统与君王政治孰高孰低的问题，但认为道与君王两者兼备，才可实现合理的统治：“有圣人者立，然后教之以相生养之道；为之君，为之师，驱其虫蛇禽兽而处之土中。”“是故君者出令者也，臣者行君之令而致之民者也，民者出粟米麻丝、作器皿，通财货以事其上者也。”③牟宗三先生指出，韩愈描述尧舜禹汤文武周公至于孔子的“道统”传承，看似表彰了古代“圣王”，实则是将传统意义上的“圣王”直接等同于儒家所推崇的“圣人”。④

宋代张载、程颐、程颢、朱熹、陆九渊等人对“道统”均有过论述，但他们都将“道统”逐渐转向“道学”，注重对心、性、理等思想的追求与阐发。正如余英时所言，这是一个“内圣外王兼得”与“内圣独存”⑤的过程。儒家学者希望凭借“道统”之说，实现对王权的规训，在“以道抗势”下“得君行道”。然而，现实的情况是宋儒们通过不断调适思想，退守于“道也”“德也”的内圣之域，也逐渐臣服在“通神而圣”的王权身影下。⑥

当然，王权合法性“王化”舆论的建构并非只有“退守”，亦有积极的反思与修正。以清初大儒王船山的言论为例，他批判宋儒将“道统”与“心法”联系起来的狭隘“道统”观，提出“道统”与“治统”应并列起来讨论，两者分离就会出现断统。

---

① 董仲舒传：卷56[M]//班固. 汉书. 郑州：中州古籍出版社，1996：784.

② 张分田. 民本思想与中国古代统治思想（上）[M]. 天津：南开大学出版社，2009：188.

③ 吴调侯，吴楚材. 古文观止[M]. 北京：华夏出版社，1998：369-372.

④ 牟宗三. 心体与性体（上）[M]. 上海：上海古籍出版社，1999：12.

⑤ 朱熹. 四书章句集注[M]. 北京：中华书局，2016：504.

⑥ 白欲晓. 圣、圣王与圣人——儒家“崇圣”信仰的渊源与流变[J]. 安徽大学学报（哲学社会科学版），2012(5)：24.

儒者之统,与帝王之统并行于天下,而互为兴替。其合也,天下以道而治,道以天子而明;及其衰,而帝王之统绝,儒者犹保其道以孤行而无所待,以人存道,而道可不亡。[①]

针对"治统"中的帝王权力合法性问题,王船山批判邹衍的"五德始终说",而且否定"舍君天下之道而论一姓之兴亡",强调天下"必循天下之公""抑非一姓之私也"[②]。针对王权继承的"正统论"方面,他认为"道"与"大公之道"才是根本依据,他说:"天下之生,一治一乱,帝王之兴,以治相继,奚必手相授受哉! 道相承也。"[③]即有"德""功"的帝王才是"以道相承"者,"道统"的问题最终还要被纳入"治统"中。然而我们却不能把船山先生看作"帝王论"的鼓吹者,事实上,船山先生有大量抨击专制君主的专横与残暴的政治言论,譬如他说:"秦汉以降,封建易而郡县一,万方统于一人,利病定于一言,臣民之上达难矣。"[④]"一姓之兴亡,私也,而生民之生死,公也。"[⑤]

值得注意的是,我们对船山先生的言论进行全面考察后可看出,他虽否定将"一姓之兴亡"看作治道的根本,但一再强调"道统"与"治统"休戚相关,并积极肯定"君天下"的君主政治制度。他还认为,"依道而治"最终还是要落到"依王而治"上,只是"王"受"道"制约,可继、可禅、可革,不再"定于一姓",但"依王而治"的制度却不可违逆,即"明王之涖臣民也,定尊卑之秩,敦忠礼之教,不失君臣之义"[⑥]。这种观点还体现在船山先生在治术方面设计出的著名的"环相为治"模式上:"宰相之用舍听之天子,谏官之予夺听之宰相,天子之得失则举而听之谏官;环相为治,而言为功。"[⑦]本质上,"环相为治"的目的在于通过天子、宰相与谏官之间的权力制衡,使无形的"道"在权力制约中更好地发挥作用,这里不仅承认了天子在"承道"中的作用,而且将"弘道"之实放入天子手中。

笔者认为,船山先生代表了后世儒士中存在的针对王权合法性"王化"舆论建构的另一种倾向——"以退为进"式的重构与修复,即不再拘泥于"王"身的无可置疑性。这看似是"王"地位的下降,实则是将君王背后所依附的"君主制"视为一种"先验性"的前提,通过关注"王"与"道"的合流与实践,将焦点引至"王道"之治是大同世界的归宿上。事实上,这种政治合法性建构路径下的"王"更重要了,这是一种巧妙的、更加隐蔽而高级的建构方式。既然王权制度合法性无法质疑,那么只好将"治统"希望寄托在彼时君王对"道统"的践行上,希冀"治统"永存的环境下"道统"也能永续。台湾学者林毓生先生说,传统儒者对于"道统"与"政统"(治统)的认识存在着分歧,但是,"他们从未怀疑作为理想的

---

① 王夫之.读通鉴论[M]//船山全书:第10册.长沙:岳麓书社,1996:568.
② 王夫之.读通鉴论[M]//船山全书:第10册.长沙:岳麓书社,1996:1148.
③ 王夫之.读通鉴论[M]//船山全书:第10册.长沙:岳麓书社,1996:851.
④ 尚书引义:卷5[M]//船山全书:第2册.长沙:岳麓书社,1996:401.
⑤ 王夫之.读通鉴论[M]//船山全书:第10册.长沙:岳麓书社,1996:669.
⑥ 王夫之.读通鉴论[M]//船山全书:第10册.长沙:岳麓书社,1996:669.
⑦ 王夫之.宋论:卷4[M]//船山全书:第12册.长沙:岳麓书社,1996:122.

‘内圣外王’的合理性……政教合一理想的合理性和作为文化中心象征与社会中心象征的秉承天命在结构上体现政教合一的天子制度，在传统中国从未崩溃”①。

当然，虽然不同朝代有不同的舆论特征，但我们依然可以在历史中相对清晰地感知来自官方与民间的两股舆论力量在构建王权合法性时所共有的某种“王化”舆论倾向。从秦汉时代的汉武帝、董仲舒等人所代表的“官方舆论”完成“王”对“神”“圣”的简单占有，并奠定了“王化”政权的基本逻辑，到后世韩愈、朱熹、王船山等“民间舆论”的不断修缮，王权合法性中的“王化”舆论思想更加全面、成熟。笔者认为，这些共有的建构“路径”本身，才是需要我们审慎对待的。

总之，“王化”舆论的建构模式是将世人对“天”的崇拜，引入对“道”的敬畏，通过拔高“圣道一体”中的圣人的形象，凸显“圣王相通”下兼具“圣”之属性的“王”。古代中国王权合法性的建构，看似是由“天”到“道”，再下至“圣”，最终出于“人”(王)的权力不断下放的过程，实则是采用隐蔽的“放权”巧妙地实现巩固自身统治的“聚权”实践。它的实施，基本步骤有三：首先，将敬天祈神宗教仪式下不可得的“天意”“天志”信仰转移至对万物之本的“道”的追求，而“道”(如言谈之道、交往之道等，“道”的本意即规律)可感、可悟，具有可接近性。其次，圣人载道，圣王相通，在王即圣人的舆论建构中，拔高圣人形象，也等同于反向提高自身的光辉形象。最后，强调个人通过后天的修行与努力可获得“圣性”(朱熹、王阳明等)，或“圣性”的落实离不开有“德”“功”的帝王(王船山等)，意在构筑“君王恩施百姓便是施行圣人之实，惠泽天下便是彰显‘圣性’”的合法性逻辑。

值得强调的是，在“神”“圣”“王”三种舆论合流、共谋复写王权合法性的过程中，“王化”舆论的核心始终是“王”。关于这点刘泽华先生看得深刻，他在论述君王所构建的统治秩序时说：“多半是先把天人化，然后又以天为依据论证他们所认定的社会秩序是合理的、必然的。也就是说，多半是先把主观客观化，再把客观主观化，其特点是主观和客观循环论证，主观与客观混为一体。而在主观的因素中，又不是人人相同的，其中帝王(还有圣人)扮演着主要角色，起着决定性的作用，或者说，这种秩序根本上就是为帝王而设的。”②一言以蔽之，王权披裹着的“圣化”与“神化”外衣再次被强化，地位被推高，并成了不可置疑的绝对权威。表面上，这是对“王”进行的制度改造与道德约束，实质上当“王”融合“圣”与“神”的属性后，便实现了王权合法性的再一次舆论强固。

四、“水则载舟，水则覆舟”：王权舆论的“民化”

李冬君教授指出：“王权的理性化总是适可而止的，圣王一旦在理性化的过程中实现

---

① 林毓生. 政治秩序与多元社会[M]. 台北：联经出版事业公司，1989：19-24.

② 刘泽华. 王权思想论[M]. 天津：天津人民出版社，2006：2.

了对必然性的垄断——圣道同体,理性化便会裹足不前,因为彻底的理性化最终必将否定王权。这样王权便从理性化转向神秘化。从实际的政治过程来看,王权不仅需要理性的解释,而且需要神秘主义中的非理性因素的参与。秦汉大一统以后……'神化'就取代了'道化'而成为当时政治和文化的中心问题。"①笔者赞同李氏关于圣道同体后理性精神对王权掣肘的论述,也认可其"王化"政权不可能从一而终的观点,但并不认为王权舆论的转向只有"神化"一种路径。回溯历史,我们发现王权合法性的舆论建构不仅有"神化""圣化""王化",还应包括"与民分权"的"民化"建构路径。

然而,不管是王权合法性的"神化""圣化"还是"王化"舆论都可以被看作君王为实现自身合法性的自我建构过程。君王并没有把"民"看作王权是否合法的决定者,而是把民众悬置在一个"愚民""使民"的角色地位,最终目的还是希望获得广泛的舆论支持,实现更加稳固的统治。王权合法性的建构看似是不断下移的分权实践,其实并没有将权力真正地赋予民众,或者改变民众的地位。如果说前三种舆论建构有一种权力收紧的取向,并带有一种"强制性"色彩的话,那么第四种舆论建构则有一种权力扩散的取向,将王权的合法性评价标准"柔性"地融入民意中,这就是王权舆论的"民化"转向。它突破了王权合法性封闭在"官方舆论场"中自我塑造的窠臼,将"民间舆论场"中民意的确权视为王权合法性的重要依据,并最终获得了权力建构的广泛基础。具体说来,作为古代中国统治者追求王权合法性的一次有益尝试,王权合法性的"民化"建构大致依据三种逻辑逐步实现。

(一)"帝天之命,主于民心":王权"天与之"与"民与之"的舆论建构

第一,天立君为民的舆论建构。古代舆论中多有涉及"立君为民"的言论。孟子引《泰誓》曰:"天佑下民,作之君,作之师。"君主之所以能得到上天的保佑,是因为他的百姓之师的特殊身份。在《孟子·梁惠王下》中,孟子进一步阐明君主特殊身份下的使命是"惟曰其助上帝,宠之四方",即君主是上天对万民施行恩宠的一个中介,上天的恩惠最终要落实到民而非君身上,这样王的地位就被削弱了,民的重要性就凸显了。《尚书·洪范》中有"天子作民父母以为天下王",《后汉书》中也有"万民者,天之所生",上天爱其子民"犹父母爱其子"等论述。"天下王"是"民父母",如果做不到爱民如子,就违背了上天眷顾民的初衷,便失去了作为王的权力。不管王是为师还是为父母,都可看作君为民而设,即"天生民而立之君"(《左传·襄公十四年》)。正如荀子所言:"天之生民,非为君也。天之立君,以为民也。"(《荀子·大略》)

第二,民意等于天意的舆论建构。这种舆论凸显百姓是神明的主人,神明听从百姓

---

① 李冬君.孔子圣化与儒者革命[M].北京:中国人民大学出版社,2004:128.

的意志。早在《尚书》中就多有此种论调，比如："天棐忱辞，其考我民。"（《大诰》）"天聪明，自我民聪明。天明畏，自我民明威。达于上下，敬哉有土。"（《皋陶谟》）"惟我下民秉为，惟天明畏"（《多士》）。这里均将百姓的意愿等同于天的意愿，国家的兴亡，需依照神的旨意，也需依照民意，即《左传》中所言的"国将兴，听于民；将亡，听于神；神，聪明正直而壹者也，依人而行。"（《庄公三十二年》）民心即天心，民意即天意。

第三，王权依赖于民的舆论建构。孟子认为"天子不能以天下与人"（《孟子·万章上》），尧传位于舜，也非个人意愿所决定的，而是"尧荐舜于天而天受之，暴之于民而民受之"。"使之主祭，百神享之"，就会"天受之"；"使之主事而事治，百姓安之"，就会"民受之"。然而，"百神享"很难得知，"民享"却可以实在地显露。因而在孟子这里，君权的"天与"实际上就是"民与"，王权最重要的就是"民受之"。《尚书·康诰》中周公劝诫康叔说，文王之所以为王，是因为他的这些德行被上天知晓，才被委以大命。因此，为王者最重要的事情是做到遍求先贤圣哲的教导，让百姓生活安乐，发挥上天的大德，这样才能"不废在王命"。周公强调"用康保民""宏于天"的重要性。西周提出的"天命不于常"到了春秋时期则进一步被明确为"社稷无常奉，君臣无常位"（《左传·昭公三十二年》）。"与常"与"不与常"，"常位"与"不常位"，皆以民的态度为转移，这就从哲学的高度进一步提升了民的地位。

在由"天立君为民"到"民意即天意"的舆论建构下，民与天实现了勾连。君之为民即为天，君权神授（君权天授）即君权民授，最终将君王的王位确立为"天与之"和"人与之"共同作用的结果。因此，为君者揣度民心、安保百姓的职责甚至大于天，只有不断地追求为民、利民，获得民众的认同和舆论的支持，才能拥有更具合法性的权力（王权）。

（二）"民惟邦本，本固邦宁"：庶民是王权稳固根基的舆论建构

中国古代的舆论中，民心或者民意所向是政权稳固的基础。《国语·周语下》中记载，大禹治水"疏川导滞，钟水丰物，封崇九山，决汩九川，陂鄣九泽，丰殖九薮，汩越九原，宅居九隩合通四海"。由于泽披万物，"惟殷于民"，所以"民无淫心"，大禹得到民众的拥护。《尚书·康诰》中，周公告诫康叔要"敬德保民"："丕则敏德，用康乃心，顾乃德，远乃猷，裕乃以；民宁，不汝瑕殄。"君王只有彰显内心的诚意，不忘记德行，不被不当的道理蒙蔽，人民才会珍重他。"勿替敬，典听朕告"，恪守爱民尊民的思想，才能"以殷民世享"。这里暗含了民制约君的思想。《史记·殷本纪》引《尚书·汤诰》曰："人视水见形，视民知治不。"民是水，君只有在书中看见自己的倒影，才能知道自身的本来面目，以此喻指民作为君王政治活动好坏的评价标准。"国之兴也，视民如伤，是其福也。其亡也，以民为土芥，是其祸也。"（《左传·哀公元年》）"国之将兴，其君齐明、衷正、精洁、惠和，其德足以昭其馨香，其惠足以同其民人。神飨而民听，民神无怨。"（《国语·周语上》）此句是说，君、民、国三者休戚相关。

古代舆论中,多次出现庶民在国家政权中占据重要地位的记载。比如,鲁哀公问政于孔子,孔子明确回答说:“为政在人。”《礼记·哀公问》又说:“古之为政,爱人为大。”孟子曰:“保民而王。”(《孟子梁惠王上》)韩非子说:“凡治天下,必因人情。”(《韩非子·八经》)墨子认为,评判君王所做一切的是非曲直的标准就是“本于古帝王之事”“原察百姓耳目之实”“观其中国家百姓人民之利”(《墨子·非命上》)。君王在治理国家时不但要重视民,更要保护民和爱护民。在孔子看来,爱民的核心是“仁政”,即“敬事而信,节用而爱人,使民以时”(《论语·学而》),而仁政的根本出发点和归宿是“民”。孟子继承和发展了孔子的“仁政”的思想,将“仁政”的目的回归到王权稳固上,他劝诫梁惠王“省刑罚,薄税敛,深耕易耨”,才可以“壮者以暇日修其孝悌忠信,入以事其父兄,出以事其长上”,最终实现“使制挺以挞秦楚之坚甲利兵矣”(《孟子·梁惠王上》)。一言以蔽之,只有推行仁政才能实现长治久安。

(三)“政之所废,在逆民心”:民意所怨是王权消亡缘由的舆论建构

中国古代舆论中,将王权的合法性完全寄托在民众身上的代表性言论当属孟子所说的“得乎丘民而为天子”(《孟子·尽心下》)。天子做一切的目的就是“得乎丘民”,“得丘民”就是“得民心”“得民意”,只有“得民心者得天下”,否则“失民心者失天下”。管子说:“政之所废,在逆民心。”(《管子·牧民》)当君王失去民心时,他的王权自然也会殆尽。

《尚书》有言,商纣王因为“俾暴虐于百姓”,致“诞惟民怨”,武王“恭行天下之罚”,于是殷就“既坠厥命”了。《左传·昭公三十二年》载“社稷无常奉,君臣无常位,自古以然”,这就像“高岸为谷,深谷为陵”一样,是“天之道也”。战国时期太史墨分析鲁国季氏兴衰时认为,害民之君(鲁君)客死异乡是符合天道的:鲁君“世从其失”,昭公“世修其勤”,“民忘君矣”,因而昭公取而代之,发生地位上的转化,“社稷无常奉,君臣无常位,自古以然”。君王没有固定不变的权力与地位,“三后之姓,于今为庶”。西汉大儒贾谊在《新书·保傅篇》中总结秦亡教训,认为秦人之所以“亟绝”,是因为“其轨迹可见也,然而不避,是后车又覆也”。秦亡是国家出现民怨,但为君者视而不见、避不作为的结果。所以“夫民者,万世之本,不可欺。……与民为敌者,民必胜之”[①]。《后汉书·隗嚣传》中隗嚣发布的讨伐檄文亦称:“百姓襁负流亡,责在君上。既安其业,则无责也。”[②]意在强调百姓流离失所是君主的无能与失责,这样的君主不配拥有王权。

此外,由最早见于春秋时期,后经士人的倡导而逐渐被接受为中国传统政治文化的“舟水”之喻可谓中国舆论中表达“重民”思想最生动的例子。这一隐喻将“君、民”关系视

---

① 贾谊,卢文弨.新书[M].北京:中华书局,1985:91.

② 范晔.后汉书[M].长沙:岳麓书社,2008:186.

为舟与水的关系，水与君、舟与民成为舆论的主客体，“舟行于水”，载舟、覆舟皆是舆论（民意）使然。《荀子·哀公》中有言：“且丘闻之，君者，舟也；庶人者，水也。水则载舟，水则覆舟，君以此思危，则危将焉而不至矣？”《后汉书·皇甫张段列传》中，东汉名将皇甫规以“贤良方正”之名义向梁太后提出治国建议时也把“舟水”之喻搬了出来：“夫君者舟也，人者水也；群臣乘舟者也，将军兄弟操楫者也。”①及至唐代，魏征在《谏太宗十思疏》中，劝诫君主李世民要“畏人言”，勿忘“载舟覆舟，所宜深慎”。唐太宗说：“天子者，有道则人推而为主，无道则人弃而不用，诚可畏也。”②两人的言论，相得益彰。

古代舆论清晰地反映了“民意”对王权的获取、稳固、消亡存在着巨大的影响。在这种王权合法性的舆论建构下，“民”的地位无疑被大大提升了。回溯“以人为本”“立君为民”等舆论的衍变，“民本”言论自西周初年至清末，皆有之，但我们很难像分析其他三种舆论建构路径一样，找出“民化”舆论转向鲜明的历史节点。如果说王权舆论的“神化”“圣化”与“王化”是依社会情境与历史语境而嬗变的过程，那么王权舆论的“民化”更像是始终贯穿在中国古代政治思想中的一抹意蕴深远的底色。譬如，“水舟”之喻，虽源于先秦，但在汉、唐及后世均被反复提及，古代君王总是通过不断复活与召唤“得乎丘民”而“得天下”的统治逻辑，用国昌民安等功绩反证自身为王的合理性，并将此奉为“明君”的评价标准。但这种王权合法性的建构方式，既没有弃置“君”本位之意，也没有脱离君权而展开独立的政治实践，实际上只是一种系统论证、全面规范君主制度的思想，依然从属于官方意识形态范畴。正如张分田先生所言，“民本思想”只是中国古代统治思想的另一种表达方式。③

结　语

所谓政治，就是建立合法的社会/生活秩序。④ 一个充分有效的制度，必须具有适用于整个政治空间的普遍有效性和政治意图能够完全传递的通达性。一个权力无法涉及的“法外之地”的存在，必是后续一切混乱和无序的根源。一种广泛而通达的王权合法性舆论建构，是古代中国历代君王所不倦追求的实现自身统治的稳固和洽的必要手段。不管是对君王权力的“神化”“圣化”“王化”还是“民化”，都可被看作君主与追随君主统治的士人阶层为获取广泛的舆论支持而开展的政治传播实践，王权合法性的舆论建构是古代中国政治运作的重要部分。

---

① 范晔.后汉书[M].长沙：岳麓书社，2008：767.

② 吴调侯，吴楚材.古文观止[M].北京：华夏出版社，1998：369-372.

③ 张分田.民本思想与中国古代统治思想[M].天津：南开大学出版社，2009：1-2.

④ 赵汀阳.天下体系：世界制度哲学导论[M].南京：江苏教育出版社，2005：21.

“舆论”不仅是社会的“晴雨表”与“温度计”,更是社会制度建构与变革的现实力量。19世纪英国著名法学家与史学家戴雪(A. V. Dicey)在论述律法与公共舆论之间的依赖关系时指出,“人类制度的存在与变迁无时无刻、无处不在地依赖人类的思想与情感……(即)它依赖社会的意见”,纵然制度改革可能并非民众的“集体意志”,只是少数位高权重之人的“个人信念”,但“我们必须记住,不论他多么强大,没有任何统治者能孤立地统治,而且发动或指引改革的专制主也会受到意见的影响,这些意见即便不是他们自己国家的意见,也是那一代人的意见”[①]。王权与舆论的关系亦是如此。史学家费正清(John K. Fairbank)与柯文(Paul A. Cohen)在解释中国近代史时提出的“冲击—反应”(impact—response model)模式,为我们用“舆论”视角解读王权思想与王权历史提供了一些启发:我们可以将“舆论”对“王权”(制度、思想)的建构视为一种维度的“冲击—反应”模式,即舆论不仅是传播学者眼中感知社会的“皮肤”,更是“冲击”王权建构合法性诠释的一支力量。在历史构建“宏大模式”中注入“传播”运行机制(英尼斯)的基础上,将“舆论”看作社会事件与制度发生机制的焦点。某种程度上,王权合法性建构正是在“王权”与社会“舆论”的互动调适中逐步“稳帖和洽”的:巫觋文化盛行的夏商时期,巫王同宗,“王权”需依仗“神性”舆论的支持;春秋战国时期,在诸子百家争鸣、各种社会思想与舆论空前活跃的背景下,“圣人”思想被凸显,王权合法性被注入了“圣”的血脉;秦汉一统下封建统治政治形态基本完备,社会急需发展出具有广泛钳制力的正统(官方)舆论以维持其社会框架的稳定和治者治世的合法性,于是在秦始皇、汉武帝和董仲舒等人的不断复写下,“王权”舆论中的“王”被人为拔高为“神”“圣”“王”同一者;漫长的中国封建史中,民之所“舆”始终关系帝王之“权”,“民意”作为一种柔性力量浸入“王权”统治的刚性思维中,于是才有荀子、刘向、李世民及后世反复言及的“水则载舟,水则覆舟”。

古代中国王权合法性思想的铸写与服务对象虽是上层的统治阶级,但在建构过程中将“庶民”作为实践对象的立场始终未曾改变,只是将主要操演手段由夏商西周时期的用神“愚民”升级为春秋战国以后的为圣“依民”、秦汉以后的为君“驭民”之术。就王权思想的发展史而言,“民”之客体与意志始终在场,这也为我们关注古代社会舆论提供了充分理由和必要条件。这些舆论不仅包含精英阶层的士人言论,也体现了社会“一般知识、思想与信仰”(葛兆光),以历史之“舆”为研究中心,将王权合法性的建构脉络做“舆论学”视角式的内在理路,重新观摩古代历史变迁中的动力机制,不啻为一种体悟历史“心境”的蹊径。因为,“舆论”不仅贴近古代社会的“心”,也是制约历史发展的“力”。

---

① 戴雪. 公共舆论的力量——19世纪英国的法律与公共舆论[M]. 戴鹏飞,译. 上海:上海人民出版社,2014:44-46.

威廉斯家长式传播体制观与中国古代王朝政治传播制度

◇ 陈　谦[①]

在西方传播研究领域中，一些学者重视从整体上概括历史上和当代存在于世界各国的传播体制和理论，并将其划分为若干类型。这方面的研究以施拉姆(Wilbur Schramm)等人为最早。1956年施拉姆、赛伯特、彼得森合著了《报刊的四种理论》(*Four Theories of the Press*)一书，将世界上曾经出现和当时存在的新闻出版(传播)制度和理论划分为"集权主义理论""自由主义理论""社会责任理论""苏联共产主义理论"四个类型。虽说这些类型主要指新闻传播制度和理论，但在很大程度上，也可被视为政治传播的制度和理论。不过，如果用其中所论"报刊的集权主义理论"(其实可称为"集权主义传播制度与理论")来概括中国古代王朝的政治传播制度与理论，以笔者对中国古代政治传播种种思想及各制度领域的观察，可能并不适合。不少人将中国古代的政治制度和理论简单定性为"集权专制"，与之随行的政治传播制度当然难逃这一论断。不过，细较之下，其中确有不小的差异，笔者觉得这种论断有些武断。即便用《报刊的四种理论》概括当代传播制度与思想，也有不少问题。其实一直以来，许多新闻传播学者(包括西方学者)对《报刊的四种理论》一书颇有诟病，认为它是"冷战"的产物，缺乏深入的研究和考察，有些结论比较简单、武断。[②]

2010年5月，美国新闻传播学界久负盛名的莫特奖(Frank Luther Mott－ KTA Research Award)2009年度最佳学术著作奖揭晓，由克里斯蒂(C. G. Christians)、格拉斯(T. L. Glasser)、麦奎尔(D. McQuail)、诺顿斯特伦(K. Nor-denstreng)和怀特(R. A. White)等五位西方媒介理论名家联袂撰写的《媒介规范理论：民主社会中的新闻业》一书折桂。该书被KTA现任主席辛格誉为继1956年《报刊的四种理论》之后"媒介规范思考新的奠基之作"。[③]这类研究课题被称为"媒介规范"，而笔者称之为"传播体制类型"。

---

① 作者系青岛大学新闻与传播学院教授。

② 郭镇之."报刊的四种理论"再认识[M]//郭镇之.北美传播研究.北京：北京广播学院出版社，1997：212-238.

③ 刘兢.西方媒介规范理论的新动向[J].当代传播，2013(1)：30-35.

一、威廉斯“传播体制”类型中对家长式体制的描述

早在 1962 年,英国传播学者威廉斯(Raymond Williams)出版的《传播学》(*Communications*)一书,就对传播制度及理论作了分类概括。他将传播制度及理论类型分为独裁的、家长制的、商业的、民主的四种。比较而言,笔者以为中国古代政治传播制度及理论更接近威廉斯所概括的“家长式体制”或“父权式体制”。威廉斯指出:

> 家长式的体制,是具有良知的独裁体制。也就是说,它具有超越维系其权力的价值和目的。独裁主义者站在各种立场上,声称拥有统治的权力,家长式体制则声称,负有保护和引导的责任。这也涉及操纵,但这是一种少数人认为可取的直指多数人的发展的操纵。倘若传播手段的垄断被运用,就会有辩词说这是为了避免具有毁坏作用或邪恶的团伙滥用手段。在这样一种体制中,审查制度被直接或间接地广泛运用,但被辩护为站在某些团体和个人需要的立场上,是为了他们及公众利益,是为了保护其不受某些会对他们造成伤害的艺术或观念的危害。独裁体制传达命令、观念和态度,促使它的理念被接受,而父权式体制传达价值、习惯和品味,为其作为统治的少数力量作辩护理由,并希望将其延伸至全体人类。对这种价值、习惯和品位的批评,只能称之为一种不熟练和无经验,最糟也就是针对一种历经考验的备受信任的生活方式的道德整饬。父权式体制的操纵者把自己看作监护人,虽然有耐心,可在维护中心价值时绝不妥协。同时,要恰当地履行他们的责任,需要具有高度的责任感和认真态度。在不同的时代,父权式体制为不同的社会秩序服务,可以操纵程度的变化,它声明在某种程度上扮演监护者角色,或在这种程度上解释其监护方法。实际的方法也可能有大幅度的变化:有时,一手遮天;有时,多少允许异议或对其有所容忍,作为消除危险的安全阀存在。但对该体制的总目标及气氛,是不容掺沙子的。①

威廉斯对家长式传播体制的描述,给了笔者很大启发。就其描述的家长式体制的内容来看,与中国传统社会的政治传播制度(如果有的话)有较多相似性。尤其是其家长式的说法,触动了笔者对中国古代传统政治及这种政治之下的传播的思考。现今史学界普遍认为,中国古代社会政治具有“家国同构”的特征。在家国同构的宗法社会里,家是国的原型,君是国父,父是家君。人作为家庭的个体,应绝对地服从家长的意志和安排。家

---

① 威廉斯. 传播学(节选)[M]//张国良. 20 世纪传播学经典文本. 姜苇苇,译. 上海:复旦大学出版社,2003:366-367.

庭是国家的基本细胞，国是家的放大，家庭中的个人被淹没于国家的利益之中。家庭伦理与政治道德相融的价值结构造成了政治伦理化的结果。[①]

有学者将中国古代政治制度形态大致分为“宗法等级式的君主政体”和“中央集权式的君主政体”。[②] 在宗法政治条件下，政治与伦理、政治权威与宗法权威纠缠在一起，君权获得了父权的特征，政治权力全面介入个人生活领域。虽然秦汉以后形成了“中央集权式的君主政体”，其宗法伦理性从形式上被削弱，但以父权、夫权为主导的宗法伦理精神与观念已经渗透进政治传播的理念与操作中。有学者认为，战国以来，亲贵合一、家国相通的宗法制虽然在政治体制上基本被官僚政治取代，但观念上的宗法制仍然被保留在古代行政管理中。最典型的表现是：父权制观念被引入行政领域，父权被用于加强皇帝和官吏的行政权。在皇帝被称为“君父”的同时，州县地方官被称为百姓的“父母官”。[③] 因此，这种观念和体制下的政治传播自然也就表现出很强的家长式的特征。中国传统社会也在很高程度上保留与延续着宗法父权的组织形式。

但是，若要概括中国古代政治传播制度及理论类型，我们的认识仅仅到此一步恐怕不够，笔者以为应该较为全面系统地梳理中国古代家长式的政治制度，并在此基础上考察这种家长式的政治制度之下的政治传播的种种表现，通过与威廉斯家长式体制的对照，方能有比较清晰的认识。

二、古代社会、政治组织的起源过程中血缘关系的强化与父权制度的兴起

要理解传播、传播制度，首先要理解人以及由人建立的社会组织与政治制度。传播学奠基人施拉姆对此有很精到的概括，他说：“传播是社会得以形成的工具。传播（communication）一词与社区（community）一词有共同的词根，这绝非偶然。没有传播，就不会有社区；同样，没有社区，也不会有传播。使人类有别于其他动物社会的主要区别是人类传播的特定特性。”[④]

人类发展到原始社会的后期，生产的发展和男女在生产地位上的变化，导致父系氏族逐渐代替了母系氏族，家庭亦随之逐渐成为社会的一个基本经济单位。一方面，一夫一妻的家庭关系被逐渐固定下来；另一方面，对家庭生产的管理、家庭权力的形成，包括对财产的管理、分配及继承的方式，亦逐步确立了男子即丈夫在家庭中的家长式地位。

---

① 王义保. 中国古代专制主义的政治学分析[M]. 北京：中国社会科学出版社，2012：193.

② 张分田. 中国帝王观念——社会普遍意识中的“尊君－罪君”文化范式[M]. 北京：中国人民大学出版社，2004：7.

③ 李治安，杜家骥. 中国古代官僚政治——古代行政管理及官僚病剖析[M]. 北京：书目文献出版社，1993：111.

④ 施拉姆. 传播学概论[M]. 陈亮，等译. 北京：新华出版社，1984：2-3.

从此,根据家长式地位逐渐形成的家长式管理方式,便在以小生产为主要生产方式的传统农业社会里,成了政治与经济管理架构的原始胚胎。

(一)以血缘为纽带的氏族社会

在人类原始群居时期,由于生产力水平低下,人们经常受到饥饿和死亡的威胁。面对严酷的大自然,人们只能以群体的合作来弥补个体能力的不足。在原始社会早期,生产资料公有,共同生产,共同消费,只有母系血统对松散的原始人群起凝聚作用。恩格斯指出:"劳动愈不发展,劳动生产品的数量以及社会的财富愈受限制,社会制度就愈在较高程度上受血族关系的支配。"①公元前 5 万至前 4 万年左右,即在山顶洞人时期,人类进入母系氏族社会。自此以后,由于生产力的逐渐提高,依靠氏族的力量,社会生产逐渐完成了以狩猎、捕鱼和采集为主到以原始农业为主的变革。距今 7 000 多年前,出现了原始的农业生产和初级园艺,人们有了较为稳定的生活来源。当时的农业生产主要由妇女承担,男性从事的渔猎生产作为生活资料的补充而居次席。但到母系氏族社会晚期,人们从事生产活动所获的生活资料,除维持自身生活需要外,开始有了剩余。公元前 3500 多年,在黄河下游的大汶口文化中期以后,社会经济发展迅速。男子在社会生产中的地位日益重要。为了获取生产、战争中的有利地位,几个父系家族渐渐组成了父系氏族公社。父系家族长老负责组织全家族的生产,管理生产工具和收获物的分配,并处理家族内部的事务。而父系氏族公社的首领虽经选举产生,但通常由最有权势的家族长老担任。

为了使氏族公社更为强大,几个拥有共同祖先的氏族联合成胞族,进而又形成部落。著名的黄帝部落就是由 25 个氏族——"宗"组成的。

在原始社会末期,私有财产的增加和阶级分化的加剧,刺激了氏族显贵和父权家族首领的贪欲。为了掠夺邻人的财富和供其役使的奴隶,他们经常发动对周边氏族部落的战争。出于发动战争或共同防御的需要,几个地域相近或有共同利害关系的部落组成部落联盟,如东方的古夷人部落联盟、西方以炎帝为宗神的古羌人部落联盟、北方以黄帝为始祖的古戎狄部落联盟和南方以三苗为主的古苗蛮部落联盟等。经过几次长时间、大规模的战争以后,中原地区出现了一个势力强大的部落联盟,先后由传说中的五帝主盟。连续的对外战争使部落联盟军事首领的地位、影响与威望不断加强,原部落联盟首领地位下降。在原始社会末期,禹获得了部落联盟中无可争议的权势与地位,这为他实行以父系血缘关系为纽带的"传子制"并建立夏王朝奠定了基础。

美国社会学家伦斯基(Gerhard E. Lenski)关于产品剩余与权力分化的观察,对我们很有启发。作为一位综合功能主义与冲突理论的社会理论家,伦斯基指出:"功能主义者

---

① 恩格斯. 家庭、私有制和国家的起源[M]. 北京:人民出版社,1972:"第一版序言"2.

把人类社会看作社会系统，而冲突派理论家则将它们看成演出争夺权力和特权的斗争舞台。"[①]伦斯基以生产技术条件为依据，将社会发展分为"狩猎－采集社会""简单园耕社会""先进园耕社会""农业社会""工业社会"。"狩猎－采集社会"的生产率极低，几乎没有值得重视的剩余产品，财产分配几乎是完全平等的，权力和声望只代表某些技艺与能力。"简单园耕社会"的生产率高于"狩猎－采集社会"，有了一定量的剩余产品。权力和声望等方面的不平等与个人的才能和表现已开始有一定程度的脱离，但总体来说社会分层系统基本上还是功能性的。与"简单园耕社会"相比，"先进园耕社会"的不平等情况有了显著的发展。政府系统与亲属系统开始分离，出现了国家和专门的统治阶级，剩余产品的分配基本上由国家和统治者掌握。伦斯基提出了社会分配的两个基本规律：其一，"人们分享劳动产品所要达到的程度，要能保证那些行为对他们自身是必不可少的或者是有益的那部分人的生存和生产力的延续"；其二，"对于剩余产品，即人们可能生产出来的、超出了维系生产者的生存和其生产力所需的最低量之上的商品和服务"，"权力就决定几乎所有的由社会所拥有的剩余产品的分配"。[②] 可以说，伦斯基的观点说明了社会剩余产品增多是导致社会冲突，权力、阶级分化及国家政府形成的诱因。

中国社会进入相当于伦斯基所言的"简单园耕社会"后，生产力提高，剩余产品增多。由于对偶家庭的出现，男性在劳动生产中占据了更为重要的地位，父系社会逐渐形成。加之原始社会晚期氏族、部落间的战争、掠夺频繁，战功卓著者逐渐获得父系家长制中的权力。按照伦斯基的思路，正是剩余产品的增多导致了社会冲突，为了稳定社会、消弭冲突，当权者会根据权力与特权对剩余产品进行分配。

长期以来，人们习惯按照马克思主义经典作家的表述去描述国家的产生，即：在原始社会，由于人类生产能力低下、生活资料匮乏，为了群体的生存，必须实行平均与平等的原始共产主义。随着生产力水平提高，出现了剩余产品，产生了贫富分化，当贫富分化达到一定程度时，阶级对立开始形成，统治阶级为保障对财富的占有和对被统治阶级的剥削，开始建立国家机器这一暴力统治机关。同时，随着阶级的分化与商品经济的发展，统治者开始按地域而不是按氏族血缘关系划分其国民，至此，国家作为阶级压迫与阶级统治的工具正式形成。[③] 实际上伦斯基的认识与马克思主义经典作家的观点也有相似之处，比如他认为，社会发展到先进园耕社会，社会不平等现象显著增加，出现了政府系统与亲属系统相分离的国家形态，这个所谓的"亲属系统"显然是基于血缘关系的。学者齐涛持不同的意见，他认为："就中国国家的产生而言，就不适用于马克思对于西欧国家形成的描述。中国的早期国家并非源于贫富分化之后的阶级对立；最早的国家机器也不是一个阶级压迫另一个阶级的暴力机关；最早的国家统治者非但没有打破血缘关系、按照

---

① 伦斯基. 权力与特权：社会分层的理论[M]. 关信平，译. 杭州：浙江人民出版社，1988：25.

② 伦斯基. 权力与特权：社会分层的理论[M]. 关信平，译. 杭州：浙江人民出版社，1988：58.

③ 齐涛. 写在前面——从政治源头看中国传统政治的个性[M]//中国传统政治检讨. 海口：南海出版公司，2012：1.

地域关系划分其国民,反而将氏族血缘组织强化、放大为国家组织关系。这是中国政治特色的本原所在。”[①]

笔者在接受马克思主义经典作家观点的基础上,认为齐涛的认识触及了中国古代国家起源的独特之处,但二者——血缘关系与阶级、暴力压迫关系并不矛盾,都可以作为我们认识问题的思路。

(二)父权家长制的早期政治组织与国家

夏朝是中国第一个父子相传、姓族所有的国家,开启了宗统与君统结合的先河。有学者指出:“以夏王为中心的夏王朝国家政权,俨然是一个父权奴隶制家族的放大。”[②]商朝推翻夏朝,宗法血缘关系进一步与国家政治关系结合,推动了“家国一体”的宗法政治进程。商代宗族组织不是作为国家结构、公共权力的对立物而存在的,它并没有因时间的推移而被国家制度排挤掉,相反它和国家制度、国家权力紧密地结合在一起。宗族不仅是一个血缘群体,而且是一个政治群体、军事群体、阶级群体。[③] 这说明,中国早期氏族社会的血缘关系并没有像古希腊、古罗马等国家那样在国家建立后走向解体,而是在国家和宗族并立的过程中,形成了一种同西方社会发展道路迥然不同的家国同构型宗法社会。[④]

西周建立后,这种以血缘为纽带的宗法政治得到进一步强化。所谓宗法,按照白钢的解释就是:“以血缘关系为纽带,通过尊奉共同祖先,确立亲族间的尊卑长幼秩序,来维持亲族间的关系,以及规定继承秩序和不同地位的亲族成员各自不同的权利与义务关系的法则”。[⑤] 西周建立了完备的封建宗法制度,开始着力实现“家国一体”或“家国同构”的宗法统治。周作为一个以姬姓宗族为首的部落联盟,灭商之后逐步壮大。周王自称“上帝之子”——天子,为“天下”的最高统治者,为了更加有效地管理越来越大的统治区并形成稳定的秩序,周王按照宗法原则实行分封制。周天子既是天下姬姓的大宗族长,同时又是西周国家至高无上的王;根据分封制的等级序列与血缘关系的亲疏远近,建立了天子统辖诸侯、诸侯统辖卿大夫、卿大夫统辖士及平民的政治结构,以至于“文王孙子,本支百世”(《诗经·大雅·文王》),形成“天子建国,诸侯立家,卿置侧室,大夫有贰宗,士有隶弟子”(《左传》桓公二年)这样层级鲜明、隶属严密的宗法统治结构。这样,家的秩序与国的秩序结合起来,形成了人们常说的“家国同构”的政治、社会模式。周王既是国家之主,

---

① 齐涛.写在前面——从政治源头看中国传统政治的个性[M]//中国传统政治检讨.海口:南海出版公司,2012:1.

② 王宇信,杨升南.中国政治制度通史:第二卷先秦[M].北京:人民出版社,1996:141.

③ 王义保.中国古代专制主义的政治学分析[M].北京:中国社会科学出版社,2012:74.

④ 王义保.中国古代专制主义的政治学分析[M].北京:中国社会科学出版社,2012:73.

⑤ 白钢.中国政治制度通史:第一卷总论[M].北京:人民出版社,1996:125.

又是社会之父，具有双重身份，正如《尚书·洪范》云："天子作民父母，以为天下王。"后经周公的"制礼作乐"及春秋战国以来以孔孟为代表的儒家对礼乐精神的发扬光大，宗法性政治看似僵化的等级序列又多了和谐、温情、理性、文化的润泽，成为一种较为圆融的政治社会制度模式。当然，政治传播与沟通模式也蕴含其中。

(三)父权家长政治的转型

然而，在春秋时期百家争鸣、战国时期群雄逐鹿的过程中，追求强权、霸道、耕战的法家思想对于开疆扩土、攻城略地、兼并统一更具实效性。秦在兼并统一的杀伐中实践了法家的政治理想，在政治中将"家"的血缘伦理从"国"的高效组织管理运作中剥离出来，形成了一种有别于前的新型政治制度与结构，标志着"宗法等级式的君主政体"的终结与"中央集权式的君主政体"的初步建立。

西汉建立以来，一方面在政治制度的行政层面继承秦制，另一方面，逐渐深刻反思强秦速亡的教训，并将以血缘伦理关系为特征的先秦宗法政治的精神贯彻于新建的汉王朝，在政治制度理念上，形成了新的"家国同构"与家长式政治制度。当然这一过程是逐步完成的，是对旧有的以父权为特征的宗法政治制度的继承与超越。梁启超曾言："周代宗法之制，在今日其形式虽废，其精神犹存也。"①此话用于描述秦汉以后的政治、社会也并无不妥。

三、"家国同构"和"拟父子"政治关系的阐释
——认识家长式传播体制的基点

学界普遍认同古代社会中政治具有"家国同构"的特征，但多数人的认识失于粗疏，更多地关注强制统治面，或多或少地忽视了家国同构的父权式政治具有的礼制精神、温厚的亲情面。

甘怀真的研究成果《皇权、礼制与经典诠释：中国古代政治史研究》在探究中国古代政治制度时，将焦点置于"君臣关系"，并且认为君臣关系具有更深的内涵，并非依据专制政治之下的"君尊臣卑"的刻板印象就可以完全理解的，他认为"'家父长制'等类型学的概念工具可以为我们提供研究的凭借，但不应该决定我们研究的答案"。② 他认为，目前的"家国同构"说需要再检验。视传统中国的国家为一个家，诚有见地，但这个家的形态

① 梁启超.新大陆游记[M]//王义保.中国古代专制主义的政治学分析.北京：中国社会科学出版社，2012:77.

② 甘怀真.皇权、礼制与经典诠释：中国古代政治史研究[M].上海：华东师范大学出版社，2008:5.

不是一般的庶民之家。试图以这种庶民之家,或宋以后的家族形态以及所谓家父长权力来理解传统国家,恐怕会被误导。他考察了汉唐间"家"作为一种政治团体的诸多事实,及"国家"自先秦以来是指以国君为君主,与其家臣、家人、客所组成的政治团体。[①] "家国同构"不应将君臣与父子两对关系完全混为一谈,因为这两对关系是有先后顺序的,按照《礼记·祭义》的说法:"立爱自亲始,教民睦也。立敬自长始,教民顺也。"汉魏以来人们对此关系的认识是:"父子天性,爱由自然,君臣之交,出自义合,而求忠臣必于孝子。是以先王立礼,敬同于父,原始要终,齐于所生,如此,犹患人臣罕能致身"(《晋书·庾纯传》)。这说明政治上的"家父长"与现实伦理血缘中的"家父长"并不完全相同。汉代以来所建立的选举制度使得多数的官员来自皇家以外的私家,而非来自皇家的家臣体系。因此对于绝大多数的官员而言,生活领域中出现了君臣(国家)与父子(家)这两个世界。基于这样的现实,汉朝所形成的正统观念主张君臣(国家)与父子(家)是并立的两个世界,其秩序原理与道德规范分别是忠(国家)与孝(家)。原本在私家的人民任官或服役时,由私家进入公家或国家,即由人子成为人臣。对于臣而言,进入公家必须经过一套仪式,以表示为臣者将身体交给君主,此后为臣者的身体是属于公家或国家的,国家相较于私家自然有优先权。但不能由此生忠的价值观绝对高于孝的观念,应视忠与孝为不同领域内的道德。一个在国的官员之所以要以君主为优先,是因为他已经"起家"而"委身"于国。对一个未委身于国的人而言,绝对忠于皇帝的信念似乎并未出现。所谓"事君者不得顾家""今为王臣,义不得顾私恩"的信念,其前提皆是此人已出身为臣、身处国家的领域内。[②] 甘怀真指出所谓"委质为臣"并非虚应故事,而是表示在伦理血缘关系之外与皇帝缔构的君臣关系之确立。自西汉中期起,儒家官僚借着礼制改革以推动"天子观",这项运动的目的之一是使皇帝成为万民父母,并将君臣关系由原本君主与家臣的形式转换为父子关系。如在两汉之际,郅恽上书王莽,曰:"天为陛下严父,臣为陛下孝子。"(《后汉书·郅恽传》)虽然皇帝视人民如"赤子",仍然蕴含着支配关系,但这种关系中就带有相对温和的伦理色彩。正是在这样的认识基础上,汉代以来的人们才得出以下的认识:相对于一般的"小家",天子所拥有的"大家"或"国家"是"产兼天下",即天下皆是国家的财产。如三国时的诸葛恪所说:"帝王之尊,与天同位,是以家天下,臣父兄,四海之内,皆为臣妾。"(《三国志·吴书·孙奋传》)因此我们可以看到,"家国同构"并不应被简单看待,君臣之间的关系用"拟父子"关系来表述也比较可靠。而且从分析看,甘怀真倾向认为"皇权不是绝对的,但不是因为皇权受到法律制度的规范,而是它的权力运作方式是礼制的"[③]。"皇权不只是暴力式的存在,也有其'公权(力)'的一面,即皇权对于人民而言,是一种'正当'的存在。换言之,专制国家的研究议题,不仅是支配与被支配的'力'的抗争,

① 甘怀真.皇权、礼制与经典诠释:中国古代政治史研究[M].上海:华东师范大学出版社,2008:186.
② 甘怀真.皇权、礼制与经典诠释:中国古代政治史研究[M].上海:华东师范大学出版社,2008:211.
③ 甘怀真.皇权、礼制与经典诠释:中国古代政治史研究[M].上海:华东师范大学出版社,2008:390.

其间也存在着某种稳定的'政治秩序'。"[①]其中的"礼制"就蕴含"家国同构"和"拟父子"政治关系的血缘伦理内容。

汉代以后的中国古代人的认识与行为，继承了西周以来"封建宗法"的遗留意义，但具体制度与西周并不一致。所以我们简单地说秦汉以后为"封建社会"并不妥帖，如果称其为"具有封建宗法倾向之社会"倒比较符合实际。虽然秦汉以后形成了"中央集权式的君主政体"，其宗法伦理性从形式上被削弱，但以父权、夫权为主导的宗法伦理精神与观念已经渗透进政治传播的理念与操作中。

四、中国古代王朝家长式政治传播的几种表现

总体上看，中国传统政治是"君主专制"加秦汉以后形成的"中央集权的政治"，政治传播及制度自然无法脱离此种政治形态。但正因为在多数情况下中国传统政治具有家国同构、拟父子及宗法倾向，所以在政治传播与沟通领域的总体表现应该具有双重性，即强制的刚性与温存的柔性。以下随举几个方面的例子说明这种传播特质。

（一）君主诏告的家长式语气、姿态

现存的最为古老的君主文诰与君臣对话的文献总汇是《尚书》。"《尚书》有典、谟、训、诰、誓、命之书，皆帝王诏制记于简策者也。"（《唐六典・中书省集贤院史馆匦使》）《尚书》中的"典"记录古代帝王的法律，如《尧典》《舜典》；"谟"是臣子为君王就国家大事进行策划谋议的文件，如《大禹谟》《皋陶谟》；"训"是国君教导臣下的文章；"诰"是教告民众、昭告诸侯的文章，如《大诰》《酒诰》；"誓"主要指的是征讨敌人的檄文，如《甘誓》《汤誓》《牧誓》；"命"是命官之辞。与我们通常理解的专制政治有所不同的是，这些诏命、意旨并非完全不讲道理、颐指气使、罔顾臣民感受，而是在威严宣示的大前提下，尽可能摆事实讲道理，以大家长的语气口吻、以伦理道德为依据来表达旨意。誓词多为君主发出的战争动员令，往往通过历数战争对象的恶行表明征伐的正当性，同时，还严令部队要听从命令、勇猛作战，违抗者必将被严厉惩处。比如夏书《甘誓》末尾的誓词："用命赏于祖。弗用命，戮于社；予则孥戮汝！"商书《汤誓》一样言辞激烈："尔尚辅予一人，致天之罚。予其大赉汝！尔无不信，朕不食言。尔不从誓言，予则孥戮汝，罔有攸赦！"然而，周武王《泰誓》中的"尔众士其尚迪果毅，以登乃辟！功多有厚赏，不迪有显戮"等语，虽有强硬的一面，但通观全文，也有很多讲道理、讲德行的内容。

---

① 甘怀真. 皇权、礼制与经典诠释：中国古代政治史研究[M]. 上海：华东师范大学出版社，2008：30.

先秦君主诏令也有不少自谦之辞,如《尚书·顾命》载成王崩、康王即位时云:"眇眇予末小子,其能而乱四方,以敬忌天威?"西周以后君王自谦并显示谨慎、戒惧的文诰渐多,这显然与周以后君主对人间政权源于"上天眷顾有德者"的认识有关。从汉代的皇帝诏令就可以看出端倪,如汉文帝《遗诏》云:"朕获保宗庙,以眇眇之身托于天下君王之上,二十有余年矣。"(《两汉诏令·文帝》);再如汉和帝"朕以眇末,奉承鸿烈"(《两汉诏令·和帝·举贤良诏》);等等。

古代君主对自己的误政多有反省意识,这在其他较为刚性的专制政治形态中并不多见,尤以汉武帝《轮台罪己诏》为典型。汉武帝是有雄才大略的帝王,但他在位后期,专横暴虐、穷奢极欲,任用酷吏、滥杀无辜,极度迷信、遍祀诸神、劳民伤财,又好大喜功、穷兵黩武,终于将父祖几十年的积蓄挥霍殆尽,使社会经济状况严重恶化。难得的是,面对困局,年近七旬的汉武帝借机召集群臣,颁布了《轮台罪己诏》。在诏书里,他毫不掩饰地承认自己的众多失误,勇敢地检讨了自己的过错,并做了尖锐的自我批评,他还表达了改正错误的决心:"自今事有伤害百姓,靡费天下者,悉罢之。"(《汉书·西域传》)随后,汉武帝大规模铲除各种弊政,成效甚大。两年之后,汉武帝驾崩。临死前,他托孤于持静守成的霍光、桑弘羊等人,让他们继续遵循诏书精神,罢兵息战、发展农耕、轻徭薄赋、与民休息、整饬吏治、审刑慎罚。在这之后,一度危机四伏的西汉王朝出现了"昭宣中兴"的局面。另一典型例子是明崇祯皇帝。明王朝面临颓势,崇祯皇帝曾六次颁布罪己诏,对政治失误做出深刻反省,其态度不可谓不诚恳,但局势终究已无可挽回。以上情况说明,中国古代君主有自我反省意识,它应该是在某种政治理念支配之下所做的行为。周武王曾说:"惟天地万物父母,惟人万物之灵,亶聪明,作元后,元后作民父母。"(《尚书·泰誓上》)其大意是天地是万物的父母,人是万物中的灵物,真正聪明的人做君王,君王则是人民的父母。笔者以为,正是在这种政治伦理的指导下,古代大多数明晓事理的君王以天之子、民之父母自居,戒惧慎行,反躬自省,这反映出君王期望做合格家长的心态。笔者认为,在多数情况下,君王的言论是发自内心的。即使以治吏严苛、独断专行著称的明太祖朱元璋,其诏令制词也往往对普遍意义上的民众显露出仁慈闵怀的一面,这在他的《免天下秋粮诏》《农桑学校诏》《赦宥诏》等诏书中多有反映。[①]

就君主在诏令中频频使用自谦之辞的情况,学者徐红评论道:在中国古代君主专制时代,礼是规范和约束人们的行为方式、伦理道德、风俗习惯等诸多方面的规定和制度,表现在人际交往用语方面,则是用谦辞贬抑自己,隐藏自己的德行,用敬辞褒扬他人,抬高他人的美德,以表示对他人的尊重。君主使用自谦辞亦是出于这样的目的:面对臣属自谦,有利于构建和谐的君臣关系。而一国之君自卑尊人的示范作用,对百姓形成内敛、

---

① 万明.明初政治新探——以诏令为中心[M]//中国社会科学院历史研究所明史研究室.明史研究论丛(第九辑).北京:紫禁城出版社,2011:30.

顺从的价值观，意义更加重大。同时，君主使用自谦辞虽是向祖先或者向臣下示敬，但其中属于君主独有的成分含有不容置疑的自尊之含义，不至于模糊上下等级之间的界限。所以君主自谦辞的使用，符合古代礼整合社会关系和社会秩序的要求，对于形成等级分明、尊卑分化而又和谐有序、安宁祥和、稳定的社会起到了重要作用。① 推而广之，古代王朝众多君主下达的文书中表达的自谦、自罪、悲悯、关怀等，实际上既突出了君主的独尊地位，又与君主自觉践行传统的宗法伦理，并将之运用于政治实践中大有关系。

（二）宗法—谏议—教化

西周以来的宗法社会重礼教，以家长制为中心的家族制度乃至政治制度皆以“礼”为行事与制度措置的依据，虽经反复、被质疑与变革，但在政治、社会中依然有着强大的生命力，此规范也影响到了政治传播制度。谏议活动与制度乃中国古代王朝政治制度的重要组成部分，其重要性在于谏议本身也体现了宗法伦理与教化精神，如唐代君主就认为谏议制度的正常运行就是对“风教”的弘扬：“故内悬谏鼓，外设匦函，思广谋猷，用宏风教。”（《全唐文·唐懿宗·求言诏》）古代王朝重视讽谏，有其政治伦理依据，此即自上古先秦就已形成的君、臣、民之间的传播规范，同时也是教化论的依据。《诗经·关雎·序》云：“风，风也，教也。风以动之，教以化之。……上以风化下，下以风（讽）刺上，主文而谲谏，言之者无罪，闻之者足以戒。”“讽”多用于下对上，“风”则多用于上对下，而对上和对下的“讽”与“风”就含有教育、教化、规训、劝诫之意。因此，蔡沈《书经集传》引“吴氏曰：古者凡以善言语人，皆谓之‘教’，不必自上教下而后谓之‘教’也”。一般意义上，教化指由上至下的伦理道德的宣传、教育与规训，故颜之推说：“夫风化者，自上而行于下者也，自先而施于后者也。”（《颜氏家训·治家》）谏议也含有教化意味，其思想来源于宗法伦理中对家长的另一种“孝”。《礼记·内则》云：“父母有过，下气怡色，柔声以谏。谏若不入，起敬起孝，说则复谏；不说，与其得罪于乡党州闾，宁孰谏。父母怒，不说，而挞之流血，不敢疾怨，起敬起孝。”如果我们理解了这段文字，也就不难理解在朝堂之上所施行的谏议制度与宗法家长制的关系。在宗法秩序和专制政治中，君父拥有主宰权，人们没有必要的权力手段约束君父言行，更不能违背君父意志。谏议这一具有特定宗法伦理和家长制意涵的传播遂成为人们表达意向、规约君父的重要形式。甚至可以说，中国古代的“政治过程是靠道德治天下，理论形式也是伦理外推型的，从人们的行为规范到社会的理想，都是教化的演绎”②。

历代王朝之中的一大批士大夫、官员自觉将教化运用到临民、治民过程中，从中也不

---

① 徐红. 古代君主自谦词流变考证——以诏令为考察对象[J]. 江西社会科学，2013(12)：128-132.

② 张月中，周月亮. 传统教化的秘密与魅力[J]. 东岳论丛，1992(1)：85-90.

难看出"宗法伦理——家长(父母官)意识"。学者许哲娜在研究南宋理学家在闽南地区的劝俗活动时指出,理学家们自觉承担着"国家意志的代理人"的角色以实施劝俗活动。朱熹的劝俗文大都针对当地社会风气的要害进行说理,然后以刑罚威慑。真德秀则是通过伦理说教来促进儒教仪文节式在日常生活、宗教信仰等层面的复兴。此外,他们还试图依靠社会舆论来保证儒家规范在乡民中的贯彻。他们相信"闾里一方一所有一仁贤,以善教人",众人受到感化,一切社会问题将迎刃而解。① 理学家的教化传播态度与手段及所谓对"国家意志代理人"角色的自觉承担,与"宗法伦理——家长意识"不无联系。

我们还可以进一步看到,中国传统政治运行过程中存在着就政策法规进行协商、沟通的共识,甚至也形成了一定的制度,虽然这种所谓"制度"并非在每个时代都能被很好地贯彻执行。比如有学者观察到,在宋代的一些法典法规公布后,在实践中如发现有缺陷,军民可通过各种途径向朝廷奏陈得失,凡有上书言法之不便者,"令中书、枢密院送审刑院、刑部、大理寺详议,仍照验前后格敕,倘须至改革,即具闻奏,更委中书、枢密院详酌施行"。官吏百姓"如得见行条贯有未尽未便,合行更改,或别有利害,未经条约者,并许陈述"。除已经修纂好的编敕外,对于陆续颁布的敕令(宋代谓之"续降"),天下官吏百姓亦可指陈得失。② 又如,在官府的诸榜谕颁布过程中,上户的抵制和公开对抗是和官府的强制、妥协交织在一起的。在这种背景下,官府榜谕的劝诫作用不能被概言为民间屈从于官府的权威,而体现为一种沟通协调,官府和上户之间的矛盾表现在颁布的榜谕中,也在榜谕的颁布过程中得到一定程度的消解。榜谕的真正贯彻、对社会各阶层产生影响,只有在经历了一番折冲后才有可能逐渐实现。官府的榜谕体现着王朝在地方的政治统治力,榜谕的多样内容也体现着朝廷、官府为维持社会秩序而制定的不同层次的规范。但这些规范不仅仅是王朝权威的呈现和诱导(或迫使)民众顺从的指挥棒,它们也离不开官府对民意的调查以及与地方父老的磋商;它们的传布也离不开地方父老的讲谕和响应。榜谕内容在贯彻过程中也会遭到抵制甚至公开反抗。此时,新一轮的官府榜谕则成为官府与民众进一步沟通、协调的重要渠道之一。③

(三)宗法家长制之下的中国古代王朝的言论政策

齐涛指出:"思想与文化政策是王朝政治的核心要素,而且是事关长治久安的基础性要素。思想文化政策的力度与维度,是王朝政治执行力的要领所在。长期以来的研究

① 许哲娜.南宋时期理学家在闽南地区的劝俗活动[J].南昌大学学报(人社版),2004(3):68-73.

② 戴建国.宋代法律制定、公布的信息渠道[M]//邓小南.政绩考察与信息渠道——以宋代为重心.北京:北京大学出版社,2008:331.

③ 高柯立.宋代的粉壁与榜谕:以州县官府的政令传布为中心[M]//邓小南.政绩考察与信息渠道——以宋代为重心.北京:北京大学出版社,2008:458-460.

中，对中国历代王朝的思想文化政策综述者多、痛斥者多，客观评其得失者较为少见，于经济制度、政治创置往往不吝溢美之词，于思想文化政策则往往以专制主义一言以蔽之。当然，也有更深一步的研究者，他们对专制主义思想文化政策进行了细致剖析，但研究多是围绕专制主义本质而言的，对专制主义大框架内的思想文化的自由主义政策并未过多涉及。其实，文化专制与文化自由的共存与互动，才是中国传统思想文化政策的最大特点。不独文化，无论是政治还是经济都存在着同样的兼容性，这是中国古代社会专制且繁荣着的根本原因。”[①]中国传统社会中，思想文化政策之专制是众所周知的，在历代王朝的法律规定中，均有思想与言论罪，且往往科以重法。就历朝的相关法律规定看，思想与言论犯罪涉及五种罪行：动机犯罪、心理犯罪、语言连带犯罪、言论方式犯罪和言论内容犯罪。[②] 据实而论，其中的前两项，虽有法条规定，但在历史上只有为数不多的案例。其余三种稍多，但也因朝代与时代的不同有差异。比较而言，秦始皇时代、汉武帝宣帝时代、明清两代言论罪、文字狱稍多。其中除了满清有急于证明自身合法性及民族压迫的因素外，更关键的因素在于，思想与言论不能触碰专制主义根本制度。历代规定的“十恶”之罪，很多就是此类情况。

历代王朝对思想文化的专制是必需的，但我们还应当看到传统思想文化政策的宽容性，如果不能认识到这一点，我们“便无法解释中国文明历史中的文化繁荣与思想的发展”。对中国古代王朝的文化专制与宽容，可以从以下几方面加以认识：其一，中国历代王朝的思想文化政策具有很强的定向性，它控制与管理的重点是涉及王朝政治尤其是涉及皇权的那部分内容，亦即实行的是政治思想的专制，对其余的各种思想意识与文化却是兼收并蓄的。以明王朝为例，按说这是一个思想与文化控制较为严格的时代，凡触犯帝王及王朝合法性者，无不被施以重刑。但在文学、艺术以及各种社会思想方面，文禁颇弛，对外来文化、宗教在中国的传播并没有明显的禁限。[③] 图书编撰和出版作为思想文化的表现，是历代王朝非常重视的问题，一般人会认为思想文化专制制度与政策会导致对图书编撰和出版进行非常严格的控制。但回顾历代王朝的禁书历史，人们多少会改变对中国古代专制王朝的“刻板印象”[④]；其二，在中国历代王朝的思想控制中，秦王朝焚书坑儒式的文化专制毕竟不是各王朝的常态，在多数情况下，还是“专制主义与自由主义并存”；其三，在中国历代王朝的思想文化政策中，科举制度是真正的专制利器。[⑤] 科举制是古代王朝思想文化专制的指挥棒与调节器，是中国传统社会形态得以长期稳定、延续的重要因素。

---

① 齐涛. 中国传统政治检讨[M]. 海口：南海出版公司，2012：145. 笔者对“自由”的概括稍有异议，采用“宽容”的说法。
② 齐涛. 中国传统政治检讨[M]. 海口：南海出版公司，2012：152-153.
③ 齐涛. 中国传统政治检讨[M]. 海口：南海出版公司，2012：154-155.
④ 陈政宏，谈蓓芳. 中国禁书简史[M]. 上海：学林出版社，2004.
⑤ 齐涛. 中国传统政治检讨[M]. 海口：南海出版公司，2012：155-156.

“祖国母亲”:一种政治隐喻的传播及溯源

◇ 潘祥辉[①]

“谁不爱自己的母亲,用那滚烫的赤子心灵。谁不爱自己的母亲,用那滚烫的赤子心灵。亲爱的祖国,慈祥的母亲,长江黄河欢腾着,欢腾着深情,我们对您的深情……”每当我们唱起或听到这首《祖国,慈祥的母亲》,心中总会升腾起一种爱国情愫。这种情愫源于对母爱和祖国之爱的感知交汇所引起的情感共鸣。“祖国母亲”的类比赋予爱国主义一种神奇的力量和情感体验。

美国学者杜赞奇指出:“就广延意义上来说,‘国家’一词的含义主要是通过语言机制产生的。这种语言机制就是表述(nanatives),即用一系列标示性的比喻、转喻和二元对立赋予‘国家’以意义。”[②]在笔者看来,“国家”与“爱国主义”建构有多种“建筑材料”,但“祖国母亲”的话语无疑是最为普遍、深入而持久的,它见诸各种艺术载体、宣传媒介和大众传播话语。在我国的爱国主义教育实践和理论研究中,“祖国母亲”的话语表述已然成为一个核心意象。特伦斯·霍克斯(Terence Hawkes)曾将“迷思”(Myth)定义为“一个社会构造出来以维持和证实自身的存在的各种意象和信仰的复杂系统,即它的‘意义’系统的结构”[③]。显然,“祖国母亲”就是这样一种符号和意象的“迷思”,因为它采用了一种隐喻的修辞方式,笔者称之为“政治隐喻”。

那么,在中国,“祖国母亲”这个政治隐喻是如何形成的呢?又有何政治功能?中国是一个父权制传统十分深厚的国家,在我们的民族国家观念形成的过程中,为何“祖国”会被女性化?在这方面,现有的研究还十分薄弱,[④]因此值得对此进行进一步的正本清源式的探究。

---

① 作者系南京大学新闻传播学院教授。

② 杜赞奇.解构中国国家[M]//复旦大学历史学系.近代中国的国家形象与国家认同.上海:上海古籍出版社,2003:228.

③ 霍克斯.结构主义和符号学[M].瞿铁鹏,译.上海:上海译文出版社,1987:135.

④ 据笔者的检索,仅有两篇见之于语言文学研究领域的相关文献。王诗客的《汉语新诗中祖国母亲隐喻的多维度研究》(浙江大学博士论文,2012年)从认知语言学的角度对汉语新诗中“祖国母亲”的隐喻结构、内涵及功能进行了初步探讨;杨慧和王向峰的《中华民族共有的最高诗情——“祖国母亲”考辨》(《社会科学辑刊》2017年第1期)一文虽然引入了比较视角,但探究不深入,在研究内容与观点上与王诗客的论文大同小异。

一、“祖国母亲”隐喻的形成与内涵

(一)“祖国母亲”在近代的形成与发展

作为一个来源于人们生活经验的“实体隐喻”,“祖国母亲”具体可感,这一隐喻因而被广泛传播和接受。但从历史来看,这种人格化的、女性化的“祖国母亲”隐喻,出现的时间并不悠久,最多只能追溯到近代。实际上,在汉语中,现代意义上的“祖国”这个词语是在 20 世纪初才出现的。在之前的汉语文献中,“祖国”只代指“祖先以来所居之地”。据考证,中国人称呼自己的国家为“祖国”应该是从清末的一批留日华人开始的。邹容 1903 年初在日本所作的《革命军》中多次使用“祖国”一词:秋瑾也有“头颅肯使闲中老,祖国宁甘劫后灰”的诗句(《柬某君》)。梁启超则在新旧两种意义上使用“祖国”一词:在 1902 年所著的《论佛教与群治之关系》中,梁启超称“吾祖国前途有一大问题”;在 1905 年的《祖国大航海家郑和传》中,梁启超也使用了“祖国”一词。实际上,“祖国”一词在 20 世纪之后的中国才逐渐成为现代国民国家的代称,这当中应该经过了日语的中介。①

而将“祖国”比喻为“母亲”并形成一个固定的隐喻结构则是 20 世纪 20 年代以后的事情,它最早在文学领域中出现。闻一多的《七子之歌》对促成这一隐喻结构及广泛传播作出了重大贡献。《七子之歌》是闻一多于 1925 年 3 月在美国留学期间创作的一首组诗,作者有感于神州故土“失养于祖国,受虐于异类”,故作歌“以抒其孤苦亡告,眷怀祖国之哀忱”(《七子之歌》引言)。诗中将“祖国”比喻为“母亲”,将被租借、割让的地方比喻为“子女”,字里行间充满了浓烈的爱国主义情感。《七子之歌》的广为流传,使“祖国母亲”的类比在全国的白话文中流行开来,也标志着“祖国母亲”这个概念隐喻的正式形成。

20 世纪 20 年代以后,“祖国母亲”的隐喻开始慢慢向各种文本渗透。仅在现代诗歌语料库中,就有 16 首重要诗人的作品中出现过“祖国是母亲”的概念隐喻,出现频率非常高。② 而经过三四十年代的抗日战争,“祖国母亲”的隐喻得到进一步的使用和引申,并通过文学和艺术传播,形成了一个以“祖国母亲”为核心意象的抒情话语网络,其影响也从文学领域扩散至政治社会领域。1949 年以后,随着新中国的建立,“祖国母亲”的隐喻得到进一步的强化,今天它已然是汉语中的一种“超稳定结构”。

莱考夫(Lakoff)和约翰逊(Johnson)在《我们赖以生存的隐喻》一书中指出:“隐喻的

---

① 马西尼. 现代汉语词汇的形成——十九世纪汉语外来词研究[M]. 黄河清,译. 上海:汉语大词典出版社,1997:117.

② 王诗客. 汉语新诗中祖国母亲隐喻的多维度研究[D]. 浙江:浙江大学,2012.

本质就是通过一种事物来理解和体验当前的事物。”[①]可以看出,“祖国母亲”隐喻结构的核心是将“母亲”和“儿女”的血缘关系和情感体验投射和迁移至“祖国”和“国民”的关系上,进而使后者的关系变得可理解和可体验。而从事实层面看,国家和国民之间当然不可能存在血缘关系。按照洛克、卢梭等人的说法,国家与国民实际上是一种契约关系,是通过社会契约而形成的共同体。国家和“母亲”的角色也是有根本差异的。正如刘擎教授所言:“与父母之爱不同,爱国主义(和民族主义)的情感远不像前者那样是一种自然的本能。因为国家或民族并不具有像家庭(以及宗族、部落、村落、地方社区甚至城市)那样的经验具体性和直接可感性。人们对国家观念的理解,以及对国家的认同感与归属感,都不是‘现成的’而是‘养成的’。”[②]但通过“祖国母亲”这一隐喻,把“现成的”和“养成的”这两种东西融为一体,正体现出隐喻的“创造性功能”。

(二)“祖国母亲”隐喻中的两种角色类型

布莱克(Black)认为,一个隐喻包含两个主体,即喻体和本体,或称其为目标域(target domain)和始源域(source domain)。隐喻意义的产生是本体和喻体之间交互作用的结果,这一交互通过映射(map onto)的方式进行。[③] “映射”可以通过“是”或“像”等语法和修辞手段“唤起”本体和喻体之间的相似性。“祖国母亲”实际上包含了“祖国是母亲”和“祖国像母亲”两种意象关联。这两种关联就建立在对本体和喻体的“相似性”的唤起、建构和强化上。

作为喻体,“母亲”有多种形象和内涵,她既是伟大的、坚强的,有时又是柔弱的、悲伤的。从历史上来看,“祖国母亲”的隐喻所包含的形象、角色与“母亲”的内涵十分相似。在笔者看来,近代以来的“祖国母亲”形象主要可以分为两种:一种是作为“强者”或者说“庇护者”的“祖国母亲”,另一种是作为“弱者”或“被庇护者”的“祖国母亲”。

中国“祖国母亲”的隐喻产生于近代半殖民地半封建社会的历史语境下,国家四分五裂,因此“作为弱者的母亲”是“祖国母亲”最早的喻体。在闻一多的《七子之歌》中,“祖国母亲”丢失了孩子,显然就是一个“骨肉分离”的“受难者”。而“九一八”之后,抗日救亡运动风起云涌,民族主义及其构建也掀起了新的高潮。如同“中华民族”观念的形成一样,帝国主义侵略和亡国灭种的民族危机加速了这一概念的形成。[④] “祖国母亲”的政治隐喻也一样。在抗日战争期间,这一隐喻更加频繁地见诸各种文学艺术作品。如1935年,方

---

① 莱考夫,约翰逊.我们赖以生存的隐喻[M].何文忠,译.杭州:浙江大学出版社,2015:3.

② 刘擎.自由主义和爱国主义如何相容?[EB/OL].(2016-2-28)[2017-10-25].http://cnpolitics.org/2016/02/liberalism—patriotism/.

③ 束定芳.隐喻学研究[M].上海:上海外语教育出版社,2000:3.

④ 黄兴涛.重塑中华:近代中国“中华民族”观念研究[M].北京:北京师范大学出版社,2017:1.

志敏在《可爱的中国》中写道："朋友！中国是生育我们的母亲……我们的母亲太可怜了，一个天生的丽人，现在却变成叫化的婆子！站在欧洲、美洲各位华贵的太太面前，固然是深愧不如，就是站在那日本小姑娘面前，也自惭形秽得很呢！"①在各种诗歌中，这一时期的"祖国"频繁地以一位"受辱"的母亲形象出现。如七月派重要诗人胡风 1937 年的《为祖国而歌》一诗就是典型代表。"侮辱""苦难""眼泪""呻吟""蹂躏""屈辱""挣扎"等都是这一时期"祖国母亲"隐喻的关键词。

1949 年以后，中国迎来中国共产党领导的新政权，"祖国母亲"的受难形象开始被新的形象代替。"苦难的母亲"的喻体转变成为"新生的母亲""强大的母亲"喻体。如冰心在《祖国母亲的心》一文中说："中国人民站起来了，九百多万平方公里的河山被开发了，和煦的东风吹拂着，遍地迸散着新土的芬芳，崭新的社会主义建设，正在飞跃发展，我们多么需要更多的劳动双手呵！"②作家巴金在《我们伟大的祖国》(1959 年)一文中将"祖国母亲"的新生描述为"返老还童"，抒发了生活在新中国母亲庇护下的无比幸福之情。

> 孤儿们终于找回了自己的母亲，一个和睦的大家庭在一盘散沙上面出现了。东方的天空中升起了一轮鲜红的太阳。祖国带着笑容站在我们的面前，展开两只胳膊，把我们大家全抱在怀里，而且抱得那么紧，一刻也不放松！我们中间哪一个不带着哭泣又带着笑声接连地唤"亲爱的妈妈"？哪一个不充满幸福地感觉到自己和祖国中间那种血肉相连的关系？国家变了！社会变了！人也变了！这十年来我们走了多么远的路程！这十年来我们有了多么大的变化！这十年来我们创造了多少移山倒海的奇迹！这十年来我们写出了多少振奋人心的诗篇！做儿女的并没有辜负这位返老还童的母亲，我们伟大的祖国也为了儿女们的幸福一直不停地向前飞奔。③

可见，20 世纪 50 年代的"祖国母亲"已经一改 1949 年前母亲的"受难者"形象，其面目焕然一新。而 50 年代爆发的抗美援朝战争对于建构"伟大的祖国母亲"也发挥了重要作用。无数的作家、艺术家充满深情地歌颂国家的伟大和祖国儿女保家卫国的豪情壮志。尽管 1949 年以后中国政治曲折发展，但"祖国母亲"的形象并没有发生大的改变。20 世纪 80 年代后，随着中国与全球交往的增加及综合国力的提升，歌颂"祖国母亲"的课文、歌曲、艺术创作及全国性的教育活动等有增无减。借助各种大众传播的力量，"祖国母亲"的隐喻已经变得"日常化"，其形象也越发"高大"。

"祖国母亲"的隐喻结构具有重要的政治社会化功能。"祖国母亲"实质上是一种对母子血缘关系的模拟和再现。从社会生物学的视角看，血缘关系是建立在人类生物学基

---

① 刘勇，常汝吉. 现代爱国文选[M]. 北京：北京师范大学出版社，1990：44.
② 刘勇，常汝吉. 现代爱国文选[M]. 北京：北京师范大学出版社，1990：169.
③ 刘勇，常汝吉. 现代爱国文选[M]. 北京：北京师范大学出版社，1990：152.

础上的最为亲密的一种关系,尤其是母子(女)关系,它几乎不需要借助任何文化灌输就能形成紧密联结。由于"祖国母亲"模拟了这样一种具有生物学基础的血缘关系,因此具有一种几近"天然的"合法性。当"祖国"变成了"母亲","祖国"的合法性就建立在"母亲"的合法性之上,母亲的善良、慈爱以及对儿女的养育为"祖国"及"爱祖国"的正当性提供了人伦基础。显然,这一政治隐喻彰显了良好的国家形象,也界定了国家与国民之间的权利义务关系。

那么,这个具有重要政治功能的"祖国母亲"的隐喻又从何而来呢? 我们可以发现,虽然"国家"或"民族主义"的观念在中国古代就有,如《论语·微子第十八》中有"父母之邦"的说法,但传统中国是一个男权主导的"君父一体"的政治结构。因此,"祖国母亲"这样一种国家象征女性化的现象,显然是移植自外部而不可能是从传统中内生的。

二、"祖国母亲"政治隐喻的欧洲渊源

中国人的现代民族国家观念及爱国主义观念直到近代才开始形成。在此之前,中国人只有朝廷和"天下"的观念。19 世纪和 20 世纪之交,具有近代意义的国家意识才逐渐为中国知识分子所接受。陈独秀在《实奄自传》中回忆,八国联军侵华以后直到 1902 年他才知道世界"是分作一国一国的……我们中国,也是世界万国中之一国……我生长二十多岁,才知道有个国家,才知道国家乃是全国人的大家,才知道人人有应当尽力于这大家的大义"①。而在此之前,中国人根本不知道"国家"和"爱国"为何物。正如梁启超指出的:"其不知爱国者,由不自知其为国也。"②中国人形成现代的国家观念和爱国主义观念,是因为受到西方民族国家及民族主义思想的影响。正如姜义华先生指出的:"近代国家形态,就中国而言,不是传统国家形态在近代社会发展基础上的自然转型,而是主要借助对西方近代国家的认同与移植建立起来的。"③因此可以肯定,近代中国"祖国母亲"的隐喻也是从西方民族国家建构的话语当中借鉴而来的。实际上,早在中国 20 世纪 20 年代"祖国母亲"隐喻形成之前,在欧洲尤其是法国的民族国家话语建构中,"祖国母亲"的隐喻早已有了上百年的历史。

(一)欧洲"祖国"象征的女性化及其宗教色彩

在西方,"祖国"一词的历史可以追溯到古希腊罗马时代,从古典时期的 patria,到现

---

① 陈独秀.实庵自传[M]//唐宝林,林茂生.陈独秀年谱,上海古籍出版社,1988:17.

② 梁启超.爱国论[M]//饮冰室合集:卷 3.北京:中华书局,1989.

③ 姜义华.论近代国家与社会非同步发展的政治整合[M]//复旦大学历史学系.近代中国的国家形象与国家认同.上海:上海古籍出版社,2003:6.

代政治中的 patrie、veterland、motherland，“祖国”的概念具有多重含义，也历经多次演变，这一词语浓缩了西方几个世纪的历史与社会变迁。[①]

美国学者毛里齐奥·维罗里（Maurizio Viroli）在梳理西方爱国主义的历史时指出：“现代的爱国主义话语是建立在古人遗产的基础上的。现代哲学家、历史学家以及诗人都从古希腊、古罗马寻找爱国主义的宗教与政治内涵。”[②]在欧洲，“祖国”与“热爱祖国”一开始就具有浓厚的宗教色彩。美国学者里亚·格林菲尔德在《民族主义：走向现代的五条道路》一书中详细阐述欧洲民族主义的历史来源，他指出欧洲人对“祖国”的爱一开始就是与对宗教的虔诚、对国王的虔敬关联在一起的。在中世纪的西欧，“爱国主义”根本上是一种基督教情感。“不论当 patria 一词被解释成‘天国’，还是当它指代人出生的地方时，都是如此。在英法百年战争期间，为了国家而牺牲生命的虔诚越来越受重视。尘世间的祖国由于与宗教有关系而被神圣化，因此它后来能够成为神圣的来源。”[③]法国学者吉尔·德拉诺瓦（Gil Delannoi）也认为，欧洲人“为民族献身”“为祖国牺牲”的现象和理念只有在欧洲浓郁的宗教背景下才能被理解，否则难以想象。[④]

理解欧洲的“祖国”概念要置身于其宗教和历史传统，理解“祖国母亲”的隐喻也一样。早在公元前 4 世纪，古希腊著名演说家伊苏克拉底（Isocrates，前 436—前 338 年）就曾把雅典比喻为“祖国”和“母亲”。他在演说中慷慨激昂地说：“我们在这片乐土出生，能够让至亲具名写信给我们的城市。只有我们雅典人有权利称我们的城市为奶妈、祖国和母亲。”[⑤]

在公元 16 世纪，法国就已出现了民族主义建构中的“法兰西母亲”的隐喻。倡导“民族共同体”的政治家将法国想象成一个妇女、一位母亲，她所生的孩子之间的宗教冲突撕裂了她的身体、蹂躏了她的灵魂。当时的作家也经常引用“法国母亲”形象：“法国，艺术、武力和法律之母亲，长年以来你用你的乳汁哺育我。”法王亨利四世的医生热拉尔·弗朗索瓦（Gerard Francois）曾在给国王的名为《法兰西伟大躯体的病痛》的献辞中写道：“陛下，既然上帝使我在血统和名字上都是法兰西人，因此……我最忠诚于我祖国的利益……当我看到祖国受到折磨的时候，我要给予她我力所能及的支持，这是每一个孩子天生就欠母亲的。”[⑥]

在 1765 年狄德罗编写的第一版百科全书中，“祖国”这一词条已有“一个接受、呵护、关爱所有孩子的母亲，古典时期祖国是每一个人的第一个母亲”的意思了。这种“祖国母亲”的隐喻一直延续到法国大革命时期，并在大革命时期成为重要的“爱国主义”的建筑材料。在法国大革命中，“救国”（la salut public）的观念贯穿了大革命的始终。这个观念

---

① 于京东. 祖国：一项基于近代西方语境的概念史考察[J]. 南京大学学报，2017(3)：81-92，160.

② 维罗里. 关于爱国：论爱国主义与民族主义[M]. 潘亚玲，译. 上海：上海人民出版社，2016：17.

③ 格林菲尔德. 民族主义：走向现代的五条道路[M]. 王春华，祖国霞，等译. 上海：三联书店，2010：97.

④ 德拉诺瓦. 民族与民族主义[M]. 郑文彬，等译. 北京：三联书店，2005：40.

⑤ ISOCRATES. Panegyricus[M]. NORLIN，trans. Cambridge：Harvard University Press，1928：133.

⑥ 格林菲尔德. 民族主义：走向现代的五条道路[M]. 王春华，祖国霞，等译. 上海：三联书店，2010：108-109.

的背后是一种新型的国家观念。祖国既是依法治理的共同体,更是一种情感的共同体。圣茹斯特(Saint-Just)就将祖国这种共同体比喻成“每个小家庭的圈子通过那种子女对父母的爱一样的感情连接起来的整体”。①

“祖国母亲”及“祖国儿女”的隐喻在法国大革命时期的宣传与动员中十分普遍。1792 年 2 月 1 日,巴黎圣安托瓦郊区的公民向议会捐献长矛,并发出呼请:“请接受我们的长矛和忠诚吧,尊重公共的意愿,这能拯救我们的祖国,这也是祖国儿女传达给主权人民代表的心声。”②革命领袖罗伯斯庇尔更致力于将法兰西传统的女性形象转化为爱国主义的素材,他大力宣传“祖国是所有人民共同的母亲”这一观念。当 1793 年 12 月 15 日法国内战前线传来 13 岁孩子因反抗叛军而不幸被杀的消息时,罗伯斯庇尔立即决定以母子意象来进行宣传,树立“祖国母亲”的公民信仰。1793 年 12 月 28 日,他在导报上歌颂约瑟夫·巴拉(JosephBara)赡养母亲、为国牺牲的英雄事迹,称约瑟夫·巴拉“用其所有来回报母亲,再也没有比此更完美的例子来激发对荣耀祖国和美德的热爱了”③。在法国大革命后期,复杂的政治斗争形势使得罗伯斯庇尔急需建立一种新的公民宗教,以最大限度地实现国民团结。这个新宗教就是“祖国信仰”。1792 年 9 月,国民公会(Convention nationale)颁布政令,宣布国家机关的印章上将会出现一名顶着弗里吉亚帽、手持长枪的女性形象。这位女性就是象征着自由、理性以及法兰西祖国的玛丽安娜。到 1848 年法兰西第二共和国成立,玛丽安娜的形象最终固定下来并得到了广泛传播,到第三共和国(1870—1940)时期,玛丽安娜形象的法兰西象征地位得到了官方的进一步确认。实际上,这种“祖国”的女性化隐喻不仅影响了法国,也随着法国大革命的影响而传播至其他国家。在俄国 1914 年发行的海报《三国协约》中,站着三位女性,她们分别象征着三个国家:左侧为法国的玛丽安娜,手捧代表圣心堂的心脏;中间是俄国的俄罗斯母亲(Mother Russia),右手高举象征信仰的东正教十字架,左手持双头鹰盾牌;右边是英国的不列颠尼娅(Britannia),手持代表英国海军的船锚。与此类似,德国的日耳曼尼娅、意大利的意大利娅·图丽塔、匈牙利的匈牙利娅等女性形象,也曾是各国的象征。可以说,西方各国历史上都曾存在过一个人格化的“祖国母亲”,这显然是一种源自欧洲的传统。

(二)欧洲“祖国母亲”隐喻的原型

在笔者看来,欧洲“祖国母亲”的隐喻主要有两个原型或来源:一是古代希腊罗马的“女神”崇拜。伴随着文艺复兴的出现,女神被视为一种精神象征,进而被整合进政治民族主义的建构。通过拟人化手法来表达抽象概念的做法,是西方政治社会化中的一个历

---

① 格林菲尔德. 民族主义:走向现代的五条道路[M]. 王春华,祖国霞,等译. 上海:三联书店,2010:111.

② 张弛. 法国革命恐怖统治的降临(1792 年 6—9 月)[M]. 杭州:浙江大学出版社,2014:46.

③ 于京东. 祖国:一项基于近代西方语境的概念史考察[J]. 南京大学学报,2017(3):89.

史悠久的传统，这一传统并没有因为反宗教的政治运动而中断。我们发现，在法国大革命时期，许多政治象征都是女性化的。莫娜·奥祖夫在《革命节日》中写道："我们在革命节日里看到，守护女神有自由女神、胜利女神、理性女神和共和国女神，虽然没有法兰西女神和祖国女神，但这个看不见的'女神'却主宰了整个节日。"①在法国大革命期间，以罗伯斯庇尔为代表的激进的革命理想主义者希望在法兰西建立平等、自由和民主的共和国，女神形象十分适合成为这种"政治图腾"。法国大革命将"高举着法律和法兰西盾徽的女性形象"图腾化，这成为法国民族主义建构的重要话语和象征策略。②

这种象征和话语呈现在不同的传播媒介中。在美术作品中，法国绘画大师杜米埃创作了油画作品《共和国》(1848)，它表现了"祖国母亲"用自己的乳汁哺育她的子女——人民的亲切的形象。这一隐喻主题在德拉克洛瓦创作的油画《自由引导人民》(1830)、吕德创作的雕塑《马赛曲》(1836)等艺术作品中也能观察到。③ 显然这种大革命文化是对法国文化传统中对女性或母性崇拜传统的转化。从出现在各种媒介上的法国祖国母亲玛丽安娜的形象中，我们可以看到古希腊女神雅典娜(Athena)的身影。这种转化和女性隐喻具有重要的大众动员功能，尤其在征兵与军事战争中，"祖国母亲"的隐喻有利于武装全体公民以保卫祖国。正如法国学者吉尔·德拉诺瓦(Gil Delannoi)在《民族与民族主义》中所指出的："近乎女神、要求其子女献身的'祖国母亲'，出现在平等主义的社会里，其中所有人都为民族的有机整体服务，而当民族成为在历史上扮演其生命和命运角色的集体性人物时，这一专横的母亲便登上统治者的宝座。"④在女神般的"祖国母亲"面前，每个平等的公民，都需要为她奉献自己的一切。

欧洲"祖国母亲"隐喻的另外一个来源就是基督教中的"圣母崇拜"文化。例如法国人对圣母的崇拜古已有之，它和王权崇拜以及王权的神圣化是紧密结合在一起的。科莱特·博纳(Colette Beaune)考察了法国国王通过百合花接受天恩和被神圣化的过程。百合花原是圣母玛利亚的象征，法国君主声称特别忠诚于她，因此，百合花就成了国王权威的象征。国王权威通过象征性转移，"混淆了上帝之母和法国国王的形象，在他们之间建立了一种新的关系，将国王们笼罩在玛利亚的神圣光环下。对玛利亚的崇拜同对国王的崇拜在贞洁的百合花标志中融合在了一起，它同时又是王室的标志。二者都由百合花来代表，并统一于百合花中"⑤。在现代意义上的法国民族主义诞生以前，"国家"与"国王"、"爱国"与"爱王"是融合在一起的，因此"对祖国的崇拜"与对"圣母"的崇拜也是交织在一起的，在民间文化中尤其如此。我们可以从法国人对圣女贞德的崇敬中看出"圣母崇拜"

① 奥祖夫.革命节日[M].刘北成，译.北京：商务印书馆，2012：401-402.

② 洪庆明.略论法国革命期间巴黎城市公共空间的政治利用[M]//陈恒，洪庆明.文化传播与文化建构——世界历史评论02.上海：上海人民出版社，2014：63-80.

③ 任鹏杰.《共和国》：油画上的祖国母亲[J].中学历史教学参考，2009(12)：F4.

④ 德拉诺瓦.民族与民族主义[M].郑文彬，等译.北京：三联书店，2005：76.

⑤ 格林菲尔德.民族主义：走向现代的五条道路[M].王春华，祖国霞，等译.上海：三联书店，2010：94-95.

对法国式爱国主义的影响。正如被誉为“最早的伟大的民族主义和浪漫主义的历史学家”儒勒·米什莱(Jules Michelet)所指出的,贞德是法兰西民族最初的祖国意象,近代法国的爱国主义诞生于这位女性身上,这显然不是偶然。①

而在俄罗斯的斯拉夫文化传统中,女性崇拜的传统也十分悠久。俄国思想家别尔嘉耶夫在论述俄罗斯文化的特征时就曾指出过“俄罗斯民族之魂”的女性气质。② 在俄罗斯接受基督教以后,受原始女神崇拜及东正教“圣母崇拜”的影响,女性也被赋予了特殊含义。在俄罗斯文化中,女性因为美丽、强大而被赋予了“拯救”的使命。“只有女性才能拯救俄罗斯”是许多俄罗斯文学、艺术作品的主题。在俄罗斯的东正教中,“圣母崇拜”更是十分普遍,这对俄罗斯人的国民性格产生了不可磨灭的影响。③ 苏联成立后,沙俄时期的文化遗产得到了一定程度的继承。实际上,苏联的政治宣传充满了“弥赛亚主义”的气息,对东正教传统中的仪式、隐喻和象征等都进行了吸收和转化。④ 东正教和沙俄传统中的“圣母崇拜”、爱国主义显然也被苏联继承和吸收了。

实际上,苏联在社会主义革命胜利后不久,就“创造性”地复活了民族主义和爱国主义。“就在1934年,这个一度被认为在革命和社会主义的意识中身败名裂的‘祖国’一词,被布尔什维克恢复了名誉,而且注入了新的内容,变成了‘社会主义祖国’和‘苏联爱国主义’。”⑤苏德战争是一个重要的催化剂。与沙俄传统时代一样,女性形象被苏联有机地整合进了爱国主义的话语中并表现在教育和宣传上,“祖国母亲”的政治隐喻在苏联十分常见。

在苏联的卫国战争期间,爱国主义高涨,“祖国母亲的召唤”就是各种政治宣传中的重要主题,这在许多宣传画中有所表现。1941年,由伊·莫·托依泽创作的《祖国母亲在召唤》是这种政治隐喻的代表。宣传画上隐喻“祖国”的“母亲”神情严峻、目光坚定,充满激情,她正在号召她的儿女拿起武器,打败侵略者。这幅宣传画大量印刷,在战时发挥了巨大的感召和激励作用。另外如《红军战士,救救我们》(柯列茨基,1942)、《红军战士,一切希望都在你们身上!》(依凡诺夫,1943)等,表现的都是“坚定”或“充满期待”的母亲形象。苏联莫斯科国家艺术出版局1948年编辑出版的《苏维埃宣传画三十年》一书中说:“保卫社会主义祖国、保卫苏联人民这个主题是苏维埃宣传画创作的中心主题。在宣传画面前摆着的任务不仅仅是去影响观众的理智,而且要去影响其感情、良心和意志。”⑥“祖国母亲”的具象化无疑可以影响受众的情感。从宣传效果看,这些宣传画确实收到了很好的激发士气、广泛动员的效果。

除了宣传画,苏联“祖国母亲”的雕塑也十分常见。1960至1967年在伏尔加格勒的

---

① 米什莱.贞德[M]//米什莱.米什莱散文选.徐知免,译.天津:百花文艺出版社,2005:156-222.

② 别尔嘉耶夫.俄罗斯灵魂[M].陆肇明,东方珏,译.上海:学林出版社,1999:83.

③ 周长雨.圣母崇拜对俄罗斯国民性格的影响[J].西伯利亚研究,2014(2):56-58.

④ 潘祥辉.弥赛亚主义:苏联政治传播对东正教传统的因袭和转化[J].现代传播,2016(2):56-58.

⑤ 费多文.二十世纪的俄罗斯人[M].郑振东,译.南京:南京大学出版社,2015:103.

⑥ 人民美术出版社.苏联宣传画选集[M].北京:人民美术出版社,1954:15.

玛玛也夫高地，苏联建成了“斯大林格勒保卫战英雄纪念碑”，其中最壮观的就是《祖国母亲》雕塑，它高达104米。“祖国母亲”右手高举着利剑，左手直指柏林，象征着斯大林格勒保卫战扭转了苏德战争的局面。在《祖国母亲》雕像的下面，还建有一座圆形的纪念厅，纪念厅对面广场的中心水池中也有一座雕像，题为《母亲的忧伤》，意喻着祖国永远怀念为国捐躯的英雄儿女。[①] “祖国”的人格化和女性化，使“爱国主义”变得容易被感知和理解。苏联是多民族国家，“祖国母亲”的隐喻使苏联人民能够团结一心，在战争及社会建设中被激发出强大的动力。实际上，这正是政治隐喻的功能所在。

三、中国对“祖国母亲”隐喻的移植和内化

(一)中国对法国及苏联“祖国母亲”隐喻的移植

与欧洲各国及苏俄相比，中国历史上没有尊崇女神及圣母崇拜的传统，女性化象征难以被融入民族国家的构建话语当中。不过晚清以来，随着民族国家观念的引入和传播，这种“革命化女性”的欧洲传统也传入中国。我们可以观察到，近代中国的民族国家建构显然吸收了欧洲的这种政治文化。

在晚清的政治文化语境中，西方塑造出来的作为革命化身的“女神”形象一度成为中国人口中的“西方美人”。在晚清西学东渐及革命浪潮风起云涌的背景下，中国人发现并热情引进了西方的“革命女神”。当时出现了众多诸如《外国列女传》《世界十女杰》《世界十二女杰》等颂扬西方革命女杰的编译著作，它们十分受读者欢迎。这些读物中的“西方美人”既成为先进的中国女性师法效仿的完美典范与理想榜样，也成为知识精英构建爱国主义话语的重要原料。[②] 如热情宣传“欧风美雨返精魂”的秋瑾就以俄国的苏菲亚、法国的罗兰夫人等西方女杰作为“精神导师”。在秋瑾遇害后，时人献诗“献身甘做苏菲亚，爱国群推玛利侬”[③]。中国台湾学者刘人鹏对“西方美人”在晚清民族国家建构中的隐喻意义做过精彩的分析。在她看来，“‘西方美人’与‘二万万女子’是在国族欲望成为长生帝国的现代化进程中被生产出来的比喻”[④]。

近代文豪郭沫若则是较早将西方女神形象与“祖国”进行类比的知识精英。他创作的“女神三部曲”是“五四”狂飙突进精神的典型体现。在充满革命精神的《女神》中，郭沫

---

① 朱国荣.城市的眼睛——世界景观雕塑漫谈[M].上海:复旦大学出版社,1998:59.

② 符杰祥.“中国苏菲亚”是怎样炼成的——秋瑾与“西方美人”的文化政治[J].文艺争鸣,2016(7):25-31.

③ 李铎.哭秋女士[N].时报,1907-8-19.

④ 刘人鹏.近代中国女权论述[M].台北:学生书局,2000:187.

若引用歌德《浮士德》结尾的诗句“永恒之女性,领导我们走”作为题记。显然,这是对西方“女神崇拜”传统的引入和“汉化”。在《炉中煤》一诗中,郭沫若唱出了“眷念祖国的情绪”,感人至深。在诗中,他将“祖国”女性化了。

眷恋祖国的情绪
啊,我年青的女郎!
我不辜负你的殷勤
你也不要辜负了我的思量。
我为我心爱的人儿
燃到了这般模样!①

这首诗写于 1920 年,与“祖国母亲”的比喻不同,该诗将“祖国”比喻为热恋的“女郎”,十分新颖。显然,这种比喻显示了郭沫若对西方文化的借鉴甚至是“全盘照抄”。因为不论是将“女性”革命化还是将“祖国”女性化(女神化),都是欧洲的政治文化传统。将个体与国家的关系形容为“情人”关系,也只能是欧洲人的发明。在法国及苏联诗人的笔下,这一类的比喻就时有出现,如 17 世纪法国作家高乃依(Corneille,1606—1684)笔下的吟唱:

我亲爱的祖国是我的最初的爱恋
为国而死是如此令人自豪的命运
以至于人们为这美丽的死亡争相献身②

从现代诗人对“祖国母亲”的创制中,我们可以看到欧洲思想、文学以及政治隐喻对中国的强烈影响,尽管这种影响可能经由了日本中介。

我们的确可以发现,20 世纪的诗人、作家群体,尤其是有海外留学经历的作家群体,是“祖国母亲”隐喻传播中最为重要的“舆论领袖”。这个群体有两个特点:一是他们都有一颗拳拳爱国之心,二是他们本身受西方文化的影响。毫无疑问他们是中西方文化沟通的中介,是西方话语的接受者和传播者。留学美国的左翼作家闻一多是将中国近代的“祖国母亲”隐喻固定化并使其广泛传播的重要作家。在他的诗中,我们也可以发现欧洲思想的影子。如闻一多在《七子之歌》的引言中就明确提及了法国的民族主义及爱国主义对他创作的影响。

欧洲民族主义思想对近代中国的影响是十分明显而深远的。法国居里夫人的名言“祖国更重于生命,是我们的母亲,我们的土地”被近代中国的知识分子与政治精英多次

---

① 钟作英. 郭沫若诗歌[M]. 呼和浩特:内蒙古文化出版社,2006:54.

② 高乃依. 贺拉斯第二幕[M]//格林菲尔德. 民族主义:走向现代的五条道路. 王春华,祖国霞,等译. 上海:三联书店,2010:139.

引用，广为流传。在“祖国母亲”隐喻的移植和传播过程中，受到新思想影响的作家是最为重要的传播中介。在20世纪的中国，文学与艺术作品对大众的影响是无远弗届的，这些作家及作品中的“欧洲新思想”对于中国“祖国母亲”隐喻的形成及传播的大众化显然具有重要影响。

而法国大革命中形成的“革命文化”及民族主义思想对中国知识分子及政治精英的影响则更加直接。1918年，李大钊在《法俄革命之比较观》一文中就指出，法国大革命的影响是世界性的，“岂惟法人，19世纪全世界之文明，如政治或社会之组织等，罔不胚胎于法兰西革命血潮之中”①。其中当然也包括中国。

近代以来，法国大革命和俄国革命的遗产对中国的知识分子与政治精英影响巨大，康有为、梁启超、邹容、陈天华、谭嗣同、孙中山等资产阶级革命派以及陈独秀、李大钊和毛泽东等人都受到法国大革命的思想影响。② 从法国大革命到俄国革命再到中国革命，有着较为清晰而连贯的思想谱系。正如高毅指出的：“18世纪末爆发的法国大革命深深影响了整个20世纪的中国历史——一部几乎始终贯穿着革命的话语和实践的、标准的革命史。”③因此法国大革命的文化遗产，包括爱国主义遗产毫无疑问对20世纪的中国政治具有重要影响。在中国20世纪的民族主义、革命崇拜、政治宣传模式中我们都可以看到法国大革命的影子。20世纪中国知识分子将“祖国”女性化及“圣化”，显然也部分继承了法国大革命的遗产。

比之法国，苏联的“祖国母亲”的隐喻对近代中国尤其是1949年以后中国的影响则更加深切和直接。从“爱国主义”思想到教育宣传模式，新中国基本上都学苏联。作为共产国际的领导者，苏联自20世纪二三十年代开始，就成为左翼知识分子心中的“灯塔”，大量的苏联文学作品、理论被翻译进来，并广泛传播。1949年以后，苏联更是成为中国的“先生”，在爱国主义教育和宣传上也是如此。即便是对于“爱国主义”的定义，长期以来我们都是沿用列宁“爱国主义就是千百年来巩固起来的对自己祖国的一种最深厚的感情”④这一经典定义。

1949年以后，苏联式的爱国主义宣传和教育模式对新中国影响至深。这种影响既表现在理论上，也表现在实践上。20世纪50年代，《人民教育》发表了多篇文章引介苏联的爱国主义教育，如：1950年第8期译介了A. 索波列夫的《苏维埃爱国主义和民族自豪感》一文；1951年第1期译介了H. П. 依古洛夫的《苏联小学中爱国主义教育的任务》一文。除《人民教育》上的文章之外，关于苏联模式的爱国主义教育的译介文章还有H. И. 包德烈夫的《以苏维埃爱国主义思想培养青年一代》(《天津教育》1951年第1期)等。同一时

① 李大钊. 法俄革命之比较观[M]//李大钊. 李大钊选集. 北京：人民出版社，1959：101-102.
② 赵复三. 法国大革命与20世纪之中国[J]. 近代史研究，1989(4)：1-20.
③ 高毅. 法国革命文化与现代中国革命[J]. 浙江学刊，2006(4)：76-81.
④ 列宁. 列宁选集(第3卷)[M]. 北京：人民出版社，1995：579-580.

期的《中国青年》也发表了《学习列宁的爱国主义榜样》《新中国与新爱国主义》《关于爱国主义的几个问题》等论文,文章号召在"爱国主义"教育上向苏联学习。

在文化艺术领域,中国引介的苏联歌颂"祖国母亲"题材的电影、歌曲就更多了。苏联这方面的创作不胜枚举,很多作品对中国影响很大。1949年后,中国仿效苏联创作出了大量类似的歌颂"祖国母亲"的文学作品、电影和歌曲,如电影《祖国啊,母亲》、纪录片《祖国颂》及同名主题歌(乔羽作词,刘炽谱曲)等。这些宣传进一步强化了"祖国母亲"的政治隐喻。20世纪60年代,著名作家冰心发表了《祖国母亲的心》(1960)和《寄国外华侨小读者》(1963)两篇散文。在《祖国母亲的心》一文中,冰心特地谈到了苏联爱国歌曲《祖国进行曲》对她的影响,她说:"我最喜欢苏联的那首歌——《祖国进行曲》里面的:我们祖国多么辽阔广大,它有无数田野和森林。我们没有见过别的国家,可以这样自由呼吸。"①苏联的爱国主义文化对中国知识分子的影响可见一斑。

20世纪50年代,抗美援朝战争掀起了爱国主义宣传的高潮。在这场宣传战役中,作家和艺术家创作了许多歌颂"祖国母亲"的作品。据不完全统计,从1950年9月以后到1951年1月底为止,在短短的5个月时间里,仅全国出版的关于抗美援朝的一般读物就有90多本(文艺和通俗读物不在此列)。② 如果比照苏联的卫国战争,我们可以发现,中苏两国的"祖国母亲"的话语建构十分相似。

(二)中国"祖国母亲"隐喻移植中的选择与内化

"祖国母亲"的隐喻源头虽然在西方,但在被移植到中国时也出现了一些变异。如果我们比较欧洲"祖国母亲"与中国"祖国母亲"的结构内涵,就会发现这个跨国传播的过程并非"完全照搬"。

首先,"祖国母亲"作为爱国主义话语中的一个隐喻概念,在欧洲启蒙思想中寓意是多元的,而中国"祖国母亲"的隐喻结构却对其多义性有所取舍。譬如法国启蒙思想家卢梭将祖国比喻为母亲,但他同时也强调公民的自由。卢梭说:没有自由,便没有祖国。"共同的母亲,共同的自由"是卢梭的爱国主义原则,这个原则包含着公民和祖国的对等的权利义务关系。"让祖国展示她作为所有公民的共同母亲。让他们在祖国所享受的益处使他们相互间更加亲切。让政府给他们留下大量的公共管理空间,使他们觉得如同生活在家里一样。让他们所见的法律只是为了保证共同的自由。"③显然,卢梭的"祖国母亲"的比喻是以其"人道主义"或"共和主义"的爱国主义为基础语境的。启蒙思想家的这种共和主义的爱国主义在法国大革命之后的很长一段时间内得到了延续。但这种爱国

---

① 冰心.冰心散文选[M].北京:人民文学出版社,1983:213.
② 王城.关于抗美援朝保家卫国的读物[N].人民日报,1951-1-28(6).
③ 维罗里.关于爱国:论爱国主义与民族主义[M].潘亚玲,译.上海:上海人民出版社,2016:77.

主义话语并没有在中国的“祖国母亲”的隐喻中得到体现。

中国近代知识精英与革命家中也有持“共和爱国主义观”的人，如近代倡导爱国论的第一人梁启超在《爱国论》中就提出了“故言爱国必自兴民权始”的观点，陈独秀在《我们究竟应当不应当爱国》(1919)中认为国家是实现人民权利的工具，它有好坏之分，甚至有恶的一面①。显然，在梁启超和陈独秀等人看来，人民和国家之间的关系并不是基于一种像“母子关系”一样的无条件的爱，至少子民对国家的爱不是无条件的。但是这种共和主义内涵的爱国主义并没有成为中国近代社会的主流。在20世纪初形成的“祖国母亲”的隐喻中，也缺少这种国家观念。我们从中国“祖国母亲”概念演变的过程中可以看到，不论是1949年前作为“受难者、弱者”象征的“祖国母亲”还是1949年后作为强有力保护者的强者形象的“祖国母亲”，在国与民的关系中，祖国的利益都是高于国民个体利益，甚至是高于一切的。

近代以来中国“祖国母亲”隐喻中之所以失落“个人权利”，并遮蔽“利维坦”意义上的“国家之恶”，很高程度上和中国“祖国母亲”隐喻产生于国家受外来侵略、沦为半殖民地半封建社会的历史语境有关。彼时从知识精英到普通民众对“民族国家”的想象和期待大多持正面看法，在主流观念中，“国家”毫无疑问是一个褒义词。就知识分子而言，创造和美化祖国形象才是最迫切的事情。正如朱自清在《爱国诗》一文中所说：“抗战以后，我们的国家意念迅速发展、普及，对于国家的情绪达到最高潮，爱国诗大量出现，但都以具体的事件为歌咏的对象，理想的中国在诗里似乎还没有看见。诗人是时代的前驱，他有义务先创造一个新中国在他的诗里。”②可见这一时期创造民族国家的正面形象是主要任务。此外，被纳入近代以来民族国家建设当中的“祖国母亲”隐喻，也无法不受当时“创建强国家”的主流政治意识形态的影响。M. H. 亨特(Michael H. Hunt)在《中国寻求民族国家的认同》一书中认为：“中国民族国家认同的一个重要的、也许是支配性的特征，一向是对于创造与维持一个强大的中央集权国家的全神贯注的关注。”③在1919年以后，“救亡压倒启蒙”，建立一个统一而强大的国家是当时绝大多数知识分子和政治精英的共识。因此，“祖国母亲”必然，也只能以这样一种“国家代表”的面目出现。“反帝反封建”“创建强大国家”的政治逻辑始终支配着这一隐喻的形成与发展。孔飞力在《中国现代国家的起源》一书中也概括了20世纪中国国家演变的一个规律，他指出：“20世纪中国政治发展的故事似乎是杂乱无章的，也是具有多重发展方向的。但如果将20世纪当作整体来看待，这便构成了一个关于中央集权的国家不屈不挠地向前迈进的故事。”④在笔者看来，正

---

① 陈独秀. 我们究竟应当不应当爱国[M]//任建树，张统模，吴信忠. 陈独秀著作选：第2卷. 上海：上海人民出版社，1993：23.

② 刘勇，常汝吉. 现代爱国文选[M]. 北京：北京师范大学出版社，1990：21.

③ 姚大力. 变化中的国家认同[M]//复旦大学历史学系. 近代中国的国家形象与国家认同. 上海：上海古籍出版社，2003：124.

④ 孔飞力. 中国现代国家的起源[M]. 陈兼，陈之宏，译. 北京：三联书店，2013：119.

是受到这种“建设强大国家”的认同支配,中国“祖国母亲”的形象才变得不容置疑。

其次,“祖国母亲”这一隐喻进入中国也是一个逐步适应中国本土文化及心理的调适过程。本土文化会对“祖国母亲”这一政治隐喻进行选择和“过滤”。事实上,在任何隐喻结构中,隐喻的表达者总是通过应用本体(始源域)的含蓄复杂的意义来选择、强调、抑制和组织表现喻体(目标域)的特征。“祖国母亲”的隐喻结构也不例外。欧洲或苏联的“祖国母亲”进入中国,难免会出现“水土不服”的情形。这时“选择性接纳”就显得很重要。如在近代“祖国”的喻体开始女性化的初期,“母亲”并不是“祖国”唯一的喻体,至少还有“恋人”“情人”“女郎”等。郭沫若在《炉中煤》中将祖国比喻为“恋人”就是一例。除此之外,作家郁达夫也在其小说《沉沦》中借主人公之口说:“我就爱我的祖国,我就把我的祖国当作了情人吧。”这种比喻其实在西方的文化语境中十分常见,也很容易被理解。在欧洲近代以来的民族国家建构中,作为祖国女性化喻体的“女神”呈现的是美少女的形象,当她与“祖国”结成隐喻结构后,她自然也可以成为爱恋的对象。基督教中的“圣母”是尊崇的对象。欧洲文化语境中的“祖国”其实与这两种女性形象都有结合。因此,在法国、德国以及俄国的“祖国女性化”中才会出现将祖国比喻为“恋人”“情人”的情形。但在中国的文化语境中,“祖国情人”“祖国女郎”或“祖国恋人”的隐喻却无法得到认可和推广。在笔者看来,这显然与中国传统文化的“保守性”有关。中国文化很难公开鼓励“情人关系”和“恋人关系”,这种关系不够高雅,何况是用它来类比国民与国家的关系。因此这种比喻从来就没有溢出少数文学作品之外。相反,中国传统文化中的“孝道”文化使得“祖国母亲”的比喻能够被顺利接受,并从文学领域进入政治领域。

我们看到,在这种“文化选择”下,即便是对中国影响巨大的苏联爱国主义语汇,在进入中国时也不是畅通无阻的。在苏联,祖国通常用“女性”来指代和象征,这位女性既可以是被爱恋的情人,也可以是被保护的母亲。苏联有一首爱国主义抒情歌曲《祖国进行曲》(1936 年,瓦·列别杰夫-库玛契词,伊·杜纳耶夫斯基曲),其中有一句歌词的俄语原文是 Как невесту,Родину мы любим,Бережем,как ласковую мать,其原意是“我们像爱恋新娘般爱祖国,我们像保护温柔的母亲般保护祖国”,但在译成中文时变成了“我们爱护祖国犹如情人,我们孝顺祖国像母亲”。在转译中“爱恋”变成了“爱护”(为了与“情人”搭配)、“保护”变成了“孝顺”。这种译法,尤其是“孝顺母亲”的译法显然适应了中国的政治文化语境。[①] 中国有强大的“孝顺父母”的文化传统,因此国民和祖国的关系只有被选择为“子女和母亲”的关系才能被广泛理解和接受。一旦将外来的“祖国母亲”与传统中国的“孝顺母亲”的意象联结在一起,中国“孝”文化当中的服从、服侍与单向度的爱就成为人们理解国民与国家之间关系的重要意象。这反过来强化了“祖国母亲”政治隐喻的

① 余敏玲.形塑“新人”:中共宣传与苏联经验[M].台北:“中央研究院”近代史研究所,2015:162.

单一性，也呈现了中国“祖国母亲”隐喻独特的意识形态效果。

莱考夫和约翰逊指出：“隐喻在本质上是概念问题，是我们主要的理解手段之一，在构建社会和政治现实中起到了主要的作用。”[①]从政治传播的角度来看，“祖国母亲”作为一种隐喻修辞，具有重要的认知功能、象征功能和导向功能，它属于美国学者梅里亚姆所说的“感性政治”的范畴。这种政治词语和隐喻有时候具有“巫术般的魔力”。如通过将“祖国”变成一个“为侵略者所蹂躏”的母亲，就更易于激发民族仇恨与反抗，更具政治动员功能。而“祖国母亲”的隐喻把个人同更大的社会秩序联系起来，在这个过程中抹去了人的阶级、性别、种族等各种差异，每个人都成为“祖国母亲”的好儿女，成为一个家庭中的平等的一员。显然，这样的政治隐喻对于形成国家认同、进行政治教化以及政治意识形态宣传等都具有重要意义。

总之，“祖国母亲”作为一种中国近代以来产生的政治隐喻和话语建构，有着深刻的历史、政治和文化背景。这一隐喻的背后关联着中西方的两种政治文化。在“祖国母亲”概念的移植和传播过程中，政治因素和文化因素都发挥了重要的中介作用，影响和规制着“祖国母亲”的内涵、角色与功能。Balkin 指出：“隐喻之所以具有意识形态效果，是因为它们是经验选择的结果。”[②]“祖国母亲”成为一个重要的政治隐喻概念，既离不开西方的政治社会历史传统，也离不开中国政治、历史和文化的“经验性选择”。

（本文初刊于《人文杂志》2018 年 01 期）

① 莱考夫，约翰逊. 我们赖以生存的隐喻[M]. 何文忠，译. 杭州：浙江大学出版社，2015：159.

② BALKIN. Cultural software：a theory of ideology[M]. New Heaven：Yale University Press，1998：245.

私人民调、电视与新型“竞选函数”①

——总统选举史视角下的1960年美国大选

◇张　健　梅　潇②

1960年总统大选可谓美国总统选举史上两方得票结果最为接近的一次选举，约翰·F.肯尼迪(John F. Kennedy)获得49.72%的国民选票，理查德·M.尼克松(Richard M. Nixon)获得49.55%的国民选票，肯尼迪的国民选票仅仅比尼克松多119 450张，与6 800万的总选票数相比显得微乎其微(参见表1)，在部分州相差得更为微小，比如在夏威夷仅差115票，在伊利诺伊州仅仅相差8 000票，在得克萨斯州、加利福尼亚州等其他8个州也仅仅相差不到1%。有评论说：“肯尼迪参议员虽然赢得了1960年大选，但是其优势实在小得让人称奇，在每个选区，肯尼迪的国民选票仅仅比尼克松多了2票。”③有学者分析，此次选举属于对美国国内政策影响不大的总统选举，或可以称之为“维持现状的选举”(maintaining elections)，即政党的实力和支持者保持原来态势，其明显特点是：当选总统没有取得压倒性胜利，而且在竞选过程中没有什么特别明显的竞选议题或政策争论、政策分歧。④

表1　1960美国总统选举选票归属一览表

年份	两党总统候选人	政党	投票情况	
			选举人票	选民票
1960	约翰·F.肯尼迪 理查德·M.尼克松	民主党 共和党	303 219	34227096(49.72%) 34107646(49.55%)

资料来源：http://www.270towin.com/historical－presidential－elections。

① 本文为国家社会科学基金项目“新媒体语境下政治认同的建构路径研究(15BXW062)”成果。

② 作者张健系苏州大学传媒学院博士生导师；作者梅潇系苏州大学传媒学院博士生。

③ VENTURA. The victory of a Catholic[N]. Washington Post，1960-11-11.

④ 沃塞曼.美国政治基础[M].陆震纶，等译.北京：中国社会科学出版社，1994：167.林宏宇.美国总统选举政治研究(1952－2004)[M].天津：天津人民出版社，2006：175.

但从总统选举史视角分析，1960 年的总统选举却又“具有不同寻常的重大意义”①，常常出现在以民调与政治、电视与政治为主题的分析文献中，各种说法大同小异，比如“1960 年总统大选期间，肯尼迪和尼克松分别雇用哈里斯和罗宾逊进行民调、提供选情，是民调开始系统化为总统候选人效命的重要年代”②“事实上，大多数民调研究相信约翰 · F. 肯尼迪(John F. Kennedy)与路易斯 · 哈里斯(Louis Harris)是历史上的第一个总统民调团队”③。也有说法将肯尼迪的成功部分归结到电视，称其为“第一位电视总统”④；还有学者提出 1960 年肯尼迪和尼克松的辩论“可以作为电视业成熟的标志”“也是公民权发生转变的标志”⑤。这些说法指出了本次总统竞选中出现的私人民调(private polling)、个人形象与电视等这些新的因素及其对选举政治的影响，但并未阐明这些因素出现的制度基础与历史情境，特别是这种变化与肯尼迪个人及其竞选团队之间的关系。

本文并不试图为纷繁的肯尼迪研究增加新的话题，而是以安东尼 · 唐斯的“选票最大化”和约瑟夫 · 熊彼特的“创新理论”为基础，去阐释和说明为什么“1960 年的肯尼迪竞选第一次使用了私人民调”。换言之，本文分析此次竞选过程中的既定因素和“可操作”策略性因素两个方面。具体而言，就是本文试图分析肯尼迪 1960 年竞选的社会历史情境：什么样的结构性因素促进了民意调查的使用；民意调查与其竞选策略存在什么样的关系；此次竞选中的民意调查与此前选举中所使用的民意调查又存在什么样的差异。

一、20 世纪 50 年代总统选举结构的初步变化

德怀特 · D. 艾森豪威尔领导的政府可以看作是美国自由主义思潮向更高层次推进前的一次短暂的回流，曾任肯尼迪助手的历史学家小阿瑟 · 施莱辛格就指出：“艾森豪威尔政府并不是对共和党人统治的新时期的一种突破，它倒是有点像 V. O. 基所描述过的那样，基本上是属于民主党时期的一种共和党的短暂的幕间插曲。”⑥

艾森豪威尔 1952 年的被提名与竞选富有戏剧性。1950 年 6 月爆发了朝鲜战争。8 月，政府的民众支持率由原来刚介入朝鲜战争的 81%降到 66%，此时美军累计死亡人数是 4631 人；12 月，政府的民众支持率更是降到了 39%，此时朝鲜战场上的美军死亡人数

---

① 施莱辛格. 美国民主党史[M]. 复旦大学国际政治系，译. 上海：上海人民出版社，1977：382.

② 王石番. 民意理论与实务[M]. 台北：黎明文化事业股份有限公司，1995：31.

③ 波尔斯比，威尔达夫斯基. 总统选举——美国政治的战略与架构[M]. 管梅，译. 北京：北京大学出版社，2007：230.；TEER，SPENCE. political opinion poll[M]. London：Hutchson&CO，1973：150.；HOLLI. The wizard of washington[M]. New York：Palrave，2002.

④ 米尔克斯，尼尔森. 美国总统制：起源与发展[M]. 朱全红，译. 上海：华东师范大学出版社，2008：331.

⑤ 舒登森. 好公民：美国公共生活史[M]. 郑一卉，译. 北京：北京大学出版社，2014：198.

⑥ 施莱辛格. 美国共和党史[M]. 复旦大学国际政治系，译. 上海：上海人民出版社，1977：387.

高达13 991人。公众对战争态度的变化必然会影响到1952年的选举活动。在任总统哈里·S. 杜鲁门迫于战争难题和舆论压力,决定放弃竞选,而民主党总统候选人阿德莱·史蒂文森(Adlai Ewing Stevenson)受杜鲁门政府对外政策牵连,也处境不妙。而艾森豪威尔一直以“二战”中的军事领袖、“厌恶政治、厌恶政客”的形象出现,给人“父亲般的温暖”,人们时常充满爱意地称他为“艾克”,民主党、共和党都曾经想要他成为本党的总统候选人。盖洛普民调显示,艾森豪威尔在共和党内的支持率超过了一些有鼎鼎大名的人物,在共和党全国代表大会上,艾森豪威尔凭着极高的声望和民众支持,轻松击败罗伯特·塔夫脱,在第一轮投票中就获得提名。

获得提名之后,艾森豪威尔的政治顾问就利用此次的民意调查来决定自己的宣传重点。开始,他们向销路很广的《读者文摘》订户推出了4个竞选口号,用以测定人们对什么最感兴趣。结果大多数人选择了第四条“艾克是个和平使者,可以结束朝鲜战争。”于是,“艾克是个和平使者”就成了1952年艾森豪威尔竞选的中心口号。他在竞选演讲中宣布:“我将去朝鲜,如果那是我能了解如何给美国人民带来和平的唯一且最好的方式的话。”同时宣称:“只要还有一个美国士兵在朝鲜面对敌人的炮火,那么,光荣地结束朝鲜战争、寻求体面的世界和平,就必须是新政府第一位的、紧迫的和毫不动摇的目标。”

1952年能作为新型竞选的开端,还在于那一年“电视成为美国政治进程中的主宰力量”①。就在艾森豪威尔赢得提名之后的1952年9月18日,《纽约邮报》头版刊登了一篇新闻——《秘密的尼克松基金》,另一版的一个标题是:《大富翁的秘密托管基金使尼克松过着远远超出他薪金收入的豪华生活》②。新闻报道说,艾森豪威尔的副总统候选人尼克松的支持者手上握有一笔18 000美元的支付竞选费用的“秘密行贿基金”,“要不在这样一种攻击面前为自己的荣誉而斗争,那我非但会毁掉我自己的政治生命,而且还会毁掉我们的家庭,特别是女儿们的未来生活”③。在这种严峻形势下,共和党安排了一次由全国广播公司的64个电视台、哥伦比亚广播公司的194个电台和当时拥有560个台的相互广播网参加的全国联播。尼克松情绪激动地发表电视演讲,提供他个人开支的详细情况,并说到了他的妻子以及女儿的爱犬“小花”,说自己一生中只接受过一次馈赠,就是别人送给他女儿的这只花狗。尼克松的演讲博得了人们的同情和信任,在演播室之外看电视的人群爆发出欢呼:“我们要尼克松!我们要尼克松!”④

同样,1951年来自田纳西州的独立民主党人埃斯蒂斯·凯弗维尔(Estes Kefauver)的参选也引起了全国的注意,其“作为美国总统初选制度的教父被载入史册”。自“内战”以来,凯弗维尔是第一位想竞选美国总统的南方人;他的竞选没有政党权势人物做后盾,

---

① 埃默里 E,埃默里 M. 美国新闻史[M]. 展江,等译. 北京:新华出版社,2001:420.
② 尼克松. 尼克松回忆录(上)[M]. 伍任,译. 北京:世界知识出版社,2000:111.
③ 尼克松. 尼克松回忆录(上)[M]. 伍任,译. 北京:世界知识出版社,2000:114.
④ 尼克松. 尼克松回忆录(上)[M]. 伍任,译. 北京:世界知识出版社,2000:126.

“南部民主党人和都市党机构的头头，都由于凯弗维尔不顾党的利益而感到恼怒”①；同时，他的提名竞争的方式是“温和的”——“我的名字叫埃斯蒂斯·凯弗维尔。我现在为总统提名竞选，我肯定会感谢你们的帮助的。”②但是，“政党机器”推举的史蒂文森经过三轮投票就被推为民主党总统候选人。1956 年，凯弗维尔再次参加竞选。他赶到首先举行直接初选的新罕布什尔州，争取那里代表的支持。凯弗维尔在风雪泥泞中走遍了新州的每个小镇，到处演说，呼吁人们反对政党老板。结果，凯弗维尔赢得了新州的初选；在明尼苏达州民主党初选中，又出人意料地挫败了史蒂文森与民主党“政党机器”。虽然最终凯弗维尔的独立参选没有成功，但却引人注目，开始冲击传统的候选人产生方式。传统的总统候选人往往是从政党内部招募的，即一个人要想成为政党总统候选人，往往要看其在党内的资历、位置及其与政党领袖的关系，只有得到政党老板们的支持才有可能被政党招募。而在凯弗维尔那里，候选人可以根据自己的实力（政治实力、经济实力）和对选情的判断，自我招募，不再拘泥于其政党背景，不再受制于政党组织。

依照政治营销学家布鲁斯·埃·纽曼的说法，1950 年代共和党与民主党之间的两次总统大选竞争都遵循着“政党理念”进行竞选活动：竞选活动有一个核心团队，核心团队掌握在那些只对本党效忠的政党老板手中，由党派大佬操控。③ 尽管艾森豪威尔竞选时有意识地淡化他与政党的联系，强调他超越党派政治的全面受欢迎的形象，但这只是暂时的“脱轨”④。艾森豪威尔在 1952 年、1956 年两次总统大选的压倒性胜利暗示了两点：一是，“政党机器”无法给候选人提供更多关于潜在选民的信息，这迫使候选人在收集信息上必须自谋生路；二是候选人必须从对方政党那里吸引大量潜在选民以充实自己的票仓，而民意调查恰恰是可以帮助竞选团队找到这些对手政党的“叛逃者”的方法和工具。⑤

严格来说，艾森豪威尔竞选对民意调查的运用仍有待创新，因为此时的盖洛普、罗普等民调机构仍然是面向广大的报纸、政治机构和普通读者的，民调数据也是一种面向全社会的公共性信息，艾森豪威尔的广告机构只能拿着拟议的广告主题去咨询盖洛普民调，“民调专家仍不是总统竞选的一个固定职位。直到 1960 年，尚未有一个总统雇用民调专家为其竞选进行私人调查。此时候选人所收到的信息均来自全国性的民调组织”⑥。

---

① 施莱辛格. 美国民主党史[M]. 复旦大学国际政治系，译. 上海：上海人民出版社，1977：357.

② 施莱辛格. 美国民主党史[M]. 复旦大学国际政治系，译. 上海：上海人民出版社，1977：356.

③ 纽曼. 营销总统：选战中的政治营销[M]. 张哲馨，译. 上海：上海人民出版社，2007：24.

④ 张立平. 美国政党与选举政治[M]. 北京：中国社会科学出版社，2002：210.

⑤ DULIO. For better or worse? How political consultants are changing elections in the United States[M]. Albany: State University of New York Press，2004：18.

⑥ MOORE. The superpollsters: how they measure and manipulate public opinion in America[M]. New York: Four Walls Eight Windows，1995：78.

二、争取提名的障碍与组建竞选团队

如肯尼迪的竞争对手尼克松后来指出的:“约翰·肯尼迪和我都正好处于政治能量最大的顶峰时代,并且我们曾就美国生活和历史中划时代的一系列重大问题进行辩论。”[①]其实,肯尼迪的政治能量早在20世纪50年代就备受瞩目。1954年,年仅28岁的肯尼迪当选为国会众议员,1958年又击败共和党参议员亨利·洛奇当选马萨诸塞州国会参议员,其领先票差竟达874 608票——比该州任何职位竞选时出现的差额都大,也比当年任何一个参议员获得的领先票差都大。“在马萨诸塞州取得竞选连任胜利以及自1956年民主党大会以来越来越大的知名度,使他成为所有人心目中可能会参加1960年总统竞选的候选人之一。他是替代艾森豪威尔的一个有吸引力的候选人。”而且,值得注意的是,“肯尼迪的活力被看成是应对苏联挑战、经济萧条、种族隔离和文学批评家德怀特·麦克唐纳所描述的‘杂乱无章的美国生活’的一个潜在优势”[②]。1959年的盖洛普民调用最恭维的语言描绘肯尼迪——“非常聪明”“相貌英俊”“招人喜爱”“政治知识广博”;在对肯尼迪有些了解的所有潜在选民当中,有64%的人相信他具有“当总统的背景和经验”。[③]

而作为竞争对手,共和党人尼克松由于担任过艾森豪威尔的副总统以及先后参加过4次全国性竞选,远比肯尼迪要知名,从年龄与资历上看他更堪大任。许多选民认为尼克松更有经验,而肯尼迪只是一个富有的、缺少经验的年轻天主教徒。

1960年1月肯尼迪正式宣布参选时,在他通往民主党候选人提名之路上有几个无法回避的障碍:“选民有反天主教徒的偏见,自由主义者对他的怀疑和党内普通成员对他的不满”。有资料表明,自从19世纪30年代天主教徒开始大量移民美国以来,新教徒们一直在提醒天主教对个人自由的威胁。[④] 虽然“二战”所推动的宽容气氛减弱了美国社会传统的反天主教态度而使得天主教“不再是一个重大问题”,但是在1949年,保罗·布兰沙德(Paul Blanshard)的《美国自由与天主教的权力》还曾经是一部畅销书。许多非天主教徒仍然不愿意把选票交给一个天主教徒,害怕肯尼迪会在有争议的公共问题上支持天主教会的立场,甚至根据一个具有极端想象力的说法,说他会听命于教皇。[⑤] 此前美国历史上唯有一位天主教徒竞选过总统——1928年的阿尔·史密斯(Al Smith),但惨败在赫伯

---

① 尼克松.尼克松回忆录(上)[M].伍任,译.北京:世界知识出版社,2000:258.
② 达莱克.肯尼迪传[M].曹建海,译.北京:中信出版社,2005:153.
③ 达莱克.肯尼迪传[M].曹建海,译.北京:中信出版社,2005:154.
④ 西格尔.多难的旅程:四十年代至八十年代初美国政治生活史[M].刘绪贻,等译.北京:商务印书馆,1990:134.
⑤ 方纳.给我自由!一部美国的历史(下卷)[M].王希,译.北京:商务印书馆,2010:1248.

特·胡佛的手下。1959年5月，24%的选民说，他们不会投一个天主教徒的票，即使他看起来当总统完全称职。①

自由主义者和民主党人的疑虑是肯尼迪需要克服的另一个障碍。“新政联盟”所吸纳的基层公务员、工会、蓝领工人、少数族裔（黑人、天主教徒、犹太人）、温和派、南方白人以及知识分子成为1932年以来民主党获得选民的意识形态基础。但肯尼迪在50年代的华盛顿政界却一直不把自己列入“新政自由派”——“他不希望自己被纳入任何意识形态的派别，只希望人们把他看成一名‘马萨诸塞州民主党人’。当有人请肯尼迪谈谈对他不属于‘真正’自由派的批评的反应时，他反驳道：‘我会很高兴地告诉他们我根本不是个自由派。我既没有加入美国人争取民主行动组织，也没有参加美国退伍军人委员会。我跟他们处不好。’”②

虽然肯尼迪在正式宣布争取提名之前已成为不少人心目中替代共和党总统艾森豪威尔的有吸引力的候选人，但在既定的竞选规则下，他对民主党选民和党内人士的影响却很有限，而他们对他的候选人资格拥有第一发言权。无论在1956年争取副总统提名还是1960年接受总统提名时，肯尼迪都遭到罗斯福夫人激烈的反对，她甚至在一次电视谈话节目中公开表示：“在争取民主党总统候选人的竞争者中，除了阿德莱·史蒂文森外，没有人具有‘我们所需要的伟大人物的素质’。”③在民主党全国代表大会召开之前的几个月，前总统杜鲁门也突然在电视上公开抨击肯尼迪，断言他由于太年轻“还没有准备好”管理整个国家，而国家也没有准备好接受他。

面对各种冷嘲热讽或横加阻拦，肯尼迪必须找到新的方式去推进自己的竞选，其中很重要的一点是真正把握和了解自己的选民并据此确立自己在选民心目中的形象，因为“二战”后美国开始了逆向城市化（郊区化）进程。大量富裕家庭和中产阶级迁入郊区，城市面临空心化和产业凋敝，而郊区和农村的公共设施又急需完善，这客观上决定了加大公共支出的民主党候选人对选民的吸引力。但全国性的民意调查比如盖洛普民调继续按照年龄、性别、宗教信仰、职业、收入多寡、受教育程度、种族和种族渊源，而不是按照居住情况的不同来划分人们的政治态度，以致没有抓住这一变化的重大意义。④

面对各种障碍，肯尼迪在其父亲的支持下，联合民意调查专家路易斯·哈里斯（Louis Harris）以及参议院的同事在华盛顿建立了竞选办公室，办公室由以下人士组成：其兄弟罗伯特·肯尼迪担任竞选主管；路易斯·哈里斯负责民调；西奥多·索伦森担任撰稿人；彼尔·塞林格充当新闻发言人；肯尼·奥唐奈负责管理后勤与预算；麦克·费尔德曼任会晤助理；拉里·奥布莱恩监督政治性的联络、策略和组织等；经济学家、专栏作

---

① 达莱克．肯尼迪传[M]．曹建海，译．北京：中信出版社，2005：155.

② 洛伊希滕堡．总统身后：从杜鲁门到里根[M]．顾学稼，等译．成都：四川人民出版社，1992：106.

③ 洛伊希滕堡．总统身后：从杜鲁门到里根[M]．顾学稼，等译．成都：四川人民出版社，1992：103.

④ 施莱辛格．美国民主党史[M]．复旦大学国际政治系，译．上海：上海人民出版社，1977：400.

家约翰·肯尼思·加尔布雷斯充任经济顾问;新政历史学家小阿瑟·施莱辛格担任历史顾问。团队中还有其他家族人士。

16人的竞选团队除了1人跟民主党组织有关系外,其余15人都是肯尼迪的亲朋好友。这些人原本都不属于华盛顿政治圈子,是典型的商界与文化界精英。按照索伦森的说法,这群人年轻得令人难以置信:以1960年为准,约翰·F.肯尼迪42岁,竞选经理罗伯特·肯尼迪不到33岁;索伦森32岁,迪克·古德温29岁,肯尼·奥唐奈36岁,塞林格35岁。他们被对手的竞选经理讽刺为"童子军"①。其中,哈里斯1942年毕业于北卡罗来纳大学,曾经应邀加入罗普公司负责企业中的商业计划,后来罗普公司又让他专门负责政治民调。哈里斯介入政治民调的最重要成果就是首次利用全国民调资料对总统选举进行深度分析,并于1954年出版专著《共和党的压倒性胜利? 1952—1956年的政治趋向》。被主流传播学奉为奠基人之一的拉扎斯菲尔德在该书前言中写道:"民调的重要性通常被误解了,其真正的重要性不在预测选举结果,而在于解释结果""本课题的目的和价值就在于说明和凸显了民意调查的分析价值……作者对民调的运用已经远超以前出版物的限度"②。这说明,哈里斯对民调的认识已经超出同时期之人。

三、民调与提名竞争

也许是由于政治经验不足,肯尼迪竭力寻求民调的帮助,这"不是因为他觉得必须像奴隶似的遵从民意的异想天开,而是因为他在新的、不熟悉的战场上寻求指导工具""这样,数十个私人民调被高成本地用来探测政治力量的强弱之处,用来评估支持者和竞选议题,用来帮助制订计划和策略"③。为了解答肯尼迪的疑问,1959年竞选团队与哈里斯会面,详细分析每个州的情况,并提出以下问题:"我们的处境如何?""影响代表大会的关键人物有哪些?""肯尼迪应当今年秋天还是早些时候安排去那里?""鲍勃应当在今年春天还是夏天在那里发表演讲?""是否应该进行民意调查——以及什么时候进行民意调查? "他们应当参加哪些州的初选?""我们需要在哪些州建立什么样的机构? 我们是否应该安排我们自己的代表人选?"……

为了向党内资深党员尤其是类似前总统夫人埃莉诺·罗斯福、前总统杜鲁门这样的民主党大佬证明他能够比竞争对手获得更多投票者的支持,以及他是最合适的总统候选

---

① 索伦森.总统幕僚:在肯尼迪身边十一年[M].魏宗雷,译.重庆:重庆出版社,2010:149.

② MOORE. The superpollsters: how they measure and manipulate public opinion in America[M]. New York: Four Walls Eight Windows,1995:74.

③ MOORE. The superpollsters: how they measure and manipulate public opinion in America[M]. New York: Four Walls Eight Windows,1995:79.

人,肯尼迪必须做出艰苦的努力以证明其对选民的吸引力。在这方面,哈里斯与专栏作家阿尔索普兄弟的关系首先帮了大忙。早在 1959 年 2 月的几个专栏中,阿尔索普兄弟就描述了哈里斯的民调结果,结果显示肯尼迪是民主党候选人中最强大的一位,“一件事情,而且仅有一件事情使得马萨诸塞州的肯尼迪成为民主党总统提名的领跑者”。

对于美国大众选民而言,哈里斯所进行的州和城市民调证明了肯尼迪具有吸引力。这样证明肯尼迪的力量,对竞选中的资金募集以及劝说民主党领导人认真考虑肯尼迪的候选人资格毫无疑问助益甚大。比如曾经反对在本州进行初选的俄亥俄州州长迈克尔·迪赛尔(Michael DiSalle)就认真考虑了肯尼迪的资格问题。因为该州党内派系争吵,迪塞尔试图避免由初选战带来的进一步冲突,宁愿把一个团结的俄亥俄州代表带进全国代表大会。对他而言,取得这一局面的最好办法是找到一个“人见人爱”的候选人,但肯尼迪一直在该州到处进行竞选活动,觉得自己能够赢得初选,甚至不惜与迪塞尔针锋相对。在让迪塞尔看过支持自己取得胜利的哈里斯系列民调之后,肯尼迪威胁迪塞尔要刊登自己的候选人名单,以使支持迪塞尔或其他任何人的政党领导人蒙羞。迪塞尔屈服了,在肯尼迪正式宣布参加候选人角逐后的那一周,迪塞尔就劝说俄亥俄州代表支持这位马萨诸塞州参议员。因为有了哈里斯的民调,肯尼迪不用进入初选就轻松赢得了俄亥俄州代表的全部选票。某种意义上,是哈里斯的民调以及媒介的报道帮助肯尼迪赢得了俄亥俄州的选票。

同样,肯尼迪还必须证明其在实际争论中的力量。要达到此目的,他需要一个候选人反对他,但是 1960 年一些重要的竞争者不准备进入初选,如参议员林登·约翰逊和斯图尔特·赛明顿主要依靠代表大会上政党领导人的支持。1952 年、1956 年获得提名人资格的史蒂文森则无法确定他能否再次成为本年的候选人。非常幸运的是,来自明尼苏达州的休伯特·汉弗莱(Hubert Horatio Hanphey Jr)参议员也野心勃勃地想成为总统,需要一个对手证明其力量。对这两个人而言,“没有任何其他方法可以通向代表大会。假如他们不能在初选中证明他们在美国人心目中的力量,政党老板将会在洛杉矶的后房间把他们扫地出门”[①]。1960 年,很少有人去关注选举季当中的新罕布什尔州初选,而新罕布什尔州是马萨诸塞州的邻居,当然会支持肯尼迪。

这样,肯尼迪遇到对手的第一次初选就在威斯康星州,与汉弗莱对决。为迎接这次初选,哈里斯于 1960 年 1 月进行了民调,数据表明肯尼迪将领先于汉弗莱。正如西奥多·怀特所观察到的,“针对23 000名威斯康星州选民的哈里斯民调不仅是美国历史上针对单个州所做的规模最大的民调,而且在告知他的候选人选民情绪这一点上也是无价的”。但是哈里斯的民调也有错误。根据哈里斯的民调,肯尼迪没有机会在第二选区获

① MOORE. The superpollsters: how they measure and manipulate public opinion in America[M]. New York: Four Walls Eight Windows, 1995: 82.

胜,在第九、第十选区胜算更大,于是投票之前几天,肯尼迪把他的竞选活动主要放在第九、第十选区。然而最后的选举结果是肯尼迪以很大的差距丢掉了第九、第十这两个选区,第二选区因仅差不到1 000张选票也丢掉了。在威斯康星州的选举结果凸显了民主党领导人所担心的肯尼迪的天主教徒的身份问题。尽管如此,肯尼迪仍取得了重大胜利,获得了56.5%的选票,在10个选区里成功赢得了6个选区,从而获得了威斯康星州60%的大会代表的支持,基本结束了与汉弗莱的竞争。

西弗吉尼亚是特别关键的一个州,因为这个州几乎90%的选民信奉新教,如果肯尼迪赢得该州,他的宗教信仰引起的问题将迎刃而解,但这也是一场豪赌,一旦输掉,那将是致命的,"如果他在拥有那么多新教徒、农民和自由主义者的比邻州都不能获胜的话,那么他很可能在任何地方都赢不了"①。之前两年,他为继续当选马萨诸塞州参议员,曾经让哈里斯进行过一次针对西弗吉尼亚州的民调,结果显示,他以52%的得票率轻松胜过尼克松的28%。1959年12月,哈里斯进行了另一场主要针对民主党人的民调,结果是肯尼迪获70%的支持,而汉弗莱仅仅获30%。此次在威斯康星州初选之后的西弗吉尼亚州民调显示,选民将以60%对40%的压倒性比例支持汉弗莱。当肯尼迪问他的顾问们为何西弗吉尼亚州的结果会发生如此戏剧性的变化时,他们说:"1959年12月时,西弗吉尼亚州没有人知道你是天主教徒,但现在他们知道了。"此时,肯尼迪面临着任何使用民调的政治候选人都必须面对的问题:他们应该在多大程度上依赖民调结果、在多大程度上依靠自己的判断?何时作出关键的策略决策?对肯尼迪竞选团队而言,眼下的一个关键问题是如何处理肯尼迪的天主教信仰问题。

在决定要不要在西弗吉尼亚州直接面对天主教问题时,竞选顾问们发生了严重分歧。那些来自西弗吉尼亚州的顾问敦促肯尼迪直接面对这一问题,而来自华盛顿的顾问则力主回避。当此重要时刻,哈里斯怀揣民调报告,坚决站在西弗吉尼亚州顾问那一边。② 他的民调结果明确指出了肯尼迪需要做的事:"争取低收入的民众,唤起他们的热情。"要达此目的,肯尼迪只有一条路可走——放弃自己过去在威斯康星州不偏不倚的形象,把自己塑造为一名"彻底的新政式民主党人"③。一名西弗吉尼亚人甚至提出了所谓"4F"建议——只能抓住这"4个F",即"旗帜(flag)、食品(food)、家庭(family)和富兰克林(Franklin)"。

为了实施"新政式民主党人"策略,肯尼迪将前总统富兰克林·罗斯福的儿子小富兰克林·F.罗斯福吸收进竞选班子,并决定直接面对天主教问题,大量发布电视演讲、电视纪录片和付费广告,其主题均是:战时的英雄、有创见的作家、热爱家庭的人、献身于政教分离的候选人。西奥多·怀特如此记录:"一次又一次地,电视屏幕上出现那个英俊漂亮、一脸坦诚的候选人,他展示着自己,证明天主教徒并不是什么怪物。"电视纪录片则展

---

① 达莱克.肯尼迪传[M].曹建海,译.北京:中信出版社,2005:153.
② 李道揆.美国政府和美国政治(上)[M].北京:商务印书馆,1999:92.
③ 洛伊希滕堡.总统身后:从杜鲁门到里根[M].顾学稼,等译.成都:四川人民出版社,1992:115.

现出他迷人的举止和作为一名战争英雄、普利策奖获得者、一个漂亮的两岁女孩的父亲的骄人成就,“他对美国自由事业忠心耿耿的、令人不得不信的诚实表现化解了对他天主教徒信仰的大部分反对情绪”[①]。

最终,肯尼迪以 60%的支持率拿下西弗吉尼亚州初选,以一场漂亮仗缓和了宗教问题,并赢得提名。正如肯尼迪自己所说的,“在我的心里从未怀疑这一点,是西弗吉尼亚州提名了民主党总统候选人”[②]。

概括而言,从宣布竞争提名一直到“拿下”全国代表大会,肯尼迪团队迎难而上、赢得初选,既得益于精准把握了各类公众群体的意见与忧虑以及竞争对手的优劣势,又得益于这种精准把握所提供的机遇,[③]实际上是“利用政治新生力量在各州的基层选举制中为自己拉取选票,并获得成功,最后实际上是迫使全国代表大会接受了对他的提名”[④]。而在这一切中,最关键的是哈里斯民调资料所提供的充分证据以及肯尼迪对民调结果的采纳。有论者认为,这是民调专家第一次对竞选产生影响。[⑤]

四、民调与总统大选

获得民主党提名之后,挑选谁担当自己的竞选伙伴?哈里斯民调表明,挑选约翰逊或汉弗莱作竞选伙伴,在某些地区有利,在某些地区不利,而其他有希望的候选人则大多数同以上两人的情况差不多。最后权衡利弊,肯尼迪挑选了约翰逊这个在全国代表大会上的竞争对手。

进入大选阶段之后,最重要的系列决策之一是选择肯尼迪将亲自参加竞选运动的州。30 个州被划去,因为民调表明,这些州的选民对候选人的天主教信仰有疑虑。在剩下的 15 个州,哈里斯逐州进行民调,连同其他一些问题,问选民是否担心候选人的天主教徒身份:选项为“非常担心;有点担心;仅有一点担心;完全不担心”。在有超过 40%的选民表达了某种程度的担心的那些州,肯尼迪就不亲自参加竞选运动了。

哈里斯民调还被用于帮助肯尼迪提炼运动主题、计划竞选活动以及让总统候选人和他的助手了解两位总统候选人之间相近的选民支持度。但哈里斯及其民调对肯尼迪竞选最重要的贡献是民调结果不仅影响到肯尼迪和他的竞选团队的决策,而且影响了《生

① 达莱克. 肯尼迪传[M]. 曹建海,译. 北京:中信出版社,2005:170.

② MOORE. The superpollsters: how they measure and manipulate public opinion in America[M]. New York: Four Walls Eight Windows,1995:86.

③ TEER,SPENCE. Political opinion poll[M]. London: Hutchson&CO,1973:150.

④ 米尔克斯,尼尔森. 美国总统制:起源与发展[M]. 朱全红,译. 上海:华东师范大学出版社,2008:334.

⑤ MOORE. The superpollsters: how they measure and manipulate public opinion in America[M]. New York: Four Walls Eight Windows,1995:135.

活》杂志发行人亨利·卢斯(Henry Luce)的决定。[①]

1960年9月初,对肯尼迪宗教信仰的争论跃升到了公众面前。一群著名的新教神父组成了一个名为“宗教自由全国公民委员会”(National Conference of Citizens for Religious Freedom)的组织来反对肯尼迪,只因肯尼迪是一个天主教徒;其发言人是辛迪加专栏作家、著名神父诺曼·文森特·皮尔博士(Dr. Norman Vincent Peale),因而该组织的指控被广泛宣传。该组织指控天主教企图拆毁国家和宗教之间的分离之墙,这就使得肯尼迪与他的宗教之间的关系成为一个具有挑战性的障碍,而且,很明显的是,无论他如何回答,他的宗教信仰对于总统职位而言都是不可接受的[②]。肯尼迪不得不花费大量时间和精力到处去说明和介绍他的宗教信仰和国家利益、个人良知等方面的关系,并发誓他的宗教信仰不会影响到他对国家利益的忠诚和坚守。

实际上,肯尼迪给选民传递的信息清晰透明而又能振奋人心。他把美国描述为这样一个国家:“没有任何天主教的高级教士会在这个国度里对总统指手画脚、发号施令,如果总统是一个天主教徒的话,并且也不会有任何新教的牧师告诉他所在教区的选民应当投票给谁”“宗教自由是如此重要的一个组成部分,以至于针对某一教会的任何一个恶意举动都会被看作针对所有人的恶意举动”。他总结说,一旦他发觉自己的良心与整个国家的利益发生冲突时,他将辞去总统职务。肯尼迪聪明地“举灯照亮自己的问题”[③]。肯尼迪的答复是如此出色,以至于他不仅在休斯敦,而且在整个得克萨斯州乃至全国都受到了广泛而热烈的欢迎。肯尼迪那优雅的举止与魅力,不仅深深感染了在场的牧师,也给观看演说的电视观众留下了深刻的印象。[④]

在《生活》杂志发行人亨利·卢斯看来,支持肯尼迪竞选总统的天主教领导人约瑟夫·C.斯皮尔曼与支持尼克松的新教领导人比利·格雷厄姆(Billy Graham)之间的冲突是一个很好的报道内容。当肯尼迪听说这篇拟议中的报道时,他非常震惊,因为不管谁说什么,这都是一篇没有赢家的报道:这将会加深选民对宗教问题的“着迷”程度,而不是关注他所要强调的观点,会使得他所有的努力付诸东流。他要求哈里斯与卢斯谈谈,让卢斯看看哈里斯的民调结果,如果可能就不要刊登这篇报道了。有学者指出,“对肯尼迪竞选而言,这是一个重大的尝试,因为哈里斯民调结果的副本从来不会透露给新闻界。这不意味着从来没有选择性地透露结果,而是完整的民调都处于肯尼迪竞选运动的监控

---

① MOORE. The superpollsters: how they measure and manipulate public opinion in America[M]. New York: Four Walls Eight Windows, 1995: 86.

② MOORE. The superpollsters: how they measure and manipulate public opinion in America[M]. New York: Four Walls Eight Windows, 1995: 87.

③ 马修斯. 硬球:政治是这样玩的[M]. 林猛,吴群芳,译. 北京:新华出版社,2003:184-185.

④ 泰尔菲. 肯尼迪[M]. 牛景立,译. 北京:京华出版社,2009:105.

之下"[①]。哈里斯曾经在卢斯与埃尔默·罗普在《财富》杂志共事时见过卢斯，卢斯对哈里斯此次带去的民调非常着迷，他对哈里斯说："你知道，这个年轻人会成为总统。"而那篇拟议中的报道也就未刊登。

1960 年 6 月底，1934 年颁布施行的《联邦电讯法》的第 315 条被国会暂停有效，即要求广播电视业者给每个政党谋求公职的候选人相同广播时间的所谓"均时规则"临时不适用。于是肯尼迪与尼克松的竞选顾问开始谈判，并约定在选举日之前的 9 月、10 月连续举行 4 场电视直播辩论。这是电视史上第一次直播的总统竞选辩论，约有 8 500万美国人至少收看了 1 次肯尼迪与尼克松的辩论，首场辩论由哥伦比亚广播公司新闻主持人霍华德·史密斯(Howard Smith)主持，三大电视网同时直播。按照尼克松本人的说法，8 月份他在一次演讲上碰伤膝盖后住院治疗，出院后又继续投入竞选运动，体能和睡眠严重不足；9 月 26 日辩论那天早上又发表演讲，正式上台时，"虽然精神饱满，但身体已疲惫不堪"，"衣领显得大了一圈，衣服穿在身上松松垮垮的，很不成样子"，他"又拒绝化妆"[②]等。对比之下，肯尼迪在电视中显得信心十足，而尼克松则显得疲惫且有些阴郁，结果"从这一刻起，人们不再认为肯尼迪太嫩了"[③]。哈里斯民调表明，肯尼迪在与尼克松的辩论中表现出色，肯尼迪的主题主导了竞选，而且从原先落后于尼克松，变成领先于这位副总统。当时的盖洛普民调也显示肯尼迪以 51%领先于尼克松的 45%。

一时间，肯尼迪竞选团队兴高采烈，但哈里斯却小心翼翼，提醒竞选团队要对共和党人最后的闪击战有所准备，最重要的是要防止反天主教情绪卷土重来。他认为，一旦辩论结束，肯尼迪轮廓清楚的形象模糊后，对候选人信仰问题更深的担忧将可能浮现。他敦促肯尼迪在全国电视网上再次正面面对宗教问题。竞选团队没有放松，但肯尼迪也没有接受他的建议。鉴于有关这个问题的已有经验，肯尼迪团队不想在投票日两周之前再讨论宗教问题，尤其在领先 6 个点的情况下。而哈里斯对选举日最终结果的预测是肯尼迪以 51%胜过尼克松的 49%，但肯尼迪实际上仅领先 0.1%多一点儿。

五、民调与肯尼迪的政策立场及其个人形象

哈里斯对全国人口进行的调查比历史上任何政治分析家都要多。依据哈里斯的报告以及对全国公众思想和偏好状况的分析，肯尼迪把其中的许多调查数据转化成了重要决策。哈里斯对每一个举行总统初选的州都至少进行一次民调，以便肯尼迪决定是否进

---

① MOORE. The superpollsters: how they measure and manipulate public opinion in America[M]. New York: Four Walls Eight Windows, 1995: 88.

② 尼克松. 尼克松回忆录(上)[M]. 伍任，译. 北京：世界知识出版社，2000: 263-264.

③ 施莱辛格. 美国共和党史[M]. 复旦大学国际政治系，译. 上海：上海人民出版社，1977: 461.

入该州;一旦进入某个州,哈里斯将会随着竞选运动的推进做更多的民调;哈里斯还对全国的选民进行调查,以确定潜在的副总统候选人休伯特·汉弗莱和林登·约翰逊谁将会给选票增加更多的分量;在整个普选期间他也一直在进行调查,不仅评估在反击尼克松问题上做得如何,而且评估哪些议题和策略能起更好的作用。

据肯尼迪图书馆的资料记载以及对哈里斯等顾问的访谈,肯尼迪阵营在初选和普选期间一共进行了66次调查,其中26次是在民主党全国代表大会之后的9月份与11月份的投票日之间,而且这些调查的日期不是均匀分布的,而是集中在6个星期:主要在9月份的上半个月、10月份的第二周、投票日之前的最后一周(参见表2)。量化分析表明,肯尼迪竞选团队将候选人的政策立场及公众心目中的候选人形象作为彼此联系而非彼此无关的策略进行考量。[①] 一方面,在重要议程上,强化候选人政策立场对公众舆论的回应性。哈里斯民调中所引证的议题被肯尼迪随后的公开声明持续提及。其重要之处不仅在于肯尼迪引用公众认同的议题,而是其表达立场的频率与强度与公众所偏好的政策方向一致,比如增加社会保障、通过医保立法、教育改革、解决失业、降低生活成本以及增加美国的军事投入、增加美国的威望等外交政策议题,这些在哈里斯民调结果中凸显的重要问题都在肯尼迪与尼克松的辩论以及各种公开声明中得到公开阐释。如同表2所表明的,肯尼迪的议程有56%采取与哈里斯调查结果一致的政策立场,仅有27%没有出现在民调之中,两者相差29%。

表2 1960年选举期间,肯尼迪的民调结果与随后的政策声明之间的关系[②]

特定周期间,肯尼迪采取政策立场的议程			
选举周	民调中未引用%(N)	民调中引用%(N)	差异数%
开始阶段			
9月			
周3	26(31)	54(24)	28
周4	13(31)	29(24)	16
10月			
周5	41(37)	78(18)	37
冲刺阶段			
周7	22(32)	52(23)	30
周9	35(31)	62(24)	27
11月			
周10	27(33)	64(22)	36
平均数	27	56	29

注:1、2、6、8周之所以没有显示,是因为选战进行的这个阶段没有进行民调。

---

① JACOBS,SHAPIRO. Issues,candidate image,and priming:the use of private polls in Kennedy's 1960 presidential campaign[J]. The American political science review,1994(3).

② JACOBS,SHAPIRO. Issues,candidate image,and priming:the use of private polls in Kennedy's 1960 presidential campaign[J]. The American political science review,1994(3).

另一方面，肯尼迪竞选团队还将其在公众认为的、具有凸显性和可接近性的议程上的立场抢位作为树立候选人“勇往直前”(move-ahead)这一形象的工具。通过各种议程硬性强调其在医保、教育以及其他政策上的立场，肯尼迪竞选团队试图将肯尼迪“关心体贴”并能够为此提供新的方法的形象与尼克松的共和党人的“摇摆不定、无所作为”的形象进行对比，影响公众对肯尼迪与尼克松的态度评估，正如哈里斯所建议的：“最基本的任务是要增强肯尼迪对公众重要问题的认同，从而证明肯尼迪不像尼克松，而是真正致力于关心和处理全国与个人所面临的问题。”

当然，从历史演进角度而言，哈里斯民调也存在一定不足，比如民调没有如其声称的那样精确；没能展示宗教偏见真正的深度和反复无常；在竞选议题上也告知甚少，除了在报告类似事实——如许多选民支持在他们州增加联邦支出、降低税率和平衡预算，反对共产主义、战争和外援等事实——上有着固定的结论之外。这些遗憾主要是因为技术的限制，到 1976 年帕特・卡德尔(Pat Caddell)为吉米・卡特(Jimmy Carter)进行竞选民调时就迎刃而解了。自肯尼迪之后，候选人尤其总统候选人在竞选中进行的私人民调越来越成为一种可期的工具或手段(参见表 3)。

表 3　肯尼迪、约翰逊、尼克松竞选和在职期间所做的私人民调的数量和分布[①](单位：次)

数量	肯尼迪	约翰逊	尼克松
私人民调总数	93(1958—1963)	130(1963—1968)	233(1969—1972)
竞选期间的民调数量	77(1958—1960)	48(1964 年秋—1968)	153(1972)
在职期间的民调数量	16(1960—1963)	82(1965—1967)	80(1969—1971)

为了获得民主党党内提名，从 1958 年到 1960 年 8 月，肯尼迪共进行了 51 次私人民调，普选期间进行了 26 次民调；约翰逊在两次竞选过程中进行私人民调 48 次；尼克松为竞选进行私人民调 153 次。从时间来看，有两个明显的发展趋向：一是民调的数量戏剧性地增加，尤其是尼克松的竞选民调次数超过肯尼迪和约翰逊的总和，这主要是因为尼克松阵营早就进行了筹划以图再次当选，同时也因为肯尼迪和约翰逊没有谋求再次当选的压力；二约翰逊和尼克松将竞选民调延伸到就职之后的政府治理过程中，民调不仅限于选战，而是持续到政策的制定和执行阶段。[②]

① JACOBS, SHAPIRO. The rise of presidential polling: the Nixon White House in historical perspective[J]. The public opinion quarterly, 1995, 59(2): 163-195.

② JACOBS, SHAPIRO. The rise of presidential polling: the Nixon White House in historical perspective[J]. The public opinion quarterly, 1995, 59(2): 163-195.

结 语

年轻的肯尼迪为何能够险胜资深的尼克松？各种解释大相径庭。作为肯尼迪的竞争对手的尼克松认为，肯尼迪的胜利因素主要有："作为新闻工具的电视""记者被肯尼迪竞选活动的刺激性俘虏并被他个人的使命感感染""肯尼迪动员了一批最冷酷无情的政治活动家来进行领导，那是总统竞选史中所罕见的""成功地大肆渲染宗教问题"①。政治学家则强调：肯尼迪通过组织自己的竞选班子来跟传统政党工作者抗衡的方式也在一定程度上逆转了政党组织与候选人的关系，"肯尼迪的胜利改变了总统政治，自此之后，总统竞选都将由候选人的私人顾问和策划人员来指挥，与政党的协调和联络将退居次要地位"②。

从舆论学角度来说，哈里斯的私人民调在帮助肯尼迪赢得大选这一问题上无疑是决定性的。这种私人民调跟美国1936年以后日益流行且到20世纪五六十年代基本定型的盖洛普民调、罗普民调等所谓的公共调查(public polling)有着很大区别：一是私人民调通常不是为了出版的目的，尽管如果有助于政治劝服的过程也有可能会出版相应的调查结果；二是私人民调是以行动为中心的，目的是在构建选举策略或战术时提供帮助，或形成宣传材料。③

综合而言，如果借用唐斯和熊彼特两位经济学家的理论来解释，肯尼迪竞选团队赢得1960年大选的秘诀在于：团队在利用私人民调、电视媒体、个人形象、人脉关系、意识形态、选民基础等方面，发展了正在探索或尚未成熟的理念、方法、策略乃至战术；同时，还将这些新因素与选举政治的结构性传统因素重新组合，"把一种从来没有的关于竞选要素和竞选条件的新组合引入选战体系"，形成一种新型的"竞选函数"，构建一种以候选人为中心、以赢得竞选胜利为最终目的、以获取"选票最大化"为主要基础的新型竞选组织。

自1960年的肯尼迪与尼克松选战之后，"基于直接认识并为个人恩惠和党派忠诚所约束的人们的传统政治活动，正被一种新的方式取代，这种新方式就是用电视形象和'无私的志愿人员'来造成声势"④。以候选人为中心，建立起灵活、高效的竞选团队，运用私人民调去确立议题站位以及选战策略，越过传统政党组织通过电视媒体直接与选民沟通，特别是由收费的专业人士主导竞选由此成为美国选举政治的重要特点。

[本文初刊于《苏州大学学报》(哲学社会科学版)2017年03期]

---

① 尼克松. 尼克松回忆录(上)[M]. 伍任，译. 北京：世界知识出版社，2000：273-275.

② 米尔克斯，尼尔森. 美国总统制：起源与发展[M]. 朱全红，译. 上海：华东师范大学出版社，2008：334.

③ TEER，SPENCE. Political opinion poll[M]. London：Hutchson&CO，1973：148.

④ 西格尔. 多难的旅程：四十年代至八十年代初美国政治生活史[M]. 刘绪贻，等译. 北京：商务印书馆，1990：134-135.

“群众路线”的政治传播解读[①]

◇赵 洁[②]

中国共产党的领导是中国特色社会主义最本质的特征，也是中国政治区别于他国政治的一个重要维度。与此相匹配，中国共产党的政治传播体制和理念也与西方有显著的差别，呈现出鲜明的特征。有鉴于此，探索、解读具有中国内生性和本土性的党的政治传播理念成为深耕中国政治传播思想研究的内在要求。群众路线作为党在中国革命和建设中形成的具有中国特色的党群互动机制便是值得挖掘的思想资源之一。

群众路线是中国共产党将马克思列宁主义与中国具体实际相结合的产物，是毛泽东思想活的灵魂的三个组成部分之一，是党的根本工作路线。随着时代的发展与形势的变化，群众路线的时代内涵也在不断地丰富和完善。有鉴于群众路线的重要性，目前学界关于群众路线的研究汗牛充栋、层出不穷，主要集中于中共党史与党建、马克思主义思想研究、政治学研究等领域，重点探讨群众路线形成与演变的过程、各界领导人对于群众路线的理论贡献、群众路线的时代内涵等，群众路线与民主、政治参与、国家治理的关系以及网络群众路线等主题是目前的研究热点。虽有研究提及群众路线中党群互动状态，但尚无直接从政治传播视角切入，将其视为中国共产党的政治传播理念进行分析的成果问世。因此，本研究希望从政治传播视角切入，发掘群众路线所蕴含的政治传播理念。

群众路线作为党的根本工作路线和组织路线，是党在革命、建设和改革阶段的经验总结和制胜法宝。在实践中，群众路线具体体现为党群之间的多种互动形式，在政治决策、国家治理以及民主发展中都扮演了不可或缺的角色。甚至有学者认为群众路线是“中国特色社会主义民主的基本决策机制之一”“应成为各级政府决策时必须依循的刚性

① 本文系2020年中国传媒大学校级博士、博士后科研提升计划项目“群众路线中的政治传播机制及治理价值”的阶段性成果。受中国传媒大学中央高校基本业务费专项资助。

② 作者系中国传媒大学政治传播研究所2018级博士研究生。

原则和固定程序"[①]。在理论上,以政治系统论方法分析群众路线可以发现,其实质上涵盖了输入、转换、输出、反馈等一系列政治信息流动环节,蕴含着党群相互联系、相互作用的价值观念。因此,实践的操演与理论的阐释均为本文从政治传播角度重新审视群众路线提供了条件。

从政治传播这一全新的视角出发阐释群众路线,将群众路线视为中国共产党的政治传播理念,并对其传播因素与环节进行全面解读,一方面可以进一步加深我们对于群众路线的认知,并通过与西方政治传播理念及其背后的政治运作逻辑的比较,扬长避短,推进中国政治传播体制的改革和政治文明的发展;另一方面还可以此为案例,探索中国内生性和本土性的政治传播理念,为构建具有中国特色的政治传播理论作出贡献。

一、一个传播初心:一切为了群众

在党的文件中,关于群众路线的叙述以及要点阐释都有不同的面向;在不同的历史阶段中,群众路线的时代内涵也会随之发展,不过其核心思想始终如一。本文主要以以下三种说法为阐释依据:(1)1943年6月1日,毛泽东在《关于领导方法的若干问题》中完整系统地阐发了群众路线,即"在我党的一切实际工作中,凡属正确的领导,必须是从群众中来,到群众中去。这就是说将群众的意见(分散的无系统的意见)集中起来(经过研究,化为集中的系统的意见),又到群众中去作宣传解释,化为群众的意见,使群众坚持下去,见之于行动,并在群众行动中考验这些意见是否正确。然后再从群众中集中起来,再到群众中坚持下去,如此循环,一次比一次更正确、更生动、更丰富"[②]。(2)1981年6月,《关于建国以来党的若干历史问题的决议》简明地将群众路线概括为"一切为了群众,一切依靠群众,从群众中来,到群众中去"[③]。(3)2016年4月,随着政治空间的拓宽,习近平在网络安全和信息化工作座谈会上提出"网络群众路线"的新说法,要求"各级党政机关和领导干部要学会通过网络走群众路线,经常上网看看,潜潜水、聊聊天、发发声,了解群众所思所愿,收集好想法好建议,积极回应网民关切、解疑释惑。善于运用网络了解民意、开展工作,是新形势下领导干部做好工作的基本功。"[④]。就这三种阐释而言,第一种论述更侧重于群众路线作为党的工作路线和组织路线的一面,能够更加清晰地展现信息

---

① 孙有中. 到群众中寻找决策伟力[N/OL]. 人民日报 2013-10-18(05)[2018-12-12]. http://qzlx.people.com.cn/n/2013/1018/c364565-23245112.html.

② 毛泽东. 关于领导方法的若干问题[M]//毛泽东. 毛泽东选集:第三卷. 北京:人民出版社,2006:899.

③ 中共中央文献研究室. 中国共产党中央委员会关于建国以来党的若干历史问题的决议[M]//中共中央文献研究室. 三中全会以来重要文献选编:下. 北京:人民出版社,1982:834.

④ 习近平. 建设网络良好生态,发挥网络引导舆论、反映民意的作用[M]//习近平. 习近平谈治国理政:第二卷. 北京:外文出版社,2017:336.

输入、转换、输出和反馈的全过程；第二种论述则虽较为简洁但全面，既涵盖了群众路线中的政治原则，也包括了党的工作方法；第三种论述则从理论上赋予了群众路线新的时代内涵，是“互联网＋”时代群众路线的延伸。

得民心者得天下，这是中国政治文明的历史逻辑。中国共产党自建党之始，就深谙此理，多次阐发以人民为本、以群众为基的思想，并始终坚持以此思想作为最终的行动准则。从“为人民服务”①到“把人民拥护不拥护、赞成不赞成、高兴不高兴、答应不答应作为制定各项方针政策的出发点和归宿”②，从“代表最广大人民的根本利益”③到以人为本、“坚持以人民为中心的发展思想”④都离不开“一切为了群众”的价值逻辑。把群众路线作为党的政治传播理念来看亦是如此，即其价值旨归是“一切为了群众”。这个宗旨规约、统摄了中国共产党开展政治传播活动的各个环节。

中国共产党在成立之初，就将自身定性为“为无产阶级利益而奋斗的政党，为无产阶级做革命运动之急先锋”，既然作为“群众党”，那就必须做到“党的一切运动都必须深入到广大的群众里面去”⑤。由此，“一切为了群众”便成了党深入群众、联系群众的初心。

在革命战争年代，以毛泽东为首的党的领导人就曾多次将“一切为了群众”与“密切联系群众”结合起来阐述，告诫党员要避免官僚主义和主观主义的工作方法。毛泽东在1944年7月接见英国记者斯坦因时说道：“我们的党员在中国人口中当然只占很小的一部分，只有当这一小部分人反映大多数人的意见，并为他们的利益而工作时，党和人民之间的关系才是健康的。”⑥同年9月，毛泽东又一次强调了这一立场，称中国共产党是“为人们服务的，所以，如果有缺点，就不怕别人批评指出”，只要建议是“对”的，是“对人民有好处”的，党就会按“群众”的意见办。⑦

在新中国成立初期，中国共产党由革命党转变成为执政党，面临着新的任务和挑战。但是，党的“一切为了群众”这一政治传播指导思想并未发生改变。毛泽东、周恩来、邓小平等党和国家领导人在社会主义改造和建设过程中都对这一点进行过多次阐述和强调。比较具有代表性的案例有两个：一个是在中共七大上，刘少奇对群众路线做了进一步的阐释，特别指出以下四个群众观点：(1)一切为了群众和全心全意为人民服务的观点；(2)一切向人民群众负责的观点；(3)相信群众自己解放自己的观点；(4)向人民群众学习的

---

① 中国共产党章程[M]. 北京：人民出版社，2017：10.

② 江泽民. 深入进行群众观点和群众路线的教育[M]//论党的建设. 北京：中央文献出版社，2001：193-194.

③ 中国共产党章程[M]. 北京：人民出版社，2017：1.

④ 中国共产党章程[M]. 北京：人民出版社，2017：4.

⑤ 中共中央文献研究室、中央档案馆. 关于共产党的组织章程决议案[M]//中共中央文献研究室、中央档案馆. 建党以来重要文献选编(1921—1949)：第一册. 北京：中央文献出版社，2011：162.

⑥ 中共中央文献研究室. 同英国记者斯坦因的谈话[M]//中共中央文献研究室. 毛泽东文集：第三卷. 北京：人民出版社，1999：186-187.

⑦ 毛泽东. 为人民服务[M]//毛泽东. 毛泽东选集：第三卷. 北京：人民出版社，2006：1004.

观点。① 这四点无一不在强调群众的重要性和能动性,以及党对于群众的责任。另一个是在中共八大上,党根据在实践中摸索出来的经验教训确定将群众路线写入党章。邓小平在《关于修改党的章程的报告》中对群众路线的内涵进行了进一步的阐释,并且重点强调了"党的全部任务就是全心全意地为人民服务""每一个党员都必须养成为人民服务、向群众负责的工作作风"。②

改革开放后,中国共产党对群众路线在实践中产生的问题进行了深刻的反思与总结,这更加突出了人民群众的根本利益在群众路线中的地位。1979年,在拨乱反正的关键时刻,邓小平同志专门在中央党、政、军机关副部长以上干部会议中强调了要恢复群众路线的优良传统,提醒各级党员"我们的历史经验是,越是困难的时候,越要关心群众"③。在十一届三中全会恢复群众路线的指导地位之后,群众路线就成为中国共产党坚定不移地坚持的根本工作路线。在十三届六中全会通过的《中共中央关于加强党同人民群众联系的决定》(以下简称《决定》),以党的文件的形式对加强党群关系作出了规定,《决定》强调:"党要密切同人民群众联系,领导人民群众胜利前进,首要的问题是必须保证决策和决策的执行符合人民的利益。"④十八大以来,以习近平同志为核心的党中央更是要求全党同志把"人民放在心中最高位置""心中常思百姓疾苦,脑中常谋富民之策"。⑤

通过回溯群众路线思想发展的历程,可以看出,群众路线是中国共产党的生命线,与党共生共存。而在群众路线中首先要坚持的便是"一切为了群众"这一价值旨归。换言之,在党的政治传播理念中,其所开展的一切政治传播活动最终都是为了群众的根本利益。或许有人认为党以群众路线作为党的工作路线,其目的是保持党的执政地位及其先进性,但我们依然可以得出其根本价值追求是"一切为了群众"的结论。这是因为党既是"人民群众的政治领袖",更是"人民群众在特定历史时期为完成特定历史任务的一种工具"⑥。因此,按这一逻辑进行推断,中国共产党的根基和血脉在于群众。只有始终保持党的先进性和纯洁性,才能赢得群众信赖,更全面地代表群众,更好地为人民服务⑦。故而可以得出,"一切为了群众"是这一传播理念的初心。在中国共产党的政治传播实践中,"一切为了群众"的传播初心需要被真正地铭记,也需要被不断地问询。

---

① 刘少奇.论党[M]//刘少奇.刘少奇文集:上册.北京:人民出版社,1982:348-352.

② 邓小平.关于修改党的章程的报告[M]//邓小平.邓小平文选:第一卷.北京:人民出版社,1994:217.

③ 邓小平.高级干部要带头发扬党的优良传统[M]//邓小平.邓小平文选:第二卷.北京:人民出版社,1994:228-229.

④ 中共中央文献研究室.中共中央关于加强党同人民群众联系的决定[M]//中共中央文献研究室.十三大以来重要文献选编:中册.北京:人民出版社,1991:929-937.

⑤ 习近平.弘扬伟大长征精神,走好今天的长征路[M]//习近平.习近平谈治国理政:第二卷.北京:外文出版社,2017:52-53.

⑥ 邓小平.关于修改党章的报告[M]//邓小平.邓小平文选:第一卷.北京:人民出版社,1994:218.

⑦ 党的群众路线教育实践活动读本编写组.党的群众路线教育实践活动读本[M].北京:人民出版社,2014:68-69.

二、两个传播主体：党与群众

有学者曾经指出："由于群众路线主要是由中共领导人作为一种意识形态信念和工作方法加以总结和概括的，因此主体的位置在相当高的程度上被事先假定和隐匿了。"[①]也就是说，作为一个主要行为主体的"党"在这一话语表述中是"不在场"的和隐性的。与此相较，"群众"在话语表述中是"在场"的和显性的，那么，当我们从政治传播角度来重新审视群众路线时，就有必要将党和群众这两个主体都拉至幕前，重新探讨其角色与功能以及二者之间的关系。

从政治传播的角度来看，以 1943 年 6 月 1 日毛泽东在《关于领导方法的若干问题》中对群众路线的系统阐释为具体的分析文本进行分析，群众路线的具体内容可以分解为政治信息输入、政治信息输出和政治信息反馈三大传播环节。根据传播起点的不同，这三大环节还可以再划分出两种更为具体的情形：第一种，当传播起点为党时，具体表现为政治信息的询问、政治意见和建议的产生、政治意见和建议的表达、政治意见和建议的选取与转换、政治意识和公共政策的输出（宣传）、政治意识和公共政策的实践与反馈这六个环节；第二种，当传播起点为群众时，则可以分为政治意见和诉求的产生、政治意见和诉求的表达、政治意见和诉求的选取与转换、政治意识和公共政策的宣传、政治意识和公共政策的实践与反馈。在这两种略微不同的表述中，党和群众的角色和功能也会发生相应的转变。在这些环节中党和群众都扮演着或自觉或自发的政治传播主体的角色。

很多研究会强调群众路线中作为先锋队的党的角色与功能，认为党是组织和动员的主体，而群众只是被组织和被动员的客体。[②] 但从政治传播视角看，党和群众在群众路线中都是积极主动的存在，均扮演着政治传播主体的角色，不过二者自觉性程度是不相同的。其中，作为政治传播活动主体的党无论对于政治传播活动的目的还是对于政治传播活动的对象都有充分的认识和准确的把握，其开展的是一种自觉的政治传播活动；而对作为政治传播活动主体的群众则要具体问题具体分析，有时其开展的是一种自觉性的政治传播活动，而有时则是一种无意识的自发盲目的政治传播活动。尤其是当群众路线发展至互联网群众路线阶段时，党与群众的互动环境发生了改变，群众作为政治传播主体的角色也更加凸显。因此，适时地讨论党与群众的具体传播角色显得十分必要。

---

① 景跃进."群众路线"与当代中国政治发展：内涵、结构与实践[J].湖南科技大学学报（社会科学版），2004(6)：6.

② 朱圣明.民主恳谈：新时期党的群众路线工作方法的创新[J].重庆社会主义学院学报，2015(1)：72.

(一)政治传播主体之一:中国共产党

就党而言,群众路线是作为党的工作路线被提出来的,党在其中扮演着积极主动的角色,发挥着不可或缺的功能。下面,就以信息输入、输出、反馈等为顺序,对党在各个环节中所扮演的不同角色进行详细的分析。

首先,信息产生的"驱动力"。这一点突出体现在第一种情形(群众主动性较弱的情形)当中。一般而言,信息的传播需要特定驱动力,目前有研究将传播动力分为传播主体动力、传播本体动力和传播媒体动力。在一定程度上,传播主体的动力主要源于人类发展需要以及正在从事传播活动的每一个主体的需要。① 那么,党作为"无产阶级中最有革命精神的广大群众组织起来为无产阶级之利益而奋斗的政党",在民族和民主革命、国家建设和发展的不同阶段,均肩负着艰巨的任务。因此,为了承担重要的使命,中国共产党就必须"到群众中去组成一个大的'群众党'""深入到广大群众中去"。② 换言之,为了始终保持党的先进性、更好地为人民服务,党有倾听民意、激发民智、促进党群之间交流的需要。因此,在群众路线中,党在信息生产环节扮演着"驱动力"的角色,积极主动地问询信息,发挥引发民声、激发民智的功能。但是,信息生产的驱动往往具有重点选择趋向,进而会产生议程设置的效果。因此,在作为信息生产"驱动力"的同时,党也常常成为意见收集过程中的议程建构者——设置特定的议题并对群众进行问询。

其次,信息筛选的"把关人"。在传播理论中,把关指的是对信息进行筛选、过滤、整理和编辑。在群众路线这一传播理念中,中国共产党也承担着这一功能。一方面,党需要对从群众那里搜集到的海量的、杂乱的信息进行汇总和整理;另一方面,还要选择性地摘取意见和诉求进行分析,将其转换为相应的理论、方针、路线或者政策,与此同时选择搁置或者是禁止某些不正确的意见或建议。毛泽东专门对党的这一功能进行过说明,他反对笼统地坚持"群众要怎样办就怎样办",而是认为"凡属人民群众的正确的意见,党必须依据情况,领导群众,加以实现;而对于人民群众不正确的意见,则必须教育群众,加以改正"③。这意味着,在议题优先性排序和政策转化过程中,党拥有一定的抉择权。

最后,信息发布的"宣传家"。在群众路线的基本构想中,当针对信息进行的搜集、整理、筛选、分析、转换为相关政策等一系列步骤完成之后,党所面临的基本任务是将党的意志转化为民众的意识,将公共政策转化为群众的行为。在这个过程中,党既不能"自作

---

① 张方敏.传播动力新论[J].新闻爱好者,2011(12):4.

② 中共中央文献研究室,中央档案馆.关于共产党的组织章程决议案[M]//中共中央文献研究室,中央档案馆.建党以来重要文献选编(1921—1949):第一册.北京:中央文献出版社,2011:162.

③ 毛泽东.在晋绥干部会议上的讲话[M]//毛泽东.毛泽东选集:第四卷.北京:人民出版社,2006:1310.

聪明、主观武断”[①]地直接行动，也不能采用“命令主义”[②]的方式强迫群众，而是需要扮演宣传者的角色，“耐心地向人民群众进行宣传解释和说服教育”，获取群众的支持和信任，使之转化为自觉的行动。这一点在党的文件中常常表述为“教育群众”“宣传教育”等话语。

(二)政治传播主体之二：群众

与党相对应，另一传播主体是群众。正如上文所言，在群众路线中，群众的主动性和能动性往往会被削弱甚至是忽略。但是，从现实生活中看，无论先进抑或落后，理性抑或感性，系统抑或零碎，群众都能够基于日常政治生活产生一定的诉求或者意见，因此才会产生“为了保持党的先进性，中国共产党要积极深入群众、保持与群众的密切联系”的逻辑推论。虽然群众路线是作为党的工作路线提出的，并且对党提出了一系列的硬性要求，但是从政治传播角度看，群众路线中的群众并不只是被宣传者和被教育者，而是其中必不可少的主体之一：既是自觉或自发的意见或诉求生产者，也是党制定、执行政策的全程监督者，还是政策反馈的主要提出者。

首先，政治意见的生产者。这一角色体现在最初的政治信息输入环节。按照主体的主动性划分，群众作为政治意见生产者具体可以分为两种情况：第一，与党作为信息生产的“驱动者”的角色相对应，群众仅仅是在问询环节中，作为被动、消极的意见生产者而存在的；第二，群众基于自身生活经验或基于对党的方针政策的制定和实施的监督而积极主动提出政治诉求或意见。不过，不论是哪种情况，群众总是政治意见的最初生产者。具体而言，党的文件中的“教育群众”“引导群众”“提高群众的思想觉悟”这些话语表述容易使人们将群众路线中的群众简单定性为被动的，但是，其实也不乏“依靠群众”“群众的意见和经验是党制定政策的基础”的观点，甚至有时还会强调“广大群众跑到我们的前头去了，迫切地需要前进一步了，我们的同志不能做广大群众的领导者，却反映了一部分落后分子的意见……”[③]“只有首先善于做群众的学生的人，才有可能做群众的先生，并且只有继续做学生，才能继续做先生”的论断[④]。因此，在经典的群众路线的表述中，群众在整个信息传播模式中是具有一定能动性的，扮演着或积极或消极的政治意见的输入者和反馈者的角色。随着传播技术的发展和传播生态的转变，群众的能动性越来越强，已经不再满足于仅仅扮演被动的接受者或者消极的意见提出者的角色，而是越来越多地尝试去

---

① 吉林人民出版社. 我国伟大社会主义事业的里程碑[M]//吉林人民出版社. 学习“八大”文件参考资料. 长春：吉林人民出版社，1956：14.

② 毛泽东. 论联合政府[M]//毛泽东. 毛泽东选集：第三卷. 北京：人民出版社，2006：1095.

③ 毛泽东. 论联合政府[M]//毛泽东. 毛泽东选集：第三卷. 北京：人民出版社，2006：1096.

④ 中共中央文献研究室. 关于修改党的章程的报告[M]//中共中央文献研究室. 建国以来重要文献选编(1921—1949)：第九册. 北京：中央文献出版社，1994：125.

主动参与公共事务,借助网络积极表达观点与意见。有时这种做法还能够形成一股自下而上的舆论压力,倒逼党和政府去关注某一现象或者去解决某一事件。针对这一发展形势,2016 年习近平总书记丰富了群众路线的时代内涵,与时俱进地提出网络群众路线的新理念。网络群众路线的表述中,更注重要求各级党和国家领导干部“了解群众所思所愿,收集好想法好建议,积极回应网民关切、解疑释惑”,随时掌握“舆情动向”。① 相较经典的群众路线的表述,网络群众路线中的群众是一种更加积极主动的存在,能够自觉地借助网络表达自身关切、发表观点。

其次,政策执行的监督者和反馈者。当党将搜集而来的民意转化为一系列党的方针政策并予以实施之后,群众作为方针政策的主要体验者,就自然地发挥着监督和反馈的功能。新中国成立之后,群众来信成为群众监督的主要渠道,就此政务院专门下发文件,指出:“各级人民政府应该密切地联系人民群众,全心全意地为人民服务,并应鼓励人民群众监督自己的政府和工作人员。因此,各级人民政府对于人民的来信或要求见面谈话,均应热情接待,负责处理。”②目前,信息技术的发展使得互联网平台成为群众监督党和政府的重要途径。根据最新的最高人民检察院工作报告,网络是与实体、热线相并列的第三大检察监督平台。③ 通过运用大数据技术以及互联网平台,网民为检察机关提供了很多直接的反腐证据,“表哥”杨达才、“房姐”龚爱爱的曝光都是非常好的例证。

综上所述,党和群众在群众路线中都是不可或缺的传播主体,在各个环节中交替扮演着积极的传播角色。当群众作为传播主体表达自身诉求时,党在此时就是一个积极能动的客体;而当党将群众意见转化为相关政策,并试图宣传政策、引导舆论时,群众就转而化为相应的客体;当群众通过实践对政策进行监督和反馈时,群众就又成为积极主动的传播主体。这也就是毛泽东所论述的“只有代表群众才能教育群众,只有做群众的学生才能做群众的先生”④这一党与群众辩证关系在传播过程中的体现。

三、复合政治传播模式:政治宣传内嵌于政治沟通

有学者提出,目前政治传播基本形态主要有三种类型:政治宣传、政治沟通和政治营销。⑤ 关于这三种类型的论述林林总总,因此在对群众路线中的传播模式进行梳理之前,

① 习近平新闻思想讲义编写组. 习近平新闻思想讲义[M]. 北京:人民出版社,2018:138.

② 中共中央文献研究室. 政务院关于处理人民来信和接见人民工作的决定[M]//中共中央文献研究室. 建国以来重要文献选编:第二册. 北京:中央文献出版社,1992:322.

③ 最高人民检察院. 最高人民检察院工作报告[R/OL]. (2019-03-12)[2019-03-19]. http://www. xinhuanet. com/2019-03/19/c_1210086206. htm.

④ 毛泽东. 在延安文艺座谈会上的讲话[M]//毛泽东选集:第三卷. 北京:人民出版社,2006:864.

⑤ 荆学民. 政治传播的基本形态及运行模式[J]. 现代传播,2016(11):9-11.

首先要界定一下本文所涉及的传播形态。在本文中，政治宣传与政治沟通都是政治信息流动的方式，其中政治宣传是一种单向的信息流动，政治沟通则是双向的；在政治宣传中，党与群众分别是宣传者与宣传对象，而政治沟通中的党与群众则根据信息流通的不同方向分别承担传播主体和传播客体的角色；政治宣传要达到的目的是动员和教化，而政治沟通则渴望谋求共识。当将群众路线的不同环节与政治传播的传播形态进行对应时，可以发现群众路线包含了政治宣传和政治沟通两种传播形态。总体来看，群众路线实质上就是一个内嵌政治宣传模式的政治沟通这样一种复合型传播模式。

首先，以中国共产党为主体、群众为客体的政治宣传模式。这一模式在群众路线中的经典表述为“到群众中去作宣传解释，化为群众的意见，使群众坚持下去，见之于行动”，即这一模式具体体现在“到群众中去”这一环节。具言之，即将群众分散的、琐碎的意见和诉求进行筛选并转化为相应的方针政策后，党通过文件、会议等渠道树立典型、发起动员，取得引领和感召群众的效果，进而达到将党的主张转化为广泛的政治共识的目的。这一过程即为上文所描述的以单向性和目的性为特点的政治宣传，在这一过程中，党扮演着宣传者的角色，群众是被党宣传、教育和引导的对象。在中国政治现实中，政治宣传和政治动员往往密不可分，你中有我，我中有你。这两者在国际共产主义运动以及中国革命、建设过程中发挥的积极而巨大的历史作用使宣传和政治宣传在我国的理论语境中都是正面的术语。① 群众路线中所内含的政治宣传模式就是一种非常标准的中国理论语境下的政治宣传。由于政治宣传的单向性以及控制性，其常常通过诉诸理想，尝试建构出一个被所有人接受的共同的逻辑体系②，这一方式能够最大限度地激发群众热情、凝聚群众力量、提高政策执行效率。革命战争年代、抗美援朝、“大跃进”中的宣传动员都是典型的表现。但是，政治宣传与政治动员也存在固有的弊病，其单向性、控制性及其所使用的话语与手段在当今这个“祛魅”的时代已经越发不适用了，它们需要辅之以其他的传播形态，并逐步转变为一种常态化、制度化的党群互动模式。

其次，以不同党员为传播主体和客体的党内的政治沟通模式。这一模式在群众路线中的经典表述为“将群众的意见（分散的无系统的意见）集中起来（经过研究，化为集中的系统的意见）”。群众路线旨在观照群众与党的关系，重点探讨党群之间的联系，因此这一路线中所包含的党内的政治沟通并不会像其他环节一样被专门论述。但是，当以政治传播视角重新厘清这一过程时，群众路线的内在机理就更加清晰了——党内政治沟通也是这一政治传播模式的重要环节。“将群众的意见（分散的无系统的意见）集中起来（经过研究，化为集中的系统的意见）”就是党内政治沟通功能的简要说明。当然，除了群众路线定义中的直接表述外，党内政治沟通往往体现在党的领导人对于群众路线的深度阐

---

① 荆学民. 政治传播的基本形态及运行模式[J]. 现代传播，2016(11)：10.

② 荆学民. 政治传播活动论[M]. 北京：社会科学出版社，2014：254-257.

释中。在 1959 年庐山会议上,张闻天就曾提出要将群众路线与党内民主相结合,在广泛听取群众意见的时候,也要注意倾听党内党员的声音,党员应该通过“同志式的交换意见,逐步达到一致,不要采取粗暴武断办法,不要随便扣帽子”①。因此,党内民主是群众路线非常重要的一个隐形环节。

最后,以党和群众互为传播主体的政治沟通模式。总体上看,群众路线既不是单向的政治宣传模式,也不是单回合的政治沟通模式,而是一个内嵌政治宣传和党内政治沟通模式的以群众和党分别为传播主体的复合式的、多回合的政治沟通模式。之所以将其称为政治沟通,是因为根据上述一系列的分析可知:一就传播主体而言,党和群众在其中都有可能成为传播主体抑或客体;二就传播方向而言,这一过程是一个双向的传播过程,既包括输入、输出,也包括反馈,并且持续循环往复;三就传播目的而言,政治宣传的一大特点是其具有自觉的政治意图,这种政治意图只是宣传者从自身的立场和利益考虑,还无法从被宣传者的立场和利益考虑②。但是与政治宣传不同,这一过程是以一切为了群众为价值旨归的,它将传播者与受众的利益都纳入其中,并在互动中实现。因此,从总体而言,群众路线是一种复合式的政治沟通模式。在这一沟通模式中,群众可以不断地提出诉求,政党必须持续地关注并且予以回应,群众还可以针对回应提出新的看法和建议。在这样的循环往复中,群众的政治参与获得感能够得到满足,公共政策和公共服务的质量也会不断地提高,中国共产党的政治合法性也会持续深化。

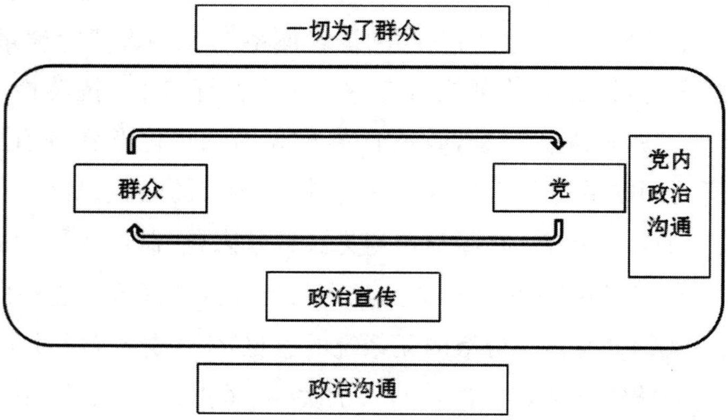

图 1　群众路线中的政治沟通模式

① 张闻天. 在庐山会议上的发言[M]//张闻天文集编写组. 张闻天文集:第四卷. 北京:中共党史出版社,1995:337.
② 荆学民. 政治传播活动论[M]. 北京:社会科学出版社,2014:256.

四、理念的完善与现实的困惑

通过前面对群众路线这一政治传播理念的价值旨趣、传播主体、传播模式等一系列环节的分析，可以发现对群众路线的介绍虽然只有寥寥几句，但是其中却预设了一个完整系统的政治传播过程，内含了一个几近完美的政治传播理念：既有高尚的价值追求，也包含极具针对性的政治传播模式；既可以提高传播的效率，也可以保证民主的程序；既强调了党的先进性、深化了党的合法性，也能够提高公民政治参与的积极性和效能感。总而言之，这是一个架构清晰完整，能够兼顾群众、基层党员和领导层各方，实现利益协调、决策互动，内涵不断丰富的中国本土式的政治传播理念。

之所以将其称为"几近完美"的政治传播模型，是因为将这一理念真正付诸实践时，由于现实的复杂性和个人党性修养情况的限制，仍然会生发出许多现实的困惑。正如张闻天在庐山会议上所言："主席关于群众路线、实事求是的讲话，我认为是讲起来容易做起来难，真正要培养这种风气不容易。"[①]以下几点在实际操作中易面临困难，在实践中易偏离轨道。

首先，党在群众路线的每一环节都扮演着不可或缺的角色，被赋予了重要的职责。在政治信息的输入环节，党就首先扮演了信息生产驱动者的角色。这一角色设计的初心是要求党员密切联系群众，积极深入到群众中去，关心群众生活，倾听群众声音。但是，在特定政治环境下，个别行为主体具有特定的需求倾向。因此，在特定的传播活动中，由党驱动产生的信息也许并不能囊括民众生活的所有方面，它的选择很可能取决于实际政治需要。这也会成为个别领导只关心问询群众生产生活的某些方面，而刻意规避另一些问题的做法的借口。退一步言之，即使在某一传播活动的政治输入环节，党有足够的能力和精力全面了解群众的所思所想，那么在政治意见和诉求转化为特定政策这个环节中，党同时还要承担议题把关和排序的职责。在繁杂的社会生活中，如何切中意见之要害：把握群众真正关心的问题也是一个值得关注的问题。换言之，在具体的传播活动中，如果缺少制度监督和程序规约，"一切为了群众"的价值旨归就可能会成为一种单纯的口号或者真诚的理想，会导致政令不通、政府的信任度下降等。习近平在十八届中央纪委二次全会上就曾提出要狠刹形式主义和官僚主义两股歪风，不能仅仅将"一切为了群众"停留在做表面文章、停留在口号的阶段，而是应该切实体察群众情绪、倾听群众呼声。[②]因此，在具体的传播活动中，一方面要进行制度规约，防止把关权的滥用，建立民众议程

① 张闻天. 在庐山会议上的发言[M]//张闻天文集编写组编. 张闻天文集：第四卷. 北京：中共党史出版社，1995：338.

② 习近平在十八届中央纪委二次全会上重要讲话精神学习问答编写组编. 习近平在十八届中央纪委二次全会上重要讲话精神学习问答[M]. 北京：党建读物出版社，2013：98-99.

与政策议程刚性对应机制;另一方面也要注意激发群众的传播热情和参与主动性,将党员主动深入群众与群众积极表达结合起来。

其次,群众路线中的政治沟通模式内嵌政治宣传环节。由于宣传具备目的性强、单向传播以及擅长诉诸调动人们情感的手段等特点,因此其传播效率非常高,也容易获得既定的传播效果。所以,在实践中,出于节省决策成本的需要,很多人的政治沟通往往容易停滞于政治宣传这一环节,他们多满足于政治宣传的效果,而忽略了之后的反馈与再循环的过程;或者用政治宣传这一局部环节取代整个政治沟通的过程,用政治宣传的理念来领导整个政治沟通过程。但是,正如上文所言,一方面,政治宣传与政治动员存在固有的弊病;另一方面与之相配套的政治传播环境随着信息技术的发展已经发生了巨大的改变,其惯常使用的政治修辞也不再适用于当代社会。因此,在具体的传播活动中,关注反馈、打通官方舆论场和民间舆论场十分必要。进一步言之,在群众路线这个整体政治沟通模型中,反馈行为发生在政党意志通过宣传转化为公共政策并予以实施之后。显然,这种反馈稍显"滞后"。也就是说,群众路线中缺少对错误决策的"立即纠偏的机制"①。这种"滞后"的反馈是否能够及时纠正特定政策是需要重新思考的问题。

综上所述,在将群众路线看作是党的一种传播理念,并对其宗旨、主体、模式进行详细分析之后,笔者认为至少可以更新之前我们的一些看法,例如,群众路线中的群众并不完全是缺乏主见、听凭操纵的"乌合之众";党理想中的政治传播模式是效率和民主相结合的政治沟通,而并非简单的宣传感召。整体而言,群众路线是一个价值指向明确、逻辑清晰、过程完整的政治传播模式。但是,在具体操作中仍然会产生偏离轨道的现象。不过,将理念运用至现实时会产生困惑是正常现象,毕竟现实社会更加纷繁复杂,现实社会中的人也并非想象中的至美至善。因此,面对这一状况,为了更好地践行群众路线这一理念,必须进行制度创新和程序规约,将党和群众的角色安排实实在在地落实至制度操作中,并在实践中持续不断地改进。

在改革开放 40 年后的今天,中国仍然处在由传统社会向现代社会、由计划经济向市场经济转变进程中,处处充满着风险与挑战,因此是否能够抵御风险以及如何抵御风险对于执政党都是严峻的考验。在这种严峻考验的背景下,如何有效地促进国家与社会、党与群众之间的有机互动便成为历史的关键。因此,对具有内生性特质的群众路线这一政治传播理念不断地进行理性审视和实践探索,使这一政治沟通模型能够在实践中得以充分实施与完善将会是党提高执政能力、政府增强治理能力和建立多元化的治理体系、培养民众成熟心智的关键环节。

[本文初刊于《山西师大学报(社会科学版)》2020 年第 3 期]

① 景跃进."群众路线"与当代中国政治发展:内涵、结构与实践[J].湖南科技大学学报(社会科学版),2004(6):9.

自主性:互联网时代政治传播输入的重塑

◇ 于淑婧[①]

一、问题的提出及分析路径

“媒介是社会发展的基本动力,也是区分不同社会形态的标志,每一种新媒介的产生和应用,都宣告我们进入一个新的时代。”[②]互联网的使用和普及带来的是一个全新的互联网时代,互联网正与其他各种力量一起形塑着社会关系的方方面面,其中尤为值得关注的是互联网对政治信息传播的影响,即对政治传播的影响。

(一)政治系统分析下的政治传播及输入理论

关于“政治传播”这一概念的定义,学界存在广义与狭义两种。狭义的政治传播,其“狭”或是体现在从政治方面将政治传播框定于竞选政治之内,或从传播角度将政治传播的中介限定为大众媒介[③]。这种狭义的界定主要内生于西方基于大众传播和竞选民主而逐渐形成的政治传播实践,这一特殊性弱化了其解释力。广义的政治传播根据理论基础的不同也可分为两类:第一类主要基于信息论、控制论、系统论,侧重从信息传播和控制

---

① 作者系中国传媒大学政府与公共事务学院博士后。

② 莱文森.数字麦克卢汉——信息化新纪元指南[M].何道宽,译.北京:社会科学文献出版社,2001:12.

③ 如丹·尼谋(Nimmo)将政治传播视为正式政府组织与公民投票行为之间的中介环节。参见 NIMMO D,SANDERS K R. Handbook of political communication[M]. London:Sage Publications,1981:12.布莱恩·麦克奈尔(Brian McNair)认为政治传播是“关于政治的有目的的传播活动”。其中包括关于党派人士、政治活动家以及非党派人士针对党派人士、政治活动家的一切政治活动的新闻报道、时事评论文章和通过其他媒介形式展开的政治讨论。具体参见麦克奈尔.政治传播学引论[M].殷祺,译.北京:新华出版社,2005.

的角度解析政治系统的信息流动和持续运行[①];第二类基于传播与政治“同一”、传播学与政治学学科的“视界融合”,认为政治传播是政治共同体的政治信息的扩散、接受、认同、内化等有机系统的运行过程,是政治共同体内与政治共同体间的政治信息的流动过程[②]。

本研究主要基于政治传播的广义概念。政治传播的研究常将政治与传播相“同一”[③]的学科“融合视界”同以“三论”为基础所形成的理论分析工具相结合,因为这种方法、路径既可从本质属性上把握政治传播,又可最大限度地汲取“三论”系统、丰富的理论体系的分析优势。具体来看,政治与传播“同一”的视角,从哲学的高度抓住了政治传播的本质。然而,此视角较为抽象,当尝试将政治传播的研究层次下沉,同时使这种思想贯穿与延续时,操作性方面的问题便凸显出来。政治系统分析是政治学十分经典的分析路径,其不仅蕴含了政治与传播“同一”的理念,也为政治传播的研究提供了一个实现层次下沉的分析路径。从政治系统分析来看,美国政治学家戴维·伊斯顿很早就从系统论视角解析了人类的政治生活[④],他将政治生活看作一个开放和具有适应性的行为系统,认为政治系统为了“设法在稳定和变化的世界上持续下去,必须采取一些措施成功地缓解压力,并且对此做出反应。为了做出反应,权威当局至少能够获得已发生的事情的信息”[⑤]。这里的“至少”道出了政治与传播在基础层面上的依赖关系。可以说,这种将政治的本质定位于“自动导向于目标达成的协调活动”的观点的本质在于信息的获取、处理、存储、利用[⑥]。在整个政治系统运行过程中,各种政治信息的流动贯穿始终。有政治就必然有传播,政治系统的运行离不开有效的传播。正如多伊奇将传播看作政治系统的神经[⑦],阿尔蒙德将传播比作政治系统中的毛细血管[⑧],政治的过程即传播的过程。这与芝加哥学派将传

---

① 如多伊奇(Deutsch)认为政治传播是政治系统内的机制对信息的接受、选择、储存、分析和处理,且是政治中心活动——决策过程中的一个环节。参见 DEUTSCH,WOLFGANG. The nerves of government: models of political communication and control[J]. American political science review 1964,58(3):A137-A148.《布莱克维尔政治学百科全书》将政治沟通(传播)定义为:赋予政治过程以结构和意义之信息和情报的流动。它“不只是精英对其民众发送信息,而且还包括全社会范围内以任何方式影响政治的整个非正式沟通过程”。参见米勒,波格丹诺.布莱克维尔政治学百科全书[M].邓正来,等译.北京:中国政法大学出版社,2002:592.从这一层面定义政治传播的研究还有:苏颖.政治传播系统的结构、功能与困境分析——基于政治结构、功能分析方法的视角[J].中南传播.2009(5):32.

② 荆学民,苏颖.中国政治传播研究的学术路径与现实维度[J].中国社会科学,2014(2):80.荆学民,施惠玲.政治与传播的视界融合:政治传播研究五个基本理论问题辨析[J].现代传播,2009(4):19.

③ 荆学民.政治传播的基本形态及运行模式[J].现代传播,2016(11):8.

④ 运用政治系统分析方法进行研究的学者除伊斯顿之外,较为重要的研究者还有阿尔蒙德、阿普特、米歇尔等。参见俞可平.权利政治与公意政治:当代西方政治哲学评析[M].北京:社会科学文献出版社,2000:7-15.

⑤ 伊斯顿.政治生活的系统分析[M].王浦劬,译.北京:人民出版社,2012:16-18.

⑥ 俞可平.权利政治与公意政治:当代西方政治哲学评析[M].北京:社会科学文献出版社,2000:57.

⑦ DEUTSCH,WOLFGANG. The nerves of government:models of political communication and control[J]. American political science review,1964,58(3):A137-A148.

⑧ 阿尔蒙德,等.发展中地区的政治[M].任晓晋,等译.上海:上海人民出版社,2012:46.

播视为人类关系的本质异曲同工①。这些论述正是蕴含了政治与传播的"同一"观点。此外，政治系统分析将政治系统的运行看作为维护政治系统持续运行的信息传播过程，其主要核心理念是"输入一输出"模式，这一模式将政治系统的运行分为输入、转换、输出、反馈四个环节，这些环节都可以从现实政治信息流动的实体机制和运行中找到对应，这为政治传播研究提供了既联系系统又下沉层次的分析路径②。所以，本文结合"政治与传播同一"的视角及政治系统分析方法将政治传播看作政治信息围绕政治系统有目的的传播运行过程。

在政治系统理论中，输入、转换、输出、反馈四个环节是对政治信息在社会系统与政治系统之间的运行过程的描述，这个政治信息运行过程从本质上来看正是政治传播的过程。其中，输入是系统运行的首要环节、动力源泉，是其后政治信息转换、输出、反馈的基础。③ 因此，对输入进行观照和研究无疑是运用政治系统分析路径研究政治传播的逻辑起点。

在政治传播系统的运行中，输入主要指的是政治信息从社会系统有目的地进入政治系统这一过程。从政治系统研究学者的著述来看，输入在系统中的重要性和关键地位早已成学术界共识。然而，以往的研究认为，政治系统的持续运行需要"输入一输出"动态平衡这一必要条件。因此，如何将输入与输出之间的张力保持在一定的范围之内，被认为是政治系统的关键职能和最终目的。政治系统理论的集大成者戴维·伊斯顿试图将政治系统论建构为一种"一般性"理论，但他这种对输入在整个政治系统中的定位的立场无疑是"保守"的④。因为，这种观点暴露出一个深层次的理论问题：政治系统分析视角下的输入是立足于"他者"的角度、作为一种为整体政治系统服务的被动角色，而不是作为一个具有独立性的结构认识与规范。这使政治系统论中的"输入"无论是在认识还是规范上都一直被看作被动、被控制的对象。

从理论的建构路径来看，政治系统理论对输入的认识来自学者对其所处时代现实经验的观察和抽象，也或多或少地指导着当时及以后那些致力于保持政治系统稳定、持续运行的政治传播行动者的实践活动。然而，随着互联网的发展与普及，新媒体、新技术的不断升级，及其他各种因素与网络的复杂交织，政治传播的整体运行处于全新的互联网环境，这使政治传播所输入的现实活动发生了极大的变化。那么，这是否会对原有的输

---

① 其代表人物帕克指出，社会由传播形成，在传播中形成。其后的传播学集大成者施拉姆更明确地指出："传播是社会得以形成的工具。"另一位传播学者麦格雷还指出："传播首先是文化事实和政治事实，其次是技术事实。"参见帕克. 社会学导论[M]. 北京：中国传媒大学出版社，2016；施拉姆，等. 传播学概论[M]. 陈亮，译. 北京：新华出版社，1984：2-3；麦格雷. 传播理论史——一种社会学的视角[M]. 刘芳，译. 北京：中国传媒大学出版社，2009：4.

② 四个环节的划分请参见伊斯顿. 政治生活的系统分析[M]. 王浦劬，译. 北京：人民出版社，2012；阿尔蒙德，等. 比较政治学：体系、过程和政策[M]. 曹沛霖，等译. 上海：上海译文出版社，1987.

③ 伊斯顿. 政治生活的系统分析[M]. 王浦劬，译. 北京：人民出版社，2012：33-322.

④ 俞可平. 权利政治与公意政治：当代西方政治哲学评析[M]. 北京：社会科学文献出版社，2000：23.

入理论形成挑战？当现实活动发生改变后，建立在原有经验基础上的输入理论是否还适用？输入是否还应继续用原有保守的、控制的视角进行理论规范和实践指导呢？目前来看，对输入概念和理论进行专门研究且将之置于互联网时代进行的研究仍较为鲜见。因此，本文将尝试专门以输入为中心探究这一问题，深入探析互联网时代政治传播的输入问题，并思考其理论和现实意义。

(二)"结构—功能"主义下的输入

本文将输入置于政治传播系统的理论基础之上，同时认为应结合"结构—功能"主义深入输入内部，更细致、系统地分析输入活动在互联网时代新的信息与传播环境中发生了怎样的变化。政治系统分析与"结构—功能"主义在方法论上的紧密结合，有利于打通抽象的理论、理念与经验、现实之间的渠道，有助于将政治传播从信息的抽象流动与基于政治架构的政治秩序联系在一起，为政治传播研究介入更深层次的政治问题进行路径勾连。

"结构主义"可以追溯到20世纪初索绪尔的语言学理论。结构主义作为一种方法①，其与"功能"的结合始于社会学家帕森斯，他认为结构与功能有必然的联系。结构主义不将结构看作静态的、割裂的，认为结构与整体存在着有机的联系，因而也发挥着特定的功能。结构与功能的结合使"结构—功能"主义作为一种研究方法，不仅关注结构的静态划分，也关注结构在功能发挥中的动态作用。这种分析方式在宏大叙事和微观经验方面寻得一种建构"中层理论"②的可能路径。正如列维-斯特劳斯指出的：结构是插在基础和上层建筑之间的一个图式系统。借助此系统，物质和形式成为既具经验性又有可理解性的存在。对于这一方法，阿普特认为其分析步骤分为三个阶段：第一阶段要求划分体系内部单位的边界；第二阶段专注于有意义的问题；第三阶段则是从经验中推导出结论。③

基于此，运用"结构—功能"主义对输入进行分析的第一阶段是从内部对输入进行结构划分。在对传播过程进行"结构—功能"分析方面，传播学四大奠基人之一的美国政治学学者拉斯韦尔的"5W"模式④最为经典。从其本质来说，输入是一种政治信息的传播，属于社会传播的一部分，因而"5W"模式可以被输入研究借鉴。鉴于此，本文结合经典政

---

① 皮亚杰.结构主义[M].倪连生、王琳，译.北京：商务印书馆，2006：68-74；斯特罗克.结构主义以来：从列维-斯特劳斯到德里达[M].渠东，等译.沈阳：辽宁教育出版社，1998：2-3.

② 中层理论概念是罗伯特·墨顿提出的，主要是指介于日常研究中低层次，但必需的操作假设与无所不包的系统化的统一理论之间的那类理论，即介于抽象综合理论同具体经验性命题两者之间的一种理论。参见墨顿.社会理论与社会结构[M].唐少杰，齐心，译.南京：译林出版社，2008：50-51.

③ 阿普特.现代化的政治[M].上海：上海世界出版集团，2010：13-14.

④ 拉斯韦尔最早提出传播存在"谁(Who)→说什么(Says What)→通过什么渠道(In Which Channel)→对谁(To Whom)→取得什么效果(With What Effects)"五个要素。参见拉斯韦尔.社会传播的结构和功能[M].北京：中国传媒大学出版社，2013：35.

治系统研究者的输入研究及笔者对政治传播系统运行的理解(详细介绍见下文)将政治传播的输入过程划分为输入主体、内容、渠道、环节、动力五个结构要素。在此基础上,下文将深入探析输入内部各个结构要素在互联网时代的政治传播现实运行中所体现出的新特点和新趋势,并思考互联网时代政治传播输入的整体特点及理论内涵,以对政治系统分析中被动、被控制视角下的输入概念范式进行批判式思考,尝试对互联网时代的政治传播输入进行理论回应与理论更新。

二、互联网时代政治传播输入的结构特点

互联网对政治信息输入的影响体现在对输入主体、内容、渠道、环节、动力各个结构要素的形塑与赋新上。在不求面面俱到、只着重于显著特点的原则下,互联网时代的输入的各结构要素主要呈现以下特点。

(一)弱组织化:输入主体的互联网赋权

"信源革命"无疑是互联网对政治传播最显著的影响。运用互联网,人人都可以对信息进行"DIY"①。自媒体及社交网站的普及使用,以及由其所形成的各种不逊于传统媒介议程设置的议题反应,促使草根新闻、草根记者等的以"个体的人"为中心的政治诉求的输入成为可能。因而,有学者提出了"赋权"②的概念。还有学者提出用"碎片化威权主义 2.0"的概念来描绘技术带来的主体多元情况③。不管是"赋权"还是"分权",互联网无疑从技术层面为大多数基层民众提供了随时向政治系统输入政治信息的条件。

然而,个体性与公共性、个人领域与公共领域之间存在很大空间④,政治信息要想成功输入政治系统,仅仅依靠个体性的输入主体是难以实现的。个体往往依赖一定的社会关系,借助政治信息的组织化输入。在传统媒体时代,社会关系保持着传统社会的强关系特点,传播既依赖也强化着人与人之间的强关系,政治信息的输入也往往建立在结构性的组织之上。互联网则弱化了组织的作用,人与人之间的关系突破了强关系局限,形成了直接建立联系的关系形式,即"弱关系"。正如传播学者麦奎尔曾指出的:在过去,可

---

① 喻国明. 全民 DIY:第三代网络盈利模式[J]. 新闻与传播,2006(2):1.

② 郑永年. 技术赋权:中国的互联网、国家与社会[M]. 北京:东方出版社,2014;黄月琴. "弱者"与新媒介赋权研究——基于关系维度的述评[J]. 新闻记者,2015(7):28-35.

③ MERTHA, ANDREW. Fragmented authoritarianism 2.0: political pluralization in the Chinese policy process[J]. The China quarterly, 2009(200): 995-1012.

④ ZHENG, et al. Information technology, public space, and collective action in China[J]. Comparative political studies, 2005, 38(5): 507-536.

能将某一种特殊的传播技术与某一种特定“层次”的社会组织大概对应起来，然而，传播技术的进步以及它们的广泛使用使网络社会产生了新的、融合的传播方式，这使传播网络不再需要以往的“黏合剂”如共享空间或熟人就可以较容易地形成。[①] “弱关系假设”最早由美国斯坦福大学社会学系教授马克·格兰诺维特提出。六度分割理论解释了互联网应用如何通过熟人的熟人扩展出“弱关系”以及直接基于陌生人产生“弱关系”。

在互联网时代，依凭“弱关系”，个体的政治诉求可以被有机融合，政治诉求变得群体化，正如政治传播学者兰斯·伯内特所说的“抗争政治的个人化”[②]，这种新的行动形式以随着人与人之间关系的改变而改变的组织形式为载体，这种新的组织形式被称为“弱组织”。伯内特还指出，“抗争政治的个人化”以非制度化渠道进行政治传播输入的行为不是基于传统意义上那种与高层次的组织资源和形成集体身份相关的集体行动逻辑(collective action)，而是基于互联网时代塑造的一种跨媒体网络的、个性化内容共享的“联结行动”(connective action)[③]。可以说，“新传播技术的发展改变着政治的组织过程与组织成本，奥尔森的集体行动逻辑在现代备受挑战”[④]。从组织特点来看，互联网时代的“弱组织”“颠覆了传统组织的概念”与组织形式：(1)“弱组织”的出现超越了过去那种以利益集团或政党为实体基础的群体型输入主体形式；(2)其是非排他的，“具有共享性，一个人可以同时属于多个‘弱组织’”；(3)“其不是天生的，而是传播过程自身建立起来的”[⑤]；(4)其建立在‘弱关系’基础上，因而灵活多变、难以掌控。在互联网时代，克服了交流地理空间的障碍所形成的一个个分布广泛的虚拟社区便是这种“弱组织”的现实体现[⑥]。可见，在互联网时代，原有的处于政治传播边缘或被排斥在政治传播之外的基层民众得以成为政治信息输入的主体，他们依靠互联网建立“弱关系”，同时一种打破原有组织钳制的“弱组织输入”得以生成。这扩充了输入主体的多元性和多层次性，大大增加了输入主体的独立性，激活了政治信息输入，特别是基层政治信息输入的主动性和自觉性。

(二)新舆论场：政治信息意义生产与解读

政治传播中输入主体的输入活动往往致力于实现某种政治目的、怀有某种政治动

① 麦奎尔. 麦奎尔大众传播理论：第五版[M]. 崔保国，李琨，译. 北京：清华大学出版社，2010：15.

② BENNETT，SEGERBERG. The logic of connective action[J]. Information communication & society2012，15(5)：1-30.

③ BENNETT，SEGERBERG. The logic of connective action[J]. Information communication & society，2012，15(5)：1-30.

④ BENNETT ，IYENGAR. A new era of minimal effects? The changing foundations of political communication[J]. Journal of communication，2008，58(4)：707-731.

⑤ 醒客(陈世鸿). 重新理解媒介[M]. 北京：中信出版社，2014：182.

⑥ ELIN. The radicalization of Zeke Spier：how the internet contributes to civic engagement and new forms of social capital[M]//MCCAUGHEY，MARTHA，MICHAEL. Cyberactivism. London：Routledge，2013.

机，其内涵集中于特定政治传播内容，即政治信息中。政治信息是输入主体进行输入活动所依赖的极为重要的符号资源，其量与质在互联网时代的变化集中反映了输入的新特点和新趋势。

具体来看，互联网对政治信息的影响首先体现在表层的政治信息数量的增加上。这种增加隐含了互联网时代政治信息的另一个显著特点——普遍显化，即政治信息从过去的潜伏到现在的显现。前互联网时代，政治传播的输入一般依赖于正式的组织、制度渠道以及非正式渠道，或者是政治系统通过借助若干民意机构收集和监测社会层面的政治诉求。信息资源与传播资源的垄断使输入进政治系统内的政治诉求信息主要受少数资源占有者主导，政府通过掌控“喉舌”性质的传媒机构直接操控了议程设置①；政治宣传的传播形式带动意识形态的穿透力与控制力，钳制政治信息的核心；精英控制政治诉求的主流与民众诉求的精英代表性表达，使得信息内容同质化程度较高；媒体扮演的政治信息传播角色十分有限。因而，输入中的政治信息是全面的，政治诉求往往潜伏在社会层面。而互联网的高近用性则使潜伏于民众内心的政治诉求显现并突出出来，实现了政治诉求的信息“在场”，促进了民意的“传媒可见性”(mediated visibility)，②提高了公众设置议程的可能；赋予话语权缩小了前互联网时代“中心一边缘”状态的信息势位差；“网民”在互联网时代可以参与到政治信息的生产与传播之中，这消解着前互联网时代由少数人“一厢情愿”地进行反映、传播的政治诉求输入的垄断局面，在一定程度上试图打破“为民作主”或“替民作主”的政治传播输入形式，形成了众声喧哗的新舆论场。互联网时代，多元的输入主体通过互联网提高了政治信息的多样性与显化程度、分化了政治信息输入的舆论场，这意味着输入内容在新的传播环境下具有一定的自觉性和独立性。

原有政治信息文本意义的生产、传播与意义解读在互联网的介入下发生了变化。传统媒体时代，政治信息的“真实”与“意义”是由少数人来制造、诠释的。互联网时代，一方面，来自社会层面的多元输入主体借助互联网的赋权，一定程度上实现了政治诉求由其产生者直接进行表达与输入的可能；另一方面，新舆论场的形成以及政治信息的多量与多样，也使“权力集团”越来越没有能力阐释各种信息，这为“受众”解读出自己的意义留下了空间。正如有学者借助舆论事件所指出的：互联网的使用及发展使全民介入到事件真实的“拼图游戏”中，对整个事件真相的寻找成为全体社会大众参与的碎片化信息的拼接游戏，整个社会真实的建构成为“有机的社会运动”③。除此之外，互联网特别是新传播技术，如自媒体，使传播权逐渐泛化，伴随着民粹主义的兴起及后现代思潮的解构潮流，互联网迫使原有意识形态对政治信息的钳制面临消解。特定政治信息原有“能指”与“所指”的固定搭配也受到挑战。政治信息作为一种符号，置于多元化的政治传播主体、多样

① 王绍光.中国公共政策议程设置的模式[J].中国社会科学，2006(5)：96.

② THOMPSON. Political scandal：power and visibility in the Media Age[M]. Cambridge：Polity Press，2000：41.

③ 喻国明，李彪.中国社会舆情年度报告(2015)[M].北京：人民日报出版社，2015：44.

的政治诉求及其背后内含价值的不可通约性背景下，在意义解读的过程中，“所指”趋向于多样化，并使包括输入内容在内的政治传播内容呈现异质倾向。政治信息的多样与复杂，“新的舆论场”的形成及不断涌现的网络舆论争论、分化事件表明，互联网时代对政治信息的意义生产、解读很难再唱“独角戏”，政治信息的意义在输入的过程中超出了原有的政治控制和政治垄断，在多元输入主体自觉、主动的意义生产和解构、重构中具有了一定的独立性。

(三)线上输入：输入渠道的拓展与助燃

无论政治信息以怎样的形式出现，都包含着政治传播的输入主体对政治信息能够顺利通过各种输入渠道抵达政治系统的目的。一般来说，输入渠道有正式与非正式之分，其既与特定的政治制度与机构建设相关，同时在大众传播时代也与媒介的发展有密切联系。

在互联网时代，网络本身既是输入的途径，也对原有其他类型的输入渠道产生了影响。互联网在传播中扮演着中介与平台的耦合角色。平台角色意味着以互联网为基石形成的一个虚拟领域成为政治互动新的重要场域和媒介。① 当线下制度化的政治传播渠道闭塞或功能不足时，互联网为实现政治信息的传播提供了技术可能。

互联网形成的虚拟空间在政治诉求表达欲望的激发下，被建构为政治传播的“线上”路径。线上政治传播输入相对于前互联网时代的输入而言，其特点是政治信息的输入行为发生于互联网所构建的“虚拟社会”或被称为“电子共和国”“数字集体”的领域中。② 这种线上输入构成了互联网时代多维(multidimensional)③输入中的一维，是政治传播输入在互联网技术的影响下向虚拟领域的拓展，是现实政治传播输入行为与互联网技术互动的结果。线上输入渠道的特点还在于其输入行为的“实体载体”总是以一种信息的形式呈现，或者说其“行为”发生在虚拟空间，表现出来的状态不像线下输入行为可以以信息，也可以以一种参与、集体行动等“行为”的形式呈现，而是一种通过数字编码、译码而成的信息，正如约翰·基恩指出的：新的数字技术都是“用数字的形式处理所有不同种类的信息(讲演、正文、录像、图形)，因而很方便把同一种数据在不同的媒体之间进行传送”④。在互联网时代，对于政治事件、政治人物、政治议题的关注、点击、评论的累积都具有构成

---

① 查德威克. 互联网政治学[M]. 任孟山，译. 北京：华夏出版社，2010：130.

② BANG. Among everyday makers and expert citizens[M]// BANG. Remaking governance: peoples, politics and the public sphere[M]. Bristol, UK: Policy Press University of Bristol, 2005: 159-178.

③ KOC-MICHALSKA, LILLEKER, SUROWIEC & BARANOWSKI. Poland's 2011 online election campaign: new tools, new professionalism, new ways to win votes[J]. Journal of information technology & politics, 2014, 11(2): 186-205.

④ 基恩. 媒体与民主[M]. 郤继红，刘士军，译. 北京：社会科学文献出版社，2003：143.

政治信息输入的可能。这种以信息为载体、以互联网为渠道的输入一方面大大降低了政治传播输入的成本，使输入更为便捷、更具广泛性；另一方面也减少了输入所受到的控制和垄断。传统媒体时代尽管也存在输入的制度化途径，输入也常常以信息的形式出现，但与互联网时代的输入相比，前者所形成的渠道是官方的、一元的、科层化的，而后者则具有较大的主动性、独立性及体量上的优势。正因如此，有学者比照“集体行动”（collection action）的概念提出了“声音活动”（voice activity）的概念；在互联网的传播渠道中，政治传播的基层输入正在被激活，政治传播主体借助互联网这一中介和平台通过“声音活动”这一新的传播方式大大提高了政治信息的影响力和输入可能性，增大了得到特定政治机构政治回应和实现其特定政治目的的概率，这使政治信息与政治行动之间的界限变得更为模糊。①

相对于主要建基于机构、制度等正式输入渠道的线下输入，线上输入所依凭的是一种非正式的输入渠道。而这种非正式的输入渠道不仅促使政治诉求通过自身进行线上输入，也对以正式的或非正式的线下政治诉求输入起到一定的“助燃”作用。② 研究表明，当前网络媒体的使用已经在发达国家成为政治信息输入等行为的一部分。例如纳尔等的研究发现，在线政治讨论能够增加线下的政治参与③；沃杰斯扎克的研究表明，网络在线参与和线下的非制度化政治参与存在显著的正相关关系④；也有研究更明确地指出：互联网的日常使用在一定程度上促进了人们制度化的正式政治参与，使人们在既定法制框架内参与公共行政，但同时也很有可能扩大非制度化政治参与⑤。近些年来中国的很多维权事件的发酵与处理无不得益于互联网所形成的线上输入渠道。互联网时代，线上政治信息的输入行为促进线下输入活动，这意味着线上输入不仅本身具有一定的独立性，其也激发了线下政治传播主体主动、自觉的输入行为，从渠道扩展和助燃的层面增加了互联网时代输入的独立性与自觉性。

（四）输入环节：新转化机制及扁平化融合

伊斯顿在分析需求时曾将需求的输入分为两个过程：其一，欲望的表达；其二，欲望

---

① ZHENG Y，et al. Information technology，public space，and collective action in China[J]. Comparative political studies，2005，38(5)：507-536.

② 陈云松. 互联网使用是否扩大非制度化政治参与——基于 CGSS2006 的工具变量分析[J]. 社会，2013(5)：118. 朱力. 正视网络“助燃”现象[J]. 人民论坛，2009(1)：52.

③ NAH，VEENSTRA，SHAH. The Internet and anti-war activism：a case study of information，expression，and action[J]. Journal of computer-mediated communication，2006，12(1)：230-247.

④ WOJCIESZAK，MAGDALENA. Carrying online participation offline—mobilization by radical online groups and politically dissimilar offline ties[J]. Journal of communication，2009，59(3)：564-586.

⑤ 陈云松. 互联网使用是否扩大非制度化政治参与——基于 CGSS2006 的工具变量分析[J]. 社会，2013(5)：118.

通过结构机制和文化机制转化为需求。[①] 阿尔蒙德在分析政治系统的结构时也将利益的输入分为利益的表达和利益的综合两部分。[②] 从理论分析的角度,本研究将输入可能经历的环节简化为两部分:一是政治诉求的产生,二是政治诉求的转化。[③]

互联网的出现对政治诉求的产生的突出影响体现在政治诉求信息数量的增加、多样化、显化及新舆论场的形成上。上文已做说明,在此不再赘述。在政治诉求的转化这一环节,一种新的转化机制在互联网时代形成。这得益于政治信息输入主体、内容、渠道等结构在互联网时代的塑新。在前互联网时代,粗糙的、模糊的政治诉求往往只能通过原有输入精英及其所构成的、旧有的结构机制、文化机制进行信息转化。对此,伊斯顿指出:从欲望到需求的转化往往要通过结构机制和文化机制[④];阿尔蒙德则强调了政党作为转化机制的重要性[⑤]。这些机制承担转化的功能,也扮演着"把关者""控制者"的角色。因而,输入的整个过程处于精英及传统组织、机构的控制下。在互联网时代,互联网的中介与平台作用的双重耦合,结合新的输入主体、输入形式,建构着以(以输入为目的的)传播本身为基础的、新的政治诉求信息的转化机制。这其中的传播不同于前互联网时代那种纵向的传播,而是一种"横向传播"[⑥]。所谓横向传播就是指信息横向流动的传播活动。其构成主体包括因被赋权而与精英界限模糊的普通民众及因互联网传播资源的重新分配而形成的新意见领袖;其实体组织形式是弱组织,而不是固定组织机构;这决定了其形式是非线性的、网络状的、动态的;其运行动力直接源于政治诉求的产生者而不是其"代表";其方式不局限于明确的语言和内容,而且更为关注政治信息的意义自主生产与解读,这种意义则关乎意义生产主体在整个社会架构中所处的位置。这表明,社会系统对于弥散的、原始的政治诉求进行信息转化以助力其进入政治系统的机制主体不再被旧有精英或其把持的组织、机构垄断。政治诉求的转化在互联网时代具有了一定的独立性。

值得注意的是,尽管互联网时代政治传播的输入形成了新的转化"机制",但这一机制显然不属于伊斯顿所提到的"文化机制"和"结构机制",更不属于阿尔蒙德所说的政党制度。一方面,在互联网时代,以横向传播为中心的转化机制摆脱了传统机制的控制,具

---

① 伊斯顿.政治生活的系统分析[M].王浦劬,译.北京:人民出版社,2012:33-322.

② 阿尔蒙德,等.发展中地区的政治[M].任晓晋,等译.上海:上海人民出版社,2012.

③ 阿尔蒙德认为,在政治诉求的表达环节,政治诉求在形式上往往较为粗糙,处于潜伏状态,在内容上则较为模糊、混杂,其表达主体人数和规模也较有限,还未达到能够输入、进入政治系统的规模。因而,政治诉求在经历了输入的第一个环节——政治信息的产生之后,在进入政治系统之前,还需要经历一个低层次的加工、处理过程,将这些粗糙的、模糊的、潜伏的、小规模的政治诉求加工成一种符合输入要求的通常形态。本研究将这一过程称为政治诉求的转化。政治诉求的转化环节相当于伊斯顿所说的"欲望转化为需求"的过程及阿尔蒙德的"利益综合"。在这一环节,政治诉求转化为较为明确的、试图输入政治系统并致力于转换为政策输出的政治信息。这一环节是政治诉求在未正式进入政治系统内的转换环节时所经历的社会系统的多重"把关"。参见阿尔蒙德,等.发展中地区的政治[M].任晓晋,等译.上海:上海人民出版社,2012:30-36.

④ 伊斯顿.政治生活的系统分析[M].王浦劬,译.北京:人民出版社,2012:79-108.

⑤ 阿尔蒙德,等.发展中地区的政治[M].任晓晋,等译.上海:上海人民出版社,2012:36.

⑥ 卢家银.互联网在横向传播中的作用[J].浙江传媒学院学报,2011(4).

有一定的独立性，其在新的条件下已经超出以“稳定”“持续”为目标所构建的原有政治系统框架。另一方面，这种机制仍处于发展的过程中，其本身存在很大的临时性、不确定性。这意味着这一“机制”在目前整个政治传播中只是扮演了一种“提供输入”的功能角色，还远没有成为一种政治制度层面的输入“结构机制”，即还无法被纳入伊斯顿所说的“结构机制”之中。

在互联网时代，政治信息的输入环节不仅产生了新的转化机制，另一个显著变化体现在输入的不同环节呈现扁平化的融合。以中国的政治传播输入为例，有学者指出中国社会利益的表达与综合主要是由权力精英，即党政干部，按照群众路线的工作方法，通过调查研究方式对人民群众的利益要求进行主动的考察和认定，从而寻求和确认政策问题，并直接将其列入党和政府的政策议程中，进而向决策系统输入的过程。这是一种“内输入”模式。① 这种内输入从组织社会学的角度呈现出政治科层制的特点。具体来看，中国政治传播运作中的输入依赖会议、文件、选举、信访、媒体、视察调研或巡视等渠道，这些途径或本身以组织化的机构为载体，或本身依附于层级组织。然而，这种科层式的政治传播因其信息不对称，既不利于上情下达也不利于下情上达，极易造成“传播失灵”。互联网的出现则使这种科层体制下的“传播失灵现象得到改善”，在一定程度上发挥了“去科层化”的功能效应，使得政治传播绕过中间层，联通底层与高层。② 互联网对政治传播的去科层化在输入过程上的表现是输入环节的扁平化。③ 这种扁平化主要指在互联网时代，输入过程中政治诉求的产生和政治诉求的转化在一定程度上的融合。不同于层级制度的科层逻辑，互联网提供的输入渠道遵循的是一种扁平化逻辑。互联网高速的传播速度和对地理空间的超越压缩了政治信息传播的时间与空间，当人们使用互联网表达某种政治诉求时，这种诉求几乎以同步的速度被传播。这种诉求还依赖于上文提到的新的转化机制，类似的或者相反的政治诉求信息发生“化学反应”，进而得以修改、整合，最终成为在内容和语言方面易于输入的政治诉求信息。这意味着互联网上“拓扑”式的传播模式融合了政治信息的生产、转化甚至消费过程。基于互联网媒介，政治诉求信息的生产与转化环节在一定程度上相互重叠，在生产中转化、在转化中生成，你中有我、我中有你，边界模糊。这种扁平化及环节的融合无疑加大了政治控制的难度，这从反方向为输入的独立、自觉、主动减少了障碍。

(五)输入动力:自下而上动力的生成

政治系统的运行离不开动力机制的驱动，政治传播的输入作为政治系统运行的重要

---

① 刘伟，吴友全. 论中国政治过程中的内输入模式[J]. 江汉论坛，2013(6)：13；马胜强，吴群芳. 政策输入的政治逻辑——我国政策内输入机制分析[J]. 学术论坛，2014(3)：21.

② 潘祥辉. 去科层化：互联网在中国政治传播中的功能再考察[J]. 浙江社会科学，2011(1)：36.

③ 王长潇. 网络时代大众媒介传播的新模式——“扁平”传播[J]. 新闻大学，2001(4)：68.

子系统,其运作也少不了驱动。从传播学视角来看,“传播动力学”是由美国学者多米尼克在《大众传播动力学》一书中首次提出的。目前,有研究将传播动力分为三个方面:一是传播主体动力;二是传播本体动力;三是传播媒体动力。① 除这三个方面之外,传播所处的环境也构成了传播活动的力量场域。②

互联网作为一种传播媒介,其对政治传播中输入动力的影响首先体现在传播媒体动力上。互联网作为媒体的技术载体,其本身的进步与发展为政治传播输入带来了驱动力,这具体体现在互联网技术在发展过程中的价值、理念的选择与建构上。正如有学者从技术哲学的角度指出互联网技术的“内嵌特殊规则”:互联网内嵌着像自由、共同体、平等、利他主义和民主等价值。③ 互联网技术本身具有“去中心化”“不可控制的秉性”。然而,互联网带来的媒体动力往往是隐形的,藏身于主体动力、本体动力及来自环境的动力之中,通过改变传播中人与人、人与媒介之间的关系发挥驱动作用,改变其他三种动力的大小、方向及动力合力。互联网本身的动力及其对主体动力、本体动力、环境动力的影响归根结底是由人的实践作用。因而,普通民众借助互联网表达政治诉求的新实践,截然不同于前互联网时代的政治传播动力景象。

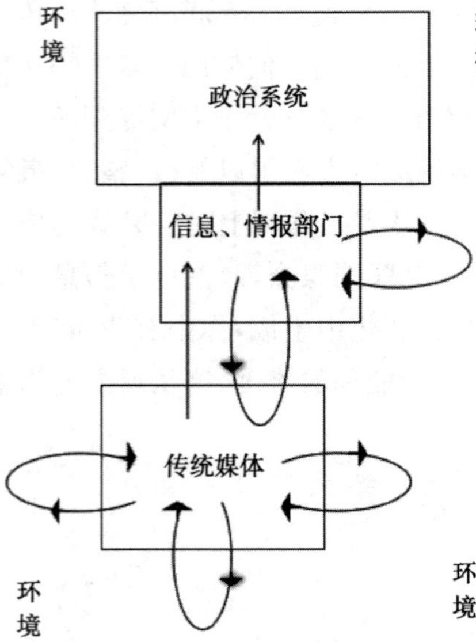

图1　前互联网时代输入动力路径图示

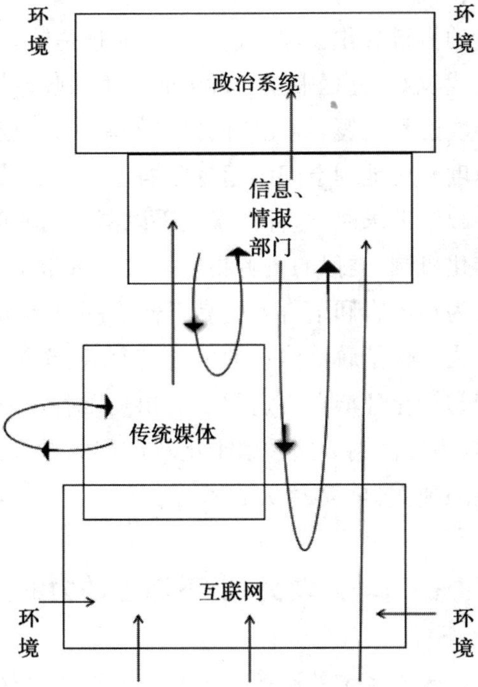

图2　互联网时代输入动力路径图示

① 张方敏. 传播动力新论[J]. 新闻爱好者,2011(6):4.

② 荆学民,于淑婧. 关于民主传播的理论探索[J]. 政治学研究,2016(3):16.

③ 查德威克. 互联网政治学[M]. 任孟山,译. 北京:华夏出版社,2010:23,49-63.

图1与图2分别显示了前互联网时代和互联网时代政治传播输入动力的路径图。借助两图，可从理论上分析两个时代的动力路径的不同。图1显示，在前互联网时代，政治信息主要借助于传统媒体以及政治系统的专门信息部门，通过收集、调查、统计民意的方式获取，或者通过属于政治系统本身的组织系统、间接民主的制度层层传递、输入。在中国，这种政治诉求表达路径的现实机制，包括各级“人民代表大会”和“政治协商会议”在内的“两会”，新华社、《人民日报》等官方媒体以及一些重要智库如中央政策研究室、中央党校、中央编译局、国家行政学院、国务院发展研究中心、中国社会科学院等。[①] 从本质来看，这种输入的运行，依凭的是一种自上而下再向上的动力机制。其主要动力图式为：从传统媒体或信息部门出发，然后进入社会系统，最后再返回自身，即自上而下再向上。正如上文所说，这种政治信息很大程度上体现为被动输入或代表性表达。基于这种动力路径的政治诉求输入往往受制于政治、权力、经济等因素，因此缺乏独立性。除此之外，在图1中还存在自下而上的直线动力路径。此路径指在前互联网时代，少数传统媒体或个别的输入主体依凭本身掌握的资源通过种种渠道将政治诉求信息输入政治系统。但这些输入主体本身受制于强力政治与资本力量，因此，尽管这种动力路径是自下而上的，却很难具有独立性，虽存在一定的主动性，却因其体量微小及受外界制约而力量微弱，还不足以使输入呈现独立、自觉、主动的整体运作特点。

在图2中，曲线路径已经扩展至传统媒体、信息部门与互联网之中，新媒体的出现促使传统媒体及政治系统的信息部门利用此曲线路径，进而更好地对弥散的政治诉求信息进行收集、调查、统计，以更好地把控输入。从本质来看，这种曲线路径与图1中的曲线路径没有本质不同，都是由传统媒体和信息部门等掌握资源者主动发力，都是为了控制输入，以维持特定政治系统的秩序和稳定。然而值得重视和强调的是，在动力路径方面，互联网时代直接增加了更多自下而上的路径。这种自下而上的动力既不同于曲线路径中本身受到控制的输入动力，也不同于图1中那种受到控制、为政治系统服务的前互联网时代的自下而上的动力。这里的动力因为互联网本身的大众性、不受控制的应用而具有一定的独立性，同时也因政治诉求的直接表达而具有主动性。基于这种动力运行的输入，无疑相对于前互联网时代的输入具有了更多的独立性与主动性。

综上可知，互联网为民众政治参与、政治诉求表达提供了新的途径，同时也通过改变人与人之间的社会关系促进着这种趋势的发展。互联网形塑了政治传播输入的各个结构，输入主体、输入内容、输入渠道、输入环节、输入动力在互联网时代都体现出了独立性、自觉性、主动性。

---

① 俞可平.民主还是民粹——中国的民意政治[J].中国治理评论，2014(1)：2-24.

三、互联网时代输入的自主性

从政治系统的理论来看,伊斯顿认为政治系统运作的目的是价值的权威性分配,输入作为政治系统运作的首要环节和资源,既是价值分配权威性的来源,也决定着价值如何进行权威性分配。在互联网时代,上文所提到的输入在各个结构所体现的独立、自觉与主动已经显示出输入本身所具有的摆脱桎梏、意愿自觉的势能和驱动。政治系统的权威性价值分配,从权威性获取、何为价值、如何分配等层面越来越受到输入的影响。可以说,输入主体、输入内容、输入渠道等结构体现出的独立性、自觉性、主动性,正在促使输入在政治传播系统中扮演的角色体现出不同于前互联网时代的新趋势和新特点。本文将互联网对输入重塑的特点总结为自主性。

所谓自主性(Autonomy),是指行为主体按自己意愿行事的动机、能力或特性。[①] 输入的自主性主要体现为三个方面:第一,更多的、独立的输入参与到政治系统的政治决策之中。在传统媒体时代,由于输入渠道的限制,参与价值性权威分配的主体是有限的.输入的各个环节因其层级限制及制度饱和而受到较强的政治控制,只有极少的政治信息能够自觉地、自下而上地、独立地输入到政治系统中,即参与价值的权威性分配,或对政治系统的价值分配活动的权威性产生影响。互联网时代,从输入各个结构相互作用所形成的输入结果来看,来自各个层面的"支持"输入已经成为政治系统权威性来源的基础和重要组成部分,政治系统的输出在没有汲取"需求"输入时也越来越难以很好地实现价值的优先性排序或进行价值的横向、纵向分配。除此之外,在前互联网时代,因为输入渠道有限,输入在不同的制度内和有差异的环境中已达到了低层次自主的上限,互联网的出现则打破了这一天花板,为输入参与政治决策拓宽了环境空间、增加了制度可能性。

第二,对于整个政治传播系统来说,输入的自主性意味着面对级数增加的政治信息输入,政治回应式的政策输出必不可少。这一点与前互联网时代的不同在于,互联网时代的"输入一输出"模式遵循的是一种国家与社会的沟通范式,而不是国家控制社会的范式,强调的是在政治传播中政府的服务性、回应性,而不是规制、审查式的控制型政治传播。然而,政策的输出背后隐藏着对大政府或强政府的需求,只有大而强的政府才有能力迅速有效地回应主动的、自觉的、喷涌式的政治诉求输入。这一点似乎又与输入的自主性本身代表的社会力量的独立性逻辑相悖。

这一矛盾涉及输入自主性的第三个方面:输入的独立性。自主性不仅仅指输入主体

---

① 自主性是哲学、政治学、伦理学、法学等多个学科领域都涉及的一个论题,不同的论域赋予了这一论题不尽相同的内涵。马衍明.自主性:一个概念的哲学考察[J].长沙理工大学学报(社会科学版),2009(2):84-88.

对输出的索取,还体现在输入主体某种程度上的自治能力及其独立地与政治系统沟通的能力。因此,输入的独立性有两个层面的意涵。首先,这意味着政治信息在进入政治系统之前,已在社会系统中实现了较低程度的讨论、整合,趋向于一定程度或者某一层面上的“自回应”。这表明,互联网时代政治信息的输入可以不再完全依赖政治系统消化,而是具有了将一部分原本属于政治系统的职能转变为由社会系统担纲的趋势。输入的过程中形成的新转化机制便是这种趋势的体现。当然,目前来看,这种“自回应”显然还是十分虚弱的,充满着不确定性,也具有很大的不可持续性风险。因为这种“自回应”除了依赖传播技术所提供的空间与渠道之外,另一个必要的实质性条件是由理性公民组成的合作关系及在此基础上形成的强社会,这恐怕是传播技术发展与进步难以单独实现的。其次,这意味着互联网时代的政治传播不单单内含着与输入相对应的强大的输出及输入对权威性价值分配的影响,同时也包括输入本身的强大——互联网时代,输入正在承担并应继续承担价值选择、价值分配、权威塑造的独立功能。这种“国家一社会”的双强模式可能是未来政治传播系统良性发展的规范趋势和方向。

综上所述,在互联网塑造下,输入的各个结构及整体输入过程已显现出或多或少的自主性特点。从经验到理论,互联网时代政治传播的自主性输入经验意味着输入这一理论需要更新。正如政治传播学者伯内特所指出的,鉴于互联网破坏了媒体、公众和民主机构之间的关系,需要重新格式化政治传播领域的一些核心概念。[①] 从上文分析可知,互联网时代输入的自主性特点表明,伊斯顿等学者所固守的输入是被“控制”对象的“保守”认识已经很难适用。因此,在互联网时代的新背景下,关于输入的规范研究理应跳出控制的视角,根据输入的新特点将政治信息的输入看作是一种“自主的交流结构”[②],用更契合新媒介形式的新视角和信息传播的客观立场对其进行解读和规范。立足于此,输入这一贯穿于社会系统与政治系统的政治信息传播过程,不仅仅是为了实现整体政治系统运行的稳定和持续,也关注其稳定是否符合在信息传播中所体现的、基于“人性一人类性”的对于其他价值的追求,同时还涉及公共职能在国家与社会之间的角色分配。这种视角更加关注政治信息是否能够在各个主体之间进行有效传播、合作和沟通对话。总之,对控制视角下输入概念范式的批判式思考是对互联网时代输入新特点的理论回应与理论更新。

---

① BENNETT,PFETSCH. Rethinking political communication in a time of disrupted public spheres[J]. Journal of communication,2018(68):243-253.

② 阿尔蒙德指出,一个自主的交流结构,就是一个在社会中既不受政治领导人的左右,也不受特殊利益者控制的交流结构。参见阿尔蒙德等. 比较政治学:体系、过程和政策[M]. 曹沛霖,等译. 上海:上海译文出版社,1987:175.

政治传播研究与理论新探

新全球化时代政治传播的理论重建和路径重构

◇ 史安斌　王沛楠[1]

2016 年以来西方国家发生的一系列"黑天鹅"事件标志着当今世界进入"后西方""后秩序"的时代，以"启蒙""现代性"为核心的"欧洲文化想象"（European cultural imaginary）和 1945 年以来建立起来的"美国秩序"（Pax Americana）正一步步逼近内爆和崩塌的边缘。"逆全球化"（de-globalization）的思潮席卷全球，以特朗普为代表的一批西方政治人物开始采取收缩性的全球战略，放弃了"全球领导者"的角色，这使得世界进入了一个充满高度复杂性和不确定性的历史节点。

面对"逆全球化"思潮的侵袭，世界迫切地需要新的驱动力量推动全球化。在这样的国际背景下，习近平总书记在十九大报告中豪情满怀地宣告中国特色社会主义建设进入了"新时代"，引发了全球媒体和舆论的高度关注。特别是他在报告中强调的"中国将继续发挥负责任大国作用，积极参与全球治理体系改革和建设"，这为处在变局与迷局中的全球发展指明了新的方向。毋庸置疑，中国将在构建全球新秩序、新格局的进程中发挥举足轻重的作用，世界期待中国方案，希望听到中国声音。

在"新全球化"的语境下，中国在国际社会中的影响力和话语权将进一步增强，这将使中国的政治传播实践和研究进入一个新的阶段。在很长一段时间内，政治传播都是传播学界"西方中心论"或曰"欧美中心主义"积淀最为深厚的一个领域。西方学者在传播研究中潜移默化地形成了一种"随处安放的学理自尊"，宣称其研究具有普遍性，并总是试图将其他地区的研究边缘化为一种"特殊"或者"例外[2]。"西方学者基于本国的政治实践进行实证研究并建构理论，处于"半边缘"的其他"后发民主国家"的学者将这些理论进行重复性的验证，而像中国这样的"例外"国家则被排斥在政治传播的"文化想象"和话语体系之外。

---

① 作者史安斌系清华大学新闻与传播学院教授，作者王沛楠系清华大学教育研究院博士后，清华大学写作与沟通教学中心专职教师。

② GROSFOGUEL. The epistemic decolonial turn：beyond political-economy paradigms[J]. Cultural studies，2007，21(2-3)：211-223.

但在世界秩序进入新一轮重组过程的当下,由西方学术界掌控的政治传播研究格局开始走向瓦解,“西方路灯光影以外的世界”开始步入政治传播领域,带来了政治传播研究格局的理论重建与路径重构。本文将通过梳理政治传播学的理论演进与发展脉络,分析“现代主义”语境下的经典政治传播理论为何无法解释带有“后现代主义”表征的,反民主、去中心化、碎片化的西方传播现象,并以“行省化”视域作为切入点探讨“新全球化”时代理论创新的可能性,寻求超越“西方化—去西方化”二元对立的现实路径,分析中国政治传播学界在全球范围的“行省化”探索中应当扮演的角色和发挥的作用。

一、后真相时代的网络极化与另类空间

(一)“后真相”:理论溯源和内涵透视

2016年,“后真相”一词成为英国《牛津词典》(*Oxford Dictionary*)选出的年度热词。“后真相”原本用来形容一种畸形的舆论生态——相对于情感及个人信念所产生的“强大影响”而言,客观事实对民意的形成只能产生“有限影响”。这个概念最早见于1992年美国《国家》(*The Nation*)杂志的一篇文章中,被赋予“情感对舆论的影响力超过事实”的定义。2016年8月,《纽约时报》刊发伦敦大学教授威廉·戴维斯(William Davis)的时评,文章指出,传统主流媒体长期以来奉若圭臬的“真相”已经从神坛跌落,逐渐失去了主导社会共识的力量,世界已经进入了“后真相时代”。

从传播学的视角来分析,“后真相”的泛滥与社交媒体平台的兴盛存在着直接关联。社交媒体的广泛应用使新闻信息逐渐碎片化,假新闻、流言蜚语、轶事绯闻呈现病毒式传播的趋势。相较于高高在上的主流媒体,网民们更愿意依赖一个个“部落化小圈子”获得资讯、分享观点。然而“圈内人”拥有相似的价值观,致使他们每天得到的讯息经由了“立场的过滤”,与其观点相左的理念逐渐消弭于无形。加之“沉默螺旋”“寒蝉效应”在社交媒体平台上越发凸显,社交媒体所具有的“回声室”(echo chamber)、“过滤气泡”(filter bubble)等负面效应加剧了社会群体的撕裂,动摇了欧美民主政体的根基。

造成“后真相”大行其道的另一个重要因素是社交平台所依赖的算法推荐。该算法推荐的基本原理是收集用户的所有状态更新,包括其转发的新闻以及点赞和评论等,这些数据会被转化为相应的分数,这个分数决定了该条信息能否成为平台向其用户推送的“热门新闻”(trending news)。美国大选结束后,脸书因传播假新闻而受到舆论指责,其创始人马克·扎克伯格(Mark Zuckberg)辩称,脸书推送的假新闻只占其信息发布总量的1%。但这1%的假新闻如果失去了传统的“把关人”的监督,便会以病毒式的几何级

数海量传播，产生难以估量的影响。借用英国启蒙思想家托马斯·霍布斯(Thomas Hobbs)的比喻，这种“算法利维坦”将借助人工智能和大数据技术的蓬勃兴起而扩张为一种新的霸权。算法成了上帝制造的“技术神祇”，方便人们在浩瀚的数据海洋中恣意遨游。但与此同时，算法还是由人创造与运作的，也就具备了半神半兽、善恶兼备的双面性。它在给人类提供便利的同时，也会操控乃至吞噬人类。

在现代主义兴盛的时代，真相是至高无上的。客观事实是新闻报道的基础，新闻报道又是客观事实的表征，报纸、电视、广播等大众传播媒介拥有还原事实、阐释意义的绝对权威，这也是西方“客观新闻学”理念的精髓所在。然而，“后真相”营造的舆论生态却印证了“新闻—事实”纽带的断裂。在众声喧哗的社交媒体时代，事实经过无数次的“再阐释”——或许是严肃的深挖或探究，或许是故意的扭曲与篡改——其本身不再是新闻报道的核心，而逐渐让位于情感、观点与立场。大众传播媒介不再拥有阐释意义的权威，而把对真相的解释权让渡给了原子化的平台型媒体。

从历史和哲学的宏观层面来看，“后真相”概念的勃兴也符合西方主流思潮从“现代主义”到“后现代主义”的总体演进趋势。按照现代主义的思路，文本、表征和符号都是闭合的体系，只能有唯一、准确且权威的定义。而在后现代主义理论家看来，文本、表征和符号是开放的系统，因此对它们所做的阐释便具有无限多样的可能性。

总而言之，在现代主义引领的大众传播时代，“客观新闻学”奉总体化、同一性、体系化、权威性为圭臬。而在以社交媒体为中心的时代，以“后现代主义”为其哲学基础的“对话新闻学”则占据了主导地位，多元化、多样性、差异性、去中心化、碎片化、不确定性等成了媒介传播的主要特征。① 简言之，“后真相”正是“后现代主义”引领下“对话新闻学”的具体体现，也是社交平台的兴起彻底颠覆西方政治理论道统的一个典型例证。

(二)网络化公共领域理论

2016年“后真相”引发的冲击主要集中于政党竞选活动，因而其对以此为主要研究对象的西方政治传播领域所产生的震荡效应也是显而易见的。从总体来看，重构西方政治传播理论的努力要追溯到社交媒体崭露头角的十年前，大体经历了以下几个阶段：“网络化公共领域”理论、“不对称极化”理论、“另类空间”理论，再到新近出现的“后真相”概念。政治传播领域的诸多经典理论——例如，“议程设置”(agenda setting)、“框架理论”(framing)和“索引”(indexing)，等等——大都基于一个共同的假设，即在一个以国家为单位的政治共同体内，绝大多数公民处于共同的、一致的公共领域。不少学者认为，数字

① 史安斌，钱晶晶. 从“客观新闻学”到“对话新闻学”——试论西方新闻理论演进的哲学与实践基础[J]. 国际新闻界，2011(12)：67-71.

媒体时代的到来并没有打破这样的假设。其中,最具代表性的是效力于哈佛大学尼曼新闻研究所的知名学者杨采·本克勒(Yonchai Benkler)的观点。

社交媒体刚刚兴起的时候,他就提出,数字传播生态圈中分散各处的"基于共同体的同侪生产"(commons-based peer production)这一新型信息生产方式打造出了一个"网络化公共领域"(networked public sphere)。与以传统主流媒体为平台构建而成的公共领域相比,网络化公共领域可以吸纳更为多元化的观点表达路径,催生更为民主化的政治参与模式,同时更不容易受到政治和资本权力的操控。

本克勒关于"网络化公共领域"的早期理论建构主要是基于对两个典型案例——"抵制辛克莱运动"(the Sinclair boycott)和"帝博德投票机丑闻"(the Diebold voting machine scandal)——的研究。但是,"抵制辛克莱运动"和"帝博德投票机丑闻"的参与者大多是美国的左翼自由派人士,由这两个案例得出的关于信息流动的结论缺乏代表性,似乎并不能推广到整个"网络化公共领域"中。面对上述质疑,本克勒又分别考察了自由派和保守派人士广泛参与的有关"取缔盗版和保护IP法案"和"网络中立法案"的公共讨论等案例[①],进而得出结论:网络化公共领域的政治话语和集体行动可以超越党派意识形态,以"基于共同体的同侪生产"方式自发组织起来,展开更为个人化的"连结性行动"。

本克勒关于网络化公共领域的理论构建包含三大核心概念——合法性话语、集体性智慧以及多元化观点。首先,政治话语和集体性行动是在网络化公共领域的合法性边界内展开的。本克勒所重点研究的四个"网络群体性事件"的参与者普遍尊重事实,强调客观性和理性。正因为这些事件的诉求符合社会的主流价值和价值观共识,美国传统主流媒体从其爆发之初起就成为积极的参与者和推动者。其次,网络化公共领域的信息过滤机制依赖公众的"集体性智慧"(collective intelligence)。网民依靠互联网的"对冲""自净"机制,可以自发地识别出专家和意见领袖,并筛选出真实可靠的信息。最后,和以传统主流媒体为核心而搭建的公共领域相比,网络化公共领域不受版面和时段的限制,因此可以最大限度地容纳多元化的观点表达和交锋。总而言之,本克勒界定的"网络化公共领域"是一个高度动态化、多元化的舆论平台和行动机制,是"互联网民主政治"的轴心所在。网民在理性的话语边界里发挥集体智慧,权衡不同观点,尝试不同方案,以螺旋式自下而上的方式筛选、传递、放大最具价值的信息,从而达成共识,最终实现目标。

(三)另类空间的兴盛与政治传播理论的危机

随着社交媒体越来越深入到政治和社会生活中,其复杂性和破坏性也表现得越发显

---

① BENKLER Y,ROBERTS H,FARIS R,et al. Social mobilization and the networked public sphere: mapping the SOPA－PIPA debate[J]. Political Communication,2015,32(4):594-624.

著,网络化公共领域理论也遭到了越来越多的研究者的质疑。他们认为,随着网络舆论场的“极化”趋势越发凸显,所谓“高度动态化、多元化的网络化公共领域”只是一个美好的设想,在现实生活中并不存在。近年来,美国政治生态中的“极化”趋势愈演愈烈,自由派和保守派的意识形态分歧不断扩大,受众对党派新闻的需求催生了一大批带有鲜明党派色彩的网络媒体,其中最有代表性的就是2016年总统选举中名声大噪的“布莱巴特新闻网①”(Breitbart News Network)。而相较于传统媒体,数字媒体可以使用户轻易地过滤掉自己不感兴趣的内容,尤其是社交媒体普遍使用的算法推荐更是加剧了“选择性接触”效应,公众因此更不容易接触到和自己意识形态相左的信息。②

如果说网络空间的“极化”现象已经大大削弱了网络化公共领域理论的解释力,那么最近几年“另类空间”的迅速兴盛则对它构成了挑战,甚至有可能彻底颠覆西方政治传播的理论体系。随着主流媒体陷入“公信力困境”,越来越多的人转向另类媒体寻求那些可以证实他们主观愿望或情感的信息。③ 作为“守门人”的传统媒体基于新闻价值的判断曾为公民创造了共享的拟态环境,为公共领域里的话语博弈提供了共识,划定了底线。但这样的公共领域已经随着传统媒体影响力和公信力的式微而渐趋边缘化。但取而代之的也并非本克勒所构想的理想化的网络化公共领域,而是形色各异的“另类空间”(alternative sphere)。正如美国知名政治传播学者兰斯·班尼特所言,数字媒体的迅猛发展和“后新自由主义”社会的政治动荡共同促成了“民主化的公共领域”的瓦解。互联网为极端观点的滋生提供了温床,而社交媒体则成为“假新闻”泛滥的工具。以新自由主义为主导的全球化浪潮在西方国家催生了一大批愤愤不平的失败者,他们对传统政党、主流媒体以及立法机构丧失信心,转而支持极端立场,积极分享和传播各种“后真相”或“另类事实”。近一年来,西方各国政坛的“黑天鹅”事件频出也绝非偶然现象。2016年的英国脱欧公投、美国大选,以及“法国国民阵线”“荷兰自由党”等极端右翼政党在2017年大选中获得空前的支持都极大地受益于“另类空间”的兴盛。

值得一提的是,“另类”是一个历史的、相对的概念。由传媒大亨默多克创办的福克斯新闻台(Fox News)在20世纪90年代可以算得上是另类媒体的标杆。不过与近年来兴起的“布莱巴特新闻网”“每日传讯”(Daily Caller)或“信息战”(Infowars)等右翼新闻网站相比,“福克斯”则可被视为主流媒体。在当前的语境下,一些研究假新闻的学者使用

---

① BENNETT W L, IYENGAR S. A new era of minimal effects? the changing foundations of political communication[J]. Journal of communication, 2008, 58(4): 707-731.

② FLAXMAN S, GOEL S, RAO J M. Filter bubbles, echo chambers, and online news consumption[J]. Social science electronic publishing, 2016, 80(S1): nfw006.

③ IYENGAR S, HAHN K S. Red media, blue media: evidence of ideological selectivity in media use[J]. Journal of communication, 2009, 59(1): 19-39.

"另类媒体"一词指代宣传反全球化意识形态的钓鱼网站和宣传网站。[①] 希拉里·克林顿在一次竞选集会上也给出了她对"另类右翼"(alternative right)的定义:"另类右翼绝不是我们所知的保守主义,也不是共和主义。种族歧视、人身攻击、反穆斯林和反移民是另类右翼的信条……另类右翼是一个具有松散组织架构的线上运动,它反对温和保守主义,推崇激进民族主义,认为移民和多元文化威胁到了白种人的身份认同。"

由此可见,"另类空间"超越了传统政治学意义上的左右翼之分,它自成一体,站在西方主流价值观的对立面。我们可以把"另类空间"看作是具有松散组织架构的反民主话语空间,它们构建了相对封闭、基于"情感化真相"(emotional truth)的拟态环境,使参与者得以强化自身固有的态度和信念。"另类空间"并不具备"网络化公共领域"的三大核心要素——合法性话语、集体性智慧以及多元化观点。第一,"另类空间"里的话语可谓是"无节操,没下线"。正如希拉里·克林顿所言,另类右翼的话语充满了种族歧视和性别歧视,民主自由的价值观完全被消解,似乎反民主、反主流才是共识。第二,信息传播机制依赖公众的集体盲从而不是集体智慧。"另类空间"的参与者大都无法辨别信息真伪,无法识别专业意见,无法筛选可靠的信息。例如,布莱巴特新闻网对"希拉里在比萨店搞拐卖儿童的生意"的报道被各大另类媒体疯狂转发,全文通盘且仅仅引用一个自称"华府局内人"的单一信源,但没有一家另类媒体对其提出质疑。第三,虽然"另类空间"可能包含众多亚文化流派,形成了貌似多元化的"共生文化"(co-culture)机制——例如另类右翼包含了男权空间论(manosphere)和反犹主义——但另类空间里广泛传播的讯息多受"拟态多信源证实机制"的影响。具体而言,甲在脸书上读到的假消息来自多个信源(乙网站、丙网站或丁网站),因此他对这个消息深信不疑。但丙网站和丁网站都没有做独立报道,而只是对乙网站的原创报道做了简单修改和复制。这便是数字化传媒生态中形成的一种特殊的信息传播机制,也是导致各种假新闻和"后真相"泛滥的根本原因。

在"另类空间"中,信息和观点同质化的倾向相当严重,主流媒体的辟谣往往起到作用,只能加深"另类空间"里民众对主流媒体的厌恶和不屑。值得一提的是,"另类空间"并不是右翼分子的专属空间。关于弹劾特朗普的假消息在美国部分左派人士间也大行其道,"俄罗斯空间"(Russiasphere)或许将发展为激进左翼的"另类空间"。显而易见,"另类空间"的兴盛将导致美国的舆论生态进一步恶化。

"另类空间"的兴盛还间接导致了传统主流媒体的"陷落"。如前文所述,互联网和社交媒体的兴起让传统主流媒体遭遇了"生存危机"。如今"另类空间"的兴盛让传统主流媒体陷入了"公信力困境"。在这种"双重困境"的压力下,一些传统主流媒体为了与"另类媒体"争夺注意力而不惜放弃了对新闻专业主义的坚守。2017年6月,CNN有关"俄

① STARBIRD. Examining the alternative media ecosystem through the production of alternative narratives of mass shooting events on twitter[C/OL]. Association for the Advancement of Artificial Intelligence, 2017. [2017-10-25] http://faculty.washington.edu/kstarbi/Alt_Narratives_ICWSM17-CameraReady.pdf

罗斯基金"的报道被证实"未达到编辑标准",包括两位曾获普利策新闻奖的资深记者在内的多位记者、编辑被迫辞职。在网上被广泛传播的一段内部视频中,一位 CNN 的制片人透露,该台炒作"通俄门"完全是"为了收视率"。这种"双重困境"带来的压力,对于已经风雨飘摇的传统媒体而言无疑是雪上加霜。

二、西方政治传播理论的"失灵"

(一)政治传播理论的"西方中心主义"

从近十年政治传播的实践来看,传统的"议程设置""公共领域"理论已成为"过去时","后真相"时代"另类空间"的兴盛已经成为"新常态"。从理论基础和研究路径来看,政治传播领域的"范式革命"已经是箭在弦上,不得不发。从更宏观的层面来看,"后真相"的兴起也标志着"后西方、后秩序"时代的到来。如同那段"西瓜爆裂"的短视频所预示的那样,以"启蒙""现代性"为核心的"欧洲文化想象"(Europeancultural imaginary)和 1945 年以来建立起的"美国秩序"(Pax Americana)正一步步逼近内爆和崩塌的边缘。

从历史的维度来看,这种"内爆"并不是没有缘由的。追溯政治传播的学理脉络,我们不难发现,它在本质上基于欧美国家的本土经验而后被泛化成具有普遍意义的理论范式。① 政治传播研究必须以工具理性、个人自由和权利意识作为不言自明的前提条件而展开,但由于存在不同的政治、经济、社会和文化语境,亚洲、非洲和拉丁美洲的学者在探索本土政治传播实践的过程中所遇到的问题与西方学者会有很大的差异,基于欧美国家本土经验的假设能否作为"放之四海而皆准"的前提,这一点是值得认真反思的。②

自从熊彼得提出"选举中心论"的民主观念以来,政治学界普遍认为,只有自由选举才能被纳入民主国家的考量。亨廷顿指出,"自第二次世界大战以后,主流的方法几乎完全根据选举来界定民主,民主被看作是构建权威并使其负责的一种手段"③。从这个角度来看,西方政治传播的研究很大程度上就是对选举制度发展史的梳理与分析。"议程设置""意见领袖与两级传播""选择性接触"等大批经典传播理论最早都针对美国的选举活动进行了实证研究,并在其他多党制民主国家进行了重复性检验。

这在某种程度上暗示了政治传播研究是具有"准入资格"的。只有效仿西方实行多

---

① YOSHITAKA M. An asiacentric reflection on Eurocentric bias in communication theory[J]. Communication monographs,2007,74(2):272-278.

② SILVIO,MELLADO. De-westernizing communication studies:a reassessment[J]. Communication theory,2014,24(4):361-372.

③ 亨廷顿. 第三波:20 世纪后期民主化浪潮[M]. 刘军宁,译. 上海:三联书店,1998:5.

党制和自由选举且拥有“独立”媒体的国家,才有可能进入政治传播的研究领域并与国际学术界展开对话。那些选择不同政治制度和运作方式的国家很自然地被打入“另册”,其政治传播学术研究游走于政治传播研究的边缘地带。追溯现代西方政治传播研究的起源,我们不难发现其中存在着根深蒂固的“西方中心”视角。与沃勒斯坦的“世界体系理论”相呼应,全球范围内的政治传播研究也逐渐形成了一套“中心－半边缘－边缘”的权力架构。

(二)政治传播研究的去西方化浪潮

20世纪80年代末,伴随着冷战的结束、全球化的深入、亚洲经济的崛起和全球媒介研究的发展,西方以外的国家日益认识到需要建构替代性的理论框架来解释“盎格鲁－美利坚”范式之外的本土经验。[①] 为此,詹姆斯·卡伦(James Curran)和朴明金(Myung-Jin Park)编辑了《去西方化的媒介研究》(*De-Westernizing Media Studies*,2000)。这本论文集汇聚了来自不同国家的学者围绕如何建构本土性的传播研究展开的讨论。《传播理论》(*Communication Theory*)杂志也曾组织以“去西方化的传播研究”为主题的专刊。对“欧美中心主义”的解构和颠覆一时间成为传播研究的重要内容,形成了一股“去西方化”的浪潮。

作为这股浪潮的延续,汪琪(Georgette Wang)编辑了《去西方化的传播研究》(*De-Westernizing Communication Research*,2013)。这本论文集将“去西方化”的思路由传媒拓展至更为宽泛的传播、沟通和文化研究领域。值得注意的是,传播学界兴起的这股解构“欧美中心主义”的潮流过度聚焦于个人化的身份政治和文化体验,缺乏对政治经济体系等宏观框架的剖析,因而对政治传播研究影响甚微。上述两本在传播学界具有风向标意义的论文集均没有深入触及政治传播研究的核心议题。这充分表明,“历史终结论”仍然是政治传播研究或明或暗的预设前提。这种思维定式直到西方政坛“黑天鹅”事件频出的2016年才开始出现松动的迹象。

从当下西方政治传播生态的变局来看,“后真相”“另类空间”等新型传播生态的兴盛充分表明,经典政治传播理论构建的理想化的“议程设置”“公共领域”等概念框架已不复存在,民众和媒体正逐步偏离传统的规范和准则,越来越多的民众对民主的核心价值丧失信心并开始支持威权统治,民主的根基面临瓦解,西方社会在步入“后真相”时代的同时也正走进克罗奇笔下的“后民主”(post-democracy)时代[②]。时代的巨变需要我们及时进行理论的扬弃。正如兰斯·班尼特在2017年国际传播学年会上所言,政治传播领域

---

① MYUNG-JIN,CURRAN. De-westernizing media studies[M]. London:Routledge,2000:46.

② COLIN. Post-democracy[M]. Cambridge:Polity Press,2004:1-15.

即将面临一场“范式革命”。网络空间的极化、公共领域的瓦解,以及“另类空间”的兴盛需要我们重新评估包括“议程设置”“公共领域”等在内的经典理论对当代西方政治传播现象的解释力。从这个意义上说,政治传播研究中的“去西方化”尝试才刚刚起步,长期以来主宰政治传播研究的“中心—半边缘—边缘”的权力架构有望被颠覆和改写。

(三)行省化与政治传播研究的进路

20 世纪 80 年代以降,在后现代主义思潮的影响下,传播学界也加入了学术界以“去西方化”为主线的理论反思和路径重构当中。值得注意的是,研究者在对欧美中心主义和后殖民主义倾向进行反思和批判的同时,其学术路径却通向了另一个极端。他们为了反对西方霸权,建构了某种封闭的“非西方”模式,并且以“非西方”的研究路径占据道德和话语的制高点,“西方”与“非西方”研究路径之间形成了尖锐的二元对立。这种“去西方化”的思路一方面将“西方”高度同质化,抹杀了在西方国家内部存在的政治传播实践与研究路径的多样性;另一方面将“非西方”语境下的传播学研究“他者化”,否认了全球政治、社会与媒体生态仍然处于“西方路灯光影”之中的现实状况。如果全然拒斥西方传播研究的话语体系与学术成果,试图在一种“真空”的本土语境下建构“另类空间”或“替代性话语体系”,同样会落入形而上的陷阱。这一点对于政治传播领域的研究者而言尤为重要。

无论是唯“西方”马首是瞻还是彻底地“去西方化”,这样的研究路径都不能完整地诠释处在变化之中的全球政治和传播格局。因此,探索新的媒介环境下的政治传播研究,需要建立一种超越二元对立论的思路。后殖民主义理论家狄普希·查克拉巴蒂(Diepesh Chakrabarty)提出的“行省化欧洲”(provincializing Europe)成为解构“欧美中心主义”的重要理论框架之一,对创新政治传播研究具有振聋发聩的启发意义。

查克拉巴蒂认为,当前历史研究中的“欧洲”不仅仅是一个现实地理区划,更是一种历史观念,代表着学界对于“政治现代性”(political modernity)的理解。基于欧美学者的历史观,人类历史只有一种标准化的线性演进模式,不同地区之间政治文明的发展差异只能被解释为处在这种演进模式的不同阶段。但查克拉巴蒂认为,欧洲中心的历史观对中国、印度等非西方国家的文明演变进程缺乏足够的解释力。为此他提出,对于欧洲历史的研究也需要采用“行省化”的视角,即“挖掘历史及其符码的某种局限,从而使其无效的部分公之于世”①。

查克拉巴蒂在这里所说的“历史”,即西方历史学家主导的“宏大叙事”(grand

① CHAKRABARTY D. Provincializing Europe: postcolonial thought and historical difference[M]. Princeton: Princeton University Press,2009:96

narrative)。在他看来,从来没有一种历史叙事能够穷尽所有文明和区域的发展进路。即便是在欧洲内部,不同国家和地区政治现代性的形成路径也存在着显著的差异。因此,经典史学构建出的"欧洲中心"的传统叙事甚至无法完整地解释地理空间意义上的"欧罗巴"所经历的政治现代性历程,遑论去涵盖整个人类社会的发展史。因此,引入"行省化"的研究视角,不仅是要将欧洲视作人类社会的一个"行省",而且还要进一步将地理空间意义上的"欧罗巴"分解成不同的"行省",以探寻在多元历史背景和文化语境下的政治现代化进路。

相较于"去西方化"或者"本土化"的概念,"行省化"提供了更具包容性的审视政治传播研究的视域。去西方化或本土化有意无意地将西方树立为"他者",从而使研究的出发点从一个极端走向另一个极端;而"行省化"则以更多元化的视角审视不同地区的政治和媒体语境下的传播研究,关注根植于不同政治和文化背景下的本土经验和在地实践,将源自西方的理论视作具体历史语境下的"话语型构"(discursive formation),而非空洞抽象的概念。[①] 在"行省化"的框架下,研究者——无论是来自西方国家还是来自非西方国家——所提供的理论都是根植于本土视野的产物,理论之间的对话则是双向且平等的。

三、"行省化":重构新全球化时代的政治传播

(一)媒介研究中的"行省化"

查克拉巴蒂的"行省化"视域虽然是针对历史研究中存在的"欧美中心主义"提出的,但它无疑对传播研究——尤其是深受"西方中心论"影响的政治传播领域——的理论反思和路径重构具有鲜明的指向性意义。作为政治传播的基础性理论建构,有关媒介体系的"规范化理论"(normative theories)在"行省化"视域的影响下出现了一些积极的变化。

作为新闻学和传播学的理论"原典"之一,《报刊的四种理论》(1956)首次系统地揭示了媒介与政治体制之间的互动关系,因而也成为政治传播学的"正典"。在西伯特等人看来,政治体制决定了媒介规范的模式,全世界范围内的媒介体制都可以被纳入"集权－共产主义"和"自由主义－社会责任论"的二元对立之中。此书写作时正值冷战高潮,因此书中的模式划分明显受到了冷战思维的影响,也是"欧美中心主义"在传播研究中的集中体现。在 20 世纪 80 年代以来的"去西方化"浪潮中,这本"正典"成为学界争相解构的对象。[②] 显然,这种简单化的"两分法"无法体现出全球范围内媒介体制与政治制度之间的

---

① ZHAO Y. Understanding China's media system in a world historical context[M]//HALLIN D C, MANCINI P. Comparing media systems beyond the western world. Cambridge: Cambridge Press, 2012: 143-177.

② 郭镇之. 对"四种理论"的反思与批判[J]. 国际新闻界, 1997(1): 40-43.

多样互动。

科林·斯巴克斯(Colin Sparks)提出,从来没有一个单一的、主导性的共产主义媒介体制。共产主义国家的媒介体制虽然都以国有媒体为基础,但其内部运作模式有着显著的差异[①],它意味着《报刊的四种理论》对于"共产主义理论"过于粗线条的概括无法有效解释共产主义国家内部的媒介实践。

作为学界批判和解构"四种理论"成果的集大成者,哈林和曼奇尼所著的《比较媒介体制》(2004)则进一步剖析了实行"自由民主"体制的国家的内部媒体生态,将看似具有高度一致性的"自由主义一社会责任论"的类目进一步细分为市场自由主义模式、民主法团模式和极化多元主义模式三类媒介体制,从而初步消解了媒介体制研究中"西方一非西方"二元对立的神话。这本著作被作者视为新闻传播学界对"四种理论"的"彻底告别",同时也标志着"行省化"政治传播研究的起点。但由于作者仍不能从根本上摆脱"西方中心论"的视角,为其研究对象设定了"自由民主体制"的"准入资格",因而无法实现作者在全球范围内进行媒介体制比较研究的目标。为了弥补这一"短板",同时回应来自第三世界同行的批评,哈林和曼奇尼随后又编辑了一本论文集——《超越西方的比较媒介体制》(2011),邀请来自中国、巴西、南非、沙特、波兰和立陶宛等国家的学者对本国的政治制度与媒介体制进行梳理,以更广阔的视野描绘了在多元政治体制背景下媒介制度的复杂形态和多样面貌。

从《报刊的四种理论》到《比较媒介体制》再到《超越西方的比较媒介体制》,媒介体制研究经历了从"西方中心"到"行省化"的视域转型。在《比较媒介体制》一书中,"报刊的自由主义理论"被解构成更加多样的类别,反映了意、法、北欧诸国和英美之间具有显著差异的媒介制度与政治体制的互动关系。《超越西方的比较媒介体制》证明了在"西方"范畴之外的媒介体制具有更为多元和复杂的样态。这充分说明,"欧美中心主义"视域下有关媒介体制的"规范性理论"同样是一种"例外",而非放之四海而皆准的"公理",而将西方理论归为一种"地方经验"而非"普世价值"恰好体现了"行省化"政治传播的基本思路。

(二)走向"行省化"的政治传播研究

与媒介体制研究的背景类似,政治传播研究与政治制度和政治实践有着密切的关系,因此,"行省化"的思路对于彻底颠覆政治传播研究中根深蒂固的"西方中心"视角有着重要的意义。如前所述,越来越多居于主流的学者逐渐认识到,由于政治体制和文化背景的差异,即便是关于西方国家自身的政治传播研究实质上也是高度"行省化"的。在

---

① S,COLIN. Media theory after the fall of European communism[M]//MYUNG-JIN,CURRAN. De-westernizing media studies. London:Routledge,2000:35-49.

不同政治和文化背景下开展的研究所发掘出来的“在地经验”也从未被证明。换言之，从“行省化”的思路来看，“欧美中心主义”的政治传播学也是一个被建构出来的“神话”。如果深入到西方国家政治结构的内部和深层，研究者便会发现在貌似同质化的“西方民主”体制的背后也存在多种形态的政治传播体系。

爱德文·贝克(Edwin Baker)和斯科特·奥尔索斯(Scott Althaus)等学者基于“政治责任”(political accountability)的视角，将西方民主体制分为“共和主义”“多元主义”“精英主义”这三种模式，并提炼出了不同模式下政府一公民一媒体的互动关系形式①(见表1)，这是“行省化”政治传播研究的标志性成果之一。在不同的政治责任语境下，政府一公民一媒体存在着截然不同的互动形式。这三种语境下开展的政治传播在方式、目的和效果方面也存在显著的差别。例如，在“共和主义”的模式当中，媒体在政治传播中扮演的是“策展人”(curator)的角色，强调媒体运用专业素养整合多元化的信息和观点并提供权威解读②；在“多元主义”的模式中，媒体在政治传播中扮演着“代言人”的角色，秉持不同政治立场的媒体构成了“彩虹光谱”，代表不同的社群发声；而在“精英主义”的模式中，媒体则扮演着“秩序维护者”和“舆论调停人”的角色。

表1　基于不同民主体制和政治责任的政治传播模式

民主体制的模式	公民参与政治传播的方式	政治传播的目标	政治传播的效果(谁能占据上风)	新闻媒体的主要职责	最适合的新闻类型和受众状况
共和主义：基于协商与共识的治理	关注公共事务，积极参与讨论和商议，达成共识，并通过选举和投票表达政治立场	寻求各个阶层和社群利益的最大化	最令人信服的立场或观点	·倡导公民美德 ·曝光腐败/道德败坏等行为 ·营造一个可进行理性辩论的包容性公共领域	社会责任型新闻；受众细分度较低
多元主义：由利益集团共同治理	组成社团，相互博弈，达成协议，并通过选举和投票表达政治立场	倡导和推进特定阶层和社群的利益	在公平原则上最有影响力的集团或群体	·确保各个群体及时知晓各自的利益 ·推动各个群体充分表达他们的利益 ·确保官员充分知晓各个群体的利益	政治倡导型新闻；受众细分度较高
精英主义：由专业人士治理	仅通过选举和投票表达政治立场	为草根基层和边缘弱势群体代言	最有能力和清廉的领导人	·曝光统治阶层的贪腐和不作为 ·宣导现有体系的合法性	市场驱动型或社会责任型新闻；受众细分度关联不大

① 此表格根据以下两位学者的著述改编而成：SCOTT L. What's good and bad in political communication research? normative standards for evaluating media and citizen performance[M]// HOLLI A S，SCAMMELL. The SAGE handbook of political communication，London：SAGE Publications Ltd，2012：97-112；BAKER，C. EDWIN. Media，markets and democracy[M]. New York：Cambridge University Press，2002.

② 仇筠茜. 新闻策展："微媒体"环境下突发新闻报道及伦理分析——以美国马拉松爆炸案报道为例[J]. 国际新闻界，2013(9)：128.

显而易见，西方学界所开展的"行省化"政治传播的探索仍然局限于"自由民主"框架。与前述的媒介体制研究一样，西方学界囿于自身认知和思维定式，难以将"行省化"的视角拓展到"西方路灯光影以外的世界"。从本质上看，"自由民主"政体不论基于上述哪种模式，都无法摆脱竞选逻辑所带来的"博弈框架"(game-frame)，从而使媒体倾向于制造冲突以引发关注。由于政治体制的差异，像中国这样的国家在政治传播过程中不需要通过商业媒体常用的"反常放大"的方式来制造冲突和吸引眼球，而更多的是通过"协商框架"促进社会整合与统一。正如一位参与十九大报道的境外记者所概括的那样，中国共产党进行的是"接力赛"，而不是西方式的"搏击赛"①。这种本质上的差别就使得中国的政治传播研究需要更多地从自身的历史资源和政治现实中挖掘有意义的内容，以建构"行省化"视域下中国语境的政治传播。

四、"行省化"视域下的中国政治传播

由于具有独特的历史背景、文化积淀和社会变迁过程，中国形成了一套符合自身国情的政治体制和传播模式。实践证明，采用"西方中心论"的视角无法发掘和阐释中国政治传播的独特性和复杂性。长期以来在意识形态领域中奉行的"不争论""不对抗"的权宜之计，导致包括传播学在内的人文社会科学领域陷入了"去政治化的政治"的话语困境，研究者对于政治传播的相关课题"不敢谈、不愿谈、不会谈"。虽然传播学被引入中国已近半个世纪，但政治传播对中国学界而言还是一块待开垦的处女地。

十九大为中国特色社会主义建设的新时代绘制了明晰的路线图，也为世界进入"新全球化"时代提供了有力的参照，这也是我国政治传播学科建设和研究体系建设的良好契机。在"后西方、后秩序、后真相"的当下，政治传播的"范式革命"已经成为全球学界的共识。以目前的国内外学术资源和话语体系来考量，"行省化"可以成为中国政治传播研究者加入国际学术主流最便捷的切入点。我们要按照"打造融通中外的新概念、新范畴和新表述"的要求，深入挖掘中国历史与现实的本土资源和在地话语，按照"传播"本位的思路重新厘清政治传播在中国演进的历史脉络和现实考量，并结合在"新全球化"时代构建"人类命运共同体"的理念将中国政治传播的机理汇入全球政治秩序重构的体系当中。

具体而言，"行省化"视域下的中国政治传播研究可以从传统的政治传播思想、革命时期的政治传播经验以及"新时代"的政治传播实践三个维度展开。国内一些有识之士已经在"行省化"的道路上迈出了坚实的步伐。历史上，中国古代的政治制度和传统的"天下"观促进了一系列具有中国特色的政治传播模式的形成，提供了那些西方"原典"无

---

① 十九大开幕式侧记[N]. 香港大公报，2017-10-19(1).

法涵盖的在地经验。谏议制度对君主决策所起到的制约作用,推动形成了自下而上的信息监督模式和君臣之间的权力互动,对于遏制君主的绝对权力和决策失误具有重要意义。① “符命神话”则代表了官方与民间进行互动的一种形态,官方基于民众的普遍信仰建构一系列关于帝王的符命神话,以建立其王朝的合法性。② 在历史上逐步形成的“华夷之辨”,则成为历史上最早的公共外交叙事之一。

战争年代和社会主义建设时期形成的“革命话语体系”至今仍在形塑中国政治传播的实践,形成了一些具有中国特色的政治传播模式。动员是中国公共议程设置的重要模式之一,通过广泛的社会动员可统一思想、形成共识,促进新的政治议程的高效实施,例如,计划生育政策和企业职工养老保险制度改革等公共政策都是基于“动员”的政治传播模式而展开的。③ 又如,“内参”作为一种起源于战争年代的政治传播模式,对全面了解下情、充分搜集信息、有效管理国家起到了积极的作用。④ 这种模式完全超越了西方政治传播的研究范畴,理应成为“行省化”研究重点发掘的对象。

在新时代的政治传播实践维度上,一方面研究者需要对互联网和自媒体环境下政治传播所面对的新挑战和新动向进行分析,并提出行之有效的研究路径。例如中纪委、外交部通过微信、微博等主流社交媒体,共青团中央通过知乎、B 站等亚文化平台主动发声,进而设置议程,在青年群体中产生了广泛而积极的影响。政府机构主动适应数字化时代政治传播需要的实践创新值得学者更多地关注和分析;另一方面,研究者则需要对“后西方、后秩序”背景下中国的对外政治传播进行更深入的考察。随着中国引领“新全球化”时代的角色和路线图日渐清晰,中国领导人倡导的“一带一路”倡议和“人类命运共同体”在国际社会引发日益强烈的共鸣,如何讲好中国故事的 2.0 版、提升我国政治文明对外传播的有效性,亦是中国政治传播研究亟待开拓的领域。⑤

基于上述三个维度,中国政治传播研究者应当把握当下的历史契机,找准自身在国际政治传播研究版图中的坐标,在新一轮的“范式革命”中完成“由边缘走向中心”的转型。在经典政治传播理论陷入解释力的危机,而传播学研究“西方中心主义”和后殖民主义倾向遭遇进一步质疑和解构的当下,强调超越“全球－本土”“西方化－去西方化”对立、寻找多元化在地经验的“行省化”视角,对我们以理论反思和路径重构的方式描绘政治传播研究的未来提供了有力的镜鉴。

---

① 陈谦. 传播,政治传播与中国古代政治传播制度体系[J]. 广西社会科学,2006(1):117-118.

② 白文刚. 符命神话与中国古代王朝的天命建构——基于政治传播视角的考察[J]. 青海社会科学,2014(1):12-19.

③ 王绍光. 中国公共政策议程设置的模式[J]. 中国社会科学,2006(5):89.

④ 尹韵公. 论中国独创特色的内部参考信息传播工作及其机制[J]. 新闻与传播研究,2012(1):13.

⑤ 史安斌. 加强和改进中国政治文明的对外传播:框架分析和对策建议[J]. 新闻与写作,2017(7):31-32.

政治传播过程中的公共外交：概念、范式与逻辑

◇张 萍[①]

公共外交(public diplomacy)作为专有名词出现只不过半个多世纪的时间，但它已不可逆转地进入到21世纪的传播学和国际关系理论中，并成为其中极富建设性的部分。然而，公共外交虽已成为高频词语，但有关公共外交的理论建构仍在探讨之中。本文尝试运用政治传播理论，构建公共外交分析的一般性理论范式，以期为拓展理论和指导实践提供支持。

一、问题的提出

公共外交作为学术概念最早出现在美国，其理论更多地吸收了美国公共外交的实践经验和跨学科研究的特点。根据美国学者埃坦·吉勒博阿的总结，目前至少有13个学术研究的领域为公共外交研究提供理论支持，包括历史学、政治学、社会学、心理学、外交战略、文化研究、公众舆论、媒体效果、公共关系、市场营销、修辞学、计算机科学及其他科学技术。[②] 但正是因为公共外交的跨学科性质，到目前为止，以美国为代表的西方学术界仍未找到一个能够同时容纳多学科知识的公共外交研究的理论范式。[③]

在中国，有关公共外交的研究起步于20世纪90年代，主要得益于传播学者和国际关系学者的推动。1993年，龚文庠在《宣传的幻术——美国政治传播中媒介手段的运用》[④]一文中，首次向国内学术界详细介绍了美国里根政府公共外交办公室的宣传活动。1997年，朱素梅在《二十世纪外交方式的演进》[⑤]一文中对公共外交进行了较为详细的介

① 作者系中国社会科学杂志社主任编辑、法学博士。

② GILBOA E. Searching for a theory of public diplomacy[J]. The annals of the American academy of political and social science，2008，616(3)：55-77.

③ 同②。

④ 龚文庠. 宣传的幻术——美国政治传播中媒介手段的运用[J]. 国际政治研究，1993(4)：66-67.

⑤ 朱素梅. 二十世纪外交方式的演进[J]. 国际关系学院学报，1997(3)：3-4.

绍。2000年,韩召颖出版了国内第一本介绍美国公共外交的专著《输出美国:美国新闻署与美国公众外交》[①]。“9·11”事件后,有更多的国际关系学者开始关注美国的公共外交。[②] 2008年随着关于奥运会与国家形象建构问题的探讨的深入,公共外交研究迅速升温。2009年7月,时任国家主席胡锦涛在第十一次驻外使节会议上谈到了公共外交的重要地位和作用。公共外交的提法获得了官方认可。此后,在官方与学术界的共同努力下,公共外交研究不断走向深入。但有学者统计,在数量可观的研究中,70%的研究是根据中国的公共外交实践、围绕案例展开的话题性研究。[③] 相关理论探讨主要集中在概念辨析、国外相关经验介绍及政策建议等方面。[④] 不仅如此,国际关系学者更多地占据了这一舞台,公共外交的相关研究愈益成为国际战略研究中的一个分支,其研究方法越来越“国际关系化”,因而也愈益明显地面临着理论突破的困境。

实际上,中国公共外交理论供应的不足已经与中国处于蓬勃发展中的公共外交实践形成了鲜明对比。特别是进入21世纪的第二个十年,中国在公共外交上取得了一系列成果。中国正在超越美国,成为公共外交的新试验场。正因如此,中国更迫切地需要一种能够从整体上观察和分析公共外交全过程,并对其进行抽象概括的理论。这是本研究的初衷和起点。

二、公共外交的历史演变及其理论渊源

政治传播与公共外交的理论联系是由公共外交自身产生、发展的历史及理论渊源决定的。公共外交是公众参与兴起所激发的新的外交样态,专注于对公众舆论的影响和塑造。它与对外宣传(foreign propaganda)一脉相承,在实践过程中,不断受到政治传播理论的启迪,并获得了发展。

所谓公众舆论(public opinion),是指一定公共空间内占主导地位的意见或态度,是对利益攸关的重大公共事务的一系列看法。[⑤] 18世纪末,随着民主政治的发展、大众教育的开展和大众媒体的出现,公众舆论开始作为无形的力量登上政治舞台。当时的政治家敏锐地意识到,要达成政府期待的外交目标,需要对公众舆论施加影响。[⑥] 国际关系领

---

① 韩召颖.输出美国:美国新闻署与美国公众外交[M].天津:天津人民出版社,2000.

② 赵可金.美国公共外交的兴起[J].复旦学报(社会科学版),2003(3):86-92;唐小松,王义桅.美国公共外交研究的兴起及其对美国对外政策的反思[J].世界经济与政治,2003(4):22-27;唐小松,王义桅.试析美国公共外交及其局限[J].现代国际关系,2003(5):27-30,14.

③ 吴泽林.中国国际政治学界对公共外交理论与体系的构建[J].国际关系学院学报,2012(5):71-78.

④ 谢韬.我国软实力和公共外交研究的现状与挑战[J].对外传播,2016(6):43-45.

⑤ 伊斯顿.政治生活的系统分析[M].王浦劬,译.北京:人民大学出版社,2012:38.

⑥ WEBSTER C K. The art and practice of diplomacy[M]. New York: Barnes & Noble Inc. ,1962:3.

域的宣传,即对外宣传,应运而生。

第一次世界大战的爆发进一步激发了以"思想控制"(mind control)为核心的对外宣传的发展。[①] 1917 年,英国成立了信息部,1918 年 2 月该部门下设对敌宣传部,部门领导人就是英国现代新闻事业的创始人北岩勋爵(Lord Northcliffe)。[②] 1917 年,美国也成立了"公共信息委员会"(Committee on Public Information,CPI),在乔治·爱德华·克里尔(George Edward Creel)的领导下负责战时宣传。[③] 由于该委员会在激发公众对战争的支持方面成绩卓著,克里尔还为此撰写了一本名为《我们如何推销美国》的畅销书[④]。同时代的法国外交官菲利浦·贝洛特(Philippe Berthelot)声称,对媒体的运用和对公共舆论的影响代表了现代外交的新特征。[⑤]

第一次世界大战结束后,各国政府运用对外宣传影响公众舆论的做法获得了进一步的发展。根据尼科尔森的统计,1935－1938 年,德国用于对外宣传的费用是 400 万至 600 万英镑,法国是 120 多万英镑,意大利接近 100 万英镑;相比之下,英国在对外宣传方面的费用相对少得多,但增长速度惊人,从 1935 年的5 000英镑增加到 1938 年的 4 万英镑。[⑥]

但是,第二次世界大战爆发后,纳粹的宣传攻势击碎了公众对宣传的幻想,"宣传"一词在西方语境中沦为贬义词。随着传播学在战后的异军突起,"宣传"这个承载着价值的术语被传播研究逐出了社会科学研究领域[⑦]。1953 年卡尔·霍夫兰等学者在《传播与说服》一书中对国际关系领域的宣传进行了反思。他们指出:在国际关系领域,诸多实践性传播问题来自冷战,尤其是在此期间,各国政府为向其他国家的公众施加外交影响而进行的破坏性宣传。[⑧] 基于此,他们提出了与宣传相区别的"说服(persuasion)"。"说服"来源于拉丁文 persuadere,意为劝说、劝导。传播学意义上的"说服"就是意图塑造、控制和改变受众反应的信息传播[⑨]。"政治说服(political persuation)"即出于政治目

① LASSWELL. Propaganda technique in World War I[M]. Cambridge, Massachusetts and London: The M. I. T. Press, 1927.

② 郑超然,程曼丽,王泰玄. 外国新闻传播史[M]. 北京:中国人民大学出版社,2000:86;张昆. 简明世界新闻通史[M]. 武汉:武汉大学出版社,1994:213-216.

③ 李普曼. 公众舆论[M]. 阎克文,江红,译. 上海:上海世纪出版集团,2006:38.

④ CREEL. How we advertised America: the first telling of the amazing story of the committee on public information that carried the gospel of Americanism to every corner of the globe[M]. New York: Harper & Brothers, 1920.

⑤ LAUREN. Diplomats and bureaucrats: the first institutional responses to twentieth－century diplomacy in France and Germany[M]. Stanford: Hoover Institution Press, 1976: 190.

⑥ NICOLSON. Diplomacy[M]. New York: Harcourt, Brace and Company Inc., 1939: 172-173.

⑦ DELIA. Communication research: a history[M]//BERGER, CHAFFEE. Handbook of communication science. Beverly Hills, CA: Sage, 1987: 20-98.

⑧ HOVLAND, KELLEY J. Communication and persuasion[M]. New Haven and London: Yale University Press, 1953: 1.

⑨ MILLER. On being persuaded: some basic distinctions[M]//ROLOFF, MILLER. Persuasion: new directions in theory and research. Beverly Hills, CA: Sage, 1980: 11-28.

的的说服。

可以说,在实用主义哲学的引导下,美国学术界实现了宣传理论的现代化,化解了宣传本身基于价值判断所带来的种种问题。但是,试图通过影响公众舆论来实现外交目标的做法并没有改变。相反,伴随着公共行政和公共关系的兴起,一个新的名词出现在西方,即"公共外交"。1965年,埃德蒙·古利恩(Edmund Gullion)在美国创立了爱德华·默罗公共外交中心(Edward R. Murrow Center of Public Diplomacy)。① 他给公共外交的定义是:公共外交就是处理公众舆论对外交政策(foreign policy)的形成及其执行的影响的活动。②

应该说,公共外交与对外宣传并无本质区别。曾在美国新闻署工作了46年的南希·斯诺公开撰文指出,"公共外交"一词的使用不过是为了避开宣传的恶名。③ 公共外交不过是宣传污名化后的策略性选择而已。④ 维特科普夫等学者在《美国外交政策:模式与过程》一书中更是直截了当地说,公共外交就是宣传,是讲究方法地散布信息以影响公众舆论的活动。⑤

但不得不承认的是,公共外交与对外宣传无本质区别,并不意味着二者没有差别。公共外交突出了其作为外交形态的特点,注入了更多国际政治的内容,目标也更为明确地指向公众舆论。更为重要的是,公共外交从字面上突出"公共"(public),隐去了政府这一真正的主体,成功地使对外宣传实现了在时代背景下的话语转换。正是由于公共外交从称谓上摆脱了宣传的"污名",超越了意识形态的障碍,冷战结束后,公共外交逐渐成为被国际社会普遍接受的概念。

公共外交的出现,拓展出一个新的研究领域。作为公共外交产生的关键词,外交决策、政治说服和公众舆论将其理论研究自然地带入到国际关系、政治传播和公共关系三大学科领域(如图1所示)。这为构建公共外交的理论模型提供了线索。

---

① WALLER. The public diplomacy reader[M]. Washington D. C.: The Institute of World Politics Press, 2007: 23.

② Public Diplomacy Alumni Association. What is public diplomacy? [EB/OL]. (2008-04-10)[2017-10-25]. http://pdaa.publicdiplomacy.org/?page_id=6.

③ SNOW N. Public diplomacy and propaganda: rethinking diplomacy in the age of persuasion[EB/OL]. (2012-12-04)[2017-10-25]. http://www.e-ir.info/2012/12/04/public-diplomacy-and-propaganda-rethinking-diplomacy-in-the-age-of-persuasion/.

④ PIGMAN. Contemporary diplomacy: representation and communication in a globalized world[M]. Cambridge and Malden: Polity Press, 2010: 123.

⑤ WITTKOPF, KEGLEY, Jr., SCOTT. American foreign policy: pattern and process[M]. Beijing: Peking University Press, 2004: 139.

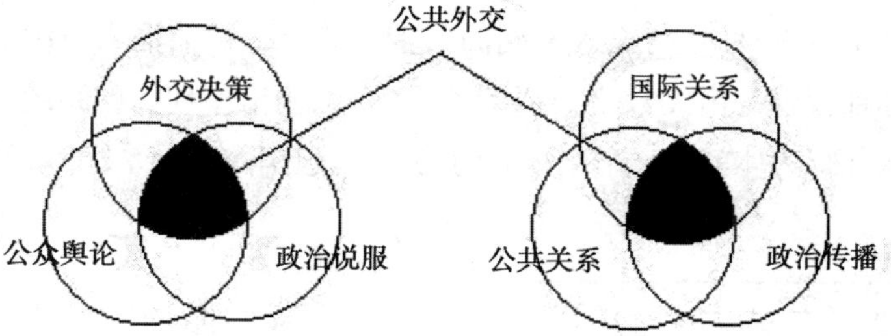

图 1　公共外交研究的理论渊源与学科背景

三、公共外交一般性理论的范式建构

公共外交的三大理论渊源具有非常强烈的关联性。首先,外交是主权国家以和平方式对外行使国家主权的活动。[①] 作为国际关系中国内政治与国际政治的交接地带,外交"本质上是一种政治活动"[②]。作为一种特定的外交形态,公共外交亦是政治活动。因此,在政治过程中对其进行观察是可能的。其次,政治即传播、传播即政治。[③] 政治与传播的同一性决定了在政治传播的平台上分析公共外交是可行的。最后,政治传播的兼容性决定了有关公众舆论、政治营销、国家形象塑造等的问题均可以在其理论框架内得到阐释。因此,选择用政治传播理论来构建公共外交的一般性理论是可取的。

(一)政治过程中的公共外交

所谓政治过程(political process),就是政治决策及执行决策的过程。[④] 美国政治学家戴维·伊斯顿用行为科学和系统理论对政治过程进行了高度抽象,建构了一个全景式的理论框架。[⑤] 在他看来,政治过程就是政治系统(political system,即权威政府)向其外部环境输出决策及其相关行为(即对政策、决定、法令、制度的贯彻和执行),获得支持,或者将要求转化为新的决策与行动的循环往复的过程[⑥]。

如图 2 所示,政治系统的输入和输出是一个没有起点和终点的循环互动过程。政治系

① 鲁毅,黄金祺,等. 外交学概论[M]. 北京:世界知识出版社,1997:5.

② 贝里奇. 外交理论与实践[M]. 庞中英,译. 北京:北京大学出版社,2005:1.

③ 荆学民,段锐. 政治传播的基本形态及运行模式[J]. 现代传播,2016(11):8-9.

④ LOUW. The media and political process[M]. London: SAGE Publications Ltd,2010:13.

⑤ 伊斯顿. 政治生活的系统分析[M]. 北京:人民出版社,2012:30.

⑥ EASTON. A systems analysis of political life[M]. New York: John Wiley& Sons,1967:29-33.

统的持续存在和稳定,依靠的就是输入与输出的平衡。环境对政治系统的输入分为两种,一种是对输入的支持,一种是与输入不同的要求。如果支持的输入持续衰减,政治系统将可能崩溃。国际社会就是由无数个类似的处于输入、输出循环中的系统组成的。其中,以国家为代表的国际行为体就是一个个独立的、被环境包围的政治系统(如图 3 所示)。

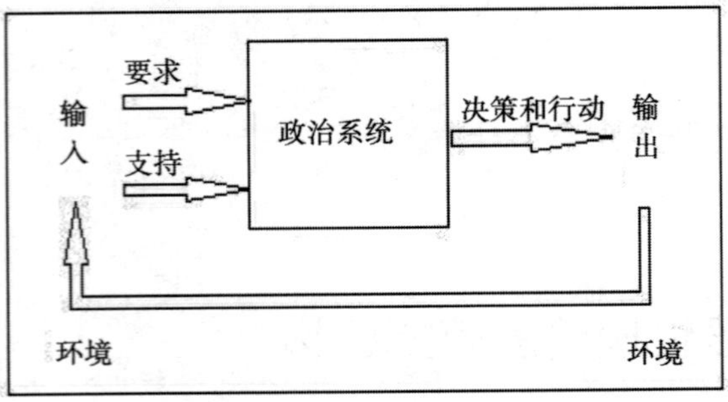

图 2 政治系统的输入与输出

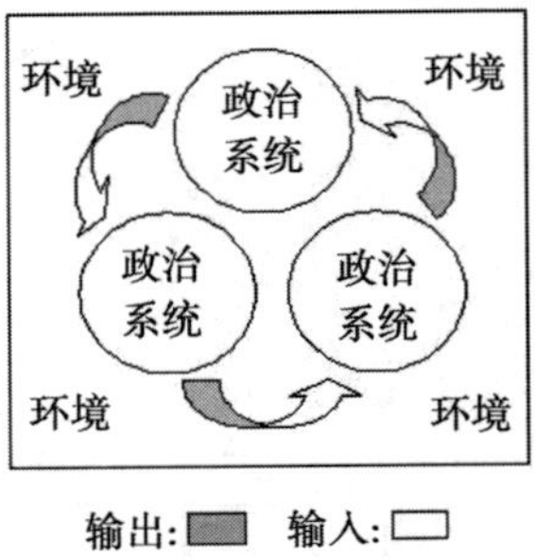

图 3 作为国际行为体的政治系统的输入与输出

根据伊斯顿的设想,环境是一个包含了人、社会、自然、生态及各种国际行为体的综合体。为了应对支持蚀耗引起的压力,政治系统会通过对环境中具有能动性的人,即公众,施加影响,创造认同与和谐的条件,提高支持力度。①

具体到外交政策的输出和执行过程,政治系统为了达成目标、增加支持,通常会采取直面另一个政治系统的方式,如利用政府间的外交渠道进行谈判,讨价还价;建立联盟,增加自身外交目标达成的可能性;甚至还可能通过经济制裁、军事威慑达成目标。但除了上述直接方式之外,政治系统还会采取某些"温和"、间接的手段,通过影响要求和支持产生的"土壤",即公众舆论,不仅塑造支持自身的公众舆论环境,而且推动对方政治系统输出更多支持的信息,减少自身系统的压力,维持稳定。这个过程就是公共外交的过程。

(二)政治传播过程中的公共外交

政治传播理论的开拓者之一卡尔·多伊奇进一步将政治系统的输入、输出过程转化为政治信息的传递过程。在多伊奇看来,政治系统即决策系统(decision system),其全部政治活动就是政治信息如何由决策系统向环境中具有能动性的受众(receiver)输出,而受众又是如何将关于支持和要求的反馈输送给决策者的。② 这个过程就是政治传播(politi-

① 伊斯顿. 政治生活的系统分析[M]. 北京:人民出版社,2012:229.

② DEUTSCH. The nerves of government: models of political communication and control[M]. London: Collier-Macmillan Ltd., 1963:145.

cal communication)的过程。①

政治传播包括主体、受众、信息、渠道和反馈五个基本构成要素。主体即政治系统/决策系统;信息即政治系统的决策;受众即信息的接收者,是与政治系统相对应的公众;信息输出的中介即渠道;而公众的要求或支持即反馈。根据政治传播理论,公共外交在政治系统中的传播过程可以更为清晰地展现出来。

如图 4 所示,一国政治系统 A 为实现外交目标,针对 B 国受众所进行的相关政治说服活动即为公共外交。② 在这个过程中,实际存在着两个链条,即信息发出者的控制链条和信息接收者的反馈链条,信息在这两个链条上流动,促成了发出者与接收者的政治沟通。在控制过程中,控制主体即政治传播的主体,控制目标即受众,控制机制即由各种传播媒介组成的传播通道。密铎提出,传播控制是传播的应有之义,控制贯穿政治传播过程的始终。③ 控制过程通过一定的政治技巧(political crafts)表现出来就是政治说服。

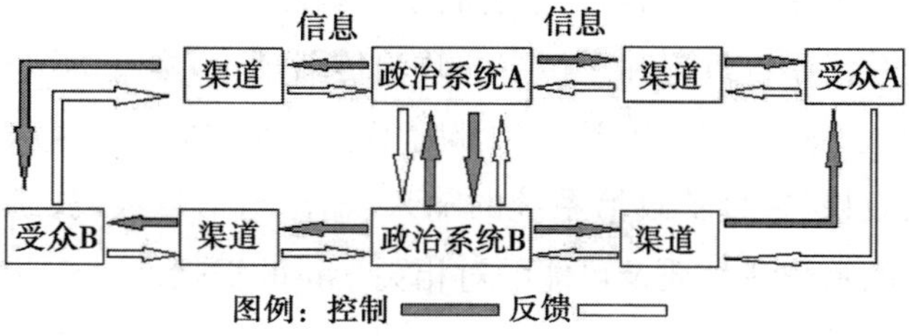

图 4　政治系统间的控制与说服

在反馈过程中,反馈的主体即受众,反馈目标即政治传播的主体,反馈机制同样是由各种传播媒介组成的传播通道。反馈的过程也就是通常所说的政治参与(political participation)或公众参与(public participation)。公众舆论是公众参与的重要指标。

从某种意义上说,对任何政治系统的支持从长远来看都取决于说服受众相信,输出是符合其需求的。在一定时间内,他们可以从输出中获得关于需求的满足。④ 而这也是公共外交存在的全部意义。如美国学者戴垂西·卡佩乐所说,只向长官汇报的外交时代

① MEADOW. Politics as communication[M]. Norwood, N. J.: Ablex Publishing Corporation, 1980. 另注,Political Communication 也译作政治沟通,但两者在使用语境上略有不同。政治传播是就政治系统输入、输出的全过程而言的。而政治沟通强调的是信息发出者与接收者之间的对话过程。本文根据语境,交替使用两个词语。另外值得一提的是荆学民教授认为政治沟通与政治宣传、政治营销构成了政治传播的三种形态。具体参见荆学民,段锐. 政治传播的基本形态及运行模式[M]. 现代传播,2016(11):8-15.

② KERR. Diplomatic persuasion: an under-investigated process[J]. The Hague journal of diplomacy, 2010, 5(3): 235-261.

③ 彭云. 政治传播:理论与实务[M]. 台北:巨流图书公司,1986:29-30.

④ 伊斯顿. 政治生活的系统分析[M]. 北京:人民出版社,2012:256.

早已成为历史,现代外交负有向公众阐释、说明,乃至政治说服的义务。①

四、公共外交的理论体系

公共外交的概念、主要构成要素及各要素间的逻辑关系共同构成了公共外交的理论体系。

(一)公共外交的概念与模型

如前所述,公共外交是一国政府为实现本国外交目标,依据本国外交政策,通过多种传播渠道向国外公众传递相关信息,营造有利于本国的公众舆论的政治说服活动。

结合伊斯顿的政治系统理论和多伊奇的政治传播理论,本文尝试建立了公共外交的政治传播系统模型②。如图5所示,该模型涵盖了公共外交的七大要素,即主体、代理人、客体、渠道、形式及效果,融合了政治系统的输入、输出与信息编码、解码的全过程,能够揭示公共外交研究的跨学科性质及可能的对相关学科的贡献。

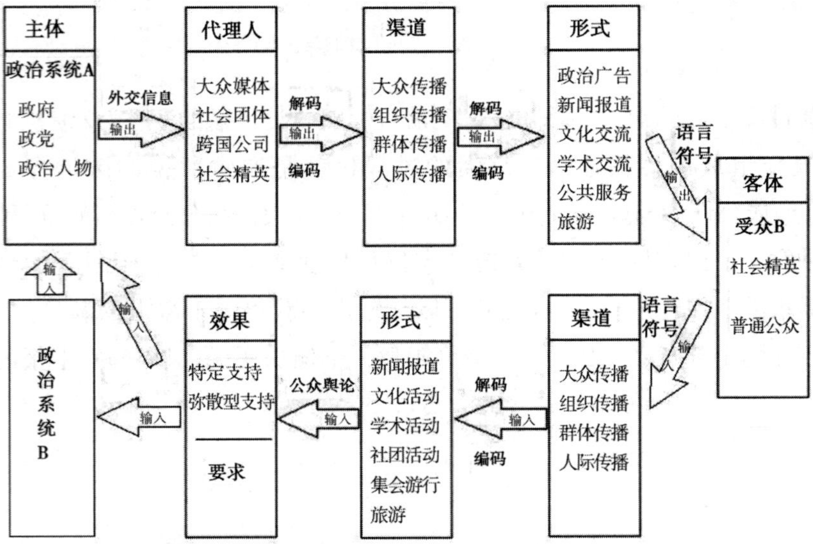

图5 公共外交的政治传播系统模型

① KAPPELER. Why persuasion? Reflections after 50 years of practicing, teaching and studying diplomacy[EB/OL]. (2008-06-01)[2017-03-18]. https://www.diplomacy.edu/resources/general/why-persuasion-reflections-after-50-years-practising-teaching-and-studying.

② 关于政治传播系统,参见苏颖.政治传播系统的结构、功能与困境分析——基于政治结构-功能分析方法的视角[J].东南传播,2009(5):32-35.

(二)公共外交的构成要件

1. 主体

公共外交的主体即政治系统,包括政府、政党和权威政治人物等直接参与相关决策制定和执行的党政机构与政治领导人。为了便于协调,有些国家设立专门机构或职位统筹公共外交工作。例如,在美国,国务院专门设立了负责公共外交和公共事务的副国务卿,下设各种功能机构,专门负责公共外交事务。

公共外交的主体犹如公共外交的“总指挥部”,不仅负责组织、协调、全程监管公共外交的执行、评估及相关制度的设置,而且要依据本国的外交政策和外交目标,在全球范围内对公共外交进行战略布局,也就是学者们所说的对公共外交进行“顶层设计”①。从传播学角度看,这也是一个政策议程设置的过程。

2. 代理人

在政治系统的绝对主导下,任何个人、机构和组织都可能参与到公共外交的过程中,但是,其不是外交政策的“制造者”和“输出者”,而是传递相关信息的代理人。代理人包括大众媒体、社会团体、跨国公司及社会精英。

因为有代理人的存在,所以政治系统在公共外交过程中的主体角色常常是隐藏的,以至于会造成公共外交是非官方外交的假象。从严格意义上讲,公共外交是政府执行外交决策、进行外交行政的一部分,是官方活动。

3. 客体

公共外交的客体是公众,即公众舆论的载体。所谓公众是指面临共同问题的个人、组织或群体的总和。② 从政治传播视角看,公众就是信息的接收者,即受众。根据社会背景和受教育程度,受众又可分为社会精英和普通公众。

公共外交就是要对信息接收者的观点和态度施加影响。而一个人的政治观点和政治态度主要取决于他所归属的社会群体,特别是家庭、学校、邻里、朋友圈、同侪团体等以血缘、地域、感情为纽带的首属群体,以及单位等依赖社会分工而形成的次级群体。③ 因此,了解目标受众的群体背景和社会背景,是确定公众外交的渠道、形式并对内容进行解

① 檀有志. 国际话语权竞争:中国公共外交的顶层设计[J]. 教学与研究,2013(4):62-70.

② 冉戎,吴颖. 公共关系学[M]. 重庆:重庆大学出版社,2012.

③ 彭云. 政治传播:理论与实务[M]. 台北:巨流图书公司,1986:102-108;章志光. 社会心理学[M]. 北京:人民教育出版社,1996:385.

码与编码的基础。此外,受众的文化背景也是决定公共外交如何展开的前提性要素。研究表明,文化、价值观和政治观念等软实力资源能够产生吸引力的原因是其迎合了本已存在或者正在形成中的个人叙事。[①] 因此,通过地区研究、人类学和文化研究,了解目标受众本已形成的"个人叙事"也是公共外交的"必经考验"。

4. 渠道

公共外交的渠道是指把公共外交的主体、代理人和客体联系起来的信息传递通道,包括大众传播、组织传播、群体传播、人际传播等多种传播渠道。大众传播指各种大众媒介的传播活动,包括报纸、杂志、广播、电视、电影等。组织传播指特定组织利用自身的组织结构在组织内部及外部环境间所进行的信息传播活动[②],如大型跨国公司所进行的信息传递活动就是组织传播。群体传播是有限数量的个体之间的信息传递,如以课堂、报告会、座谈会、演讲会、微信群等方式进行的信息传递。人际传播指人与人之间的点对点的信息传递,如发邮件、打电话、面对面交谈等信息传递活动。政治系统的输出和受众的反馈都需要通过一定的渠道才能完成。

5. 形式

不同的代理人采用不同的信息传递渠道会呈现出不同的公共外交形式,具体包括政治广告,报纸、期刊、电视、广播、网络的新闻报道,电影、演出、展览、比赛、图书出版等形式的文化交流,公共设施的修建,公共服务的提供,还有学术会议、学术访问、留学、旅游等多种形态。公共外交的渠道和形式具有信息加工和转换的作用。对政治系统而言,针对不同的受众采用不同的形式,可能会产生不同的传播效果。

6. 内容

公共外交的内容即与外交政策相关的信息。经过传播渠道和不同形式的传递,外交政策会经历一个解码和重新编码的过程,最终呈现为语言和符号。文化研究的创始人斯图亚特·霍尔(Stuart Hall)指出,对于符号和代码的选择与生产常常被认为是自然的、中立的,但其中实际蕴含了对世界观和意识形态的判断。[③] 语言学家乔治·莱考夫更是提出,"框架"和"隐喻"是控制话语权的两大利器。[④] 从这个意义上说,信息的传递过程也是一个意识形态的塑造过程,而这是公共外交产生效果的核心动力。

---

① 周舟. 对外传播中的战略叙事[J]. 对外传播,2016(6):36.

② 胡河宁. 组织传播研究的学术路径[J]. 学术研究,2007(1):121.

③ 史安斌,王沛楠. 隐性宣传:概念、演进、策略[J]. 对外传播,2016(1):23.

④ 莱考夫. 别想那只大象[M]. 闾佳,译. 杭州:浙江人民大学出版社,2013.

7.效果

公共外交的效果即反馈中的积极部分，是获得的有利于本国外交政策执行和外交目标实现的公众舆论的情况。从政治系统论的视角看，即目标国公众或不特定国外公众对本国政治系统的支持情况。

根据伊斯顿的研究，对政治系统的支持主要分为两类，即显性支持和隐性支持。显性支持指追求、倡导某种目标、思想、制度、行为的活动；隐性支持指认同、赞成某种目标、思想、制度、行为的意见和态度。① 支持的态度决定着支持的行为。尽可能扩大不特定多数人对政治系统的无条件认同是政治系统应对压力的主要路径。伊斯顿将这种支持称为“弥散型支持”，它是精神上的、象征性的，犹如友好态度或善意的蓄水池，可以降低政治输出与输入不平衡带来的政治风险。②

五、公共外交理论建构的中国意义

公共外交的理论建构对于解决中国公共外交所面临的缺乏大局、事出多头、协调不力等问题具有积极的意义。

首先，确立大局观，做好议程设置。通过理论建构，能够进一步统一思想，紧紧抓住以政府为主体这个核心。公共外交的政治传播系统模型分解了主体与代理人，与一般的民间交流、文化交流不同，此模型显示出政府全面控制和管理公共外交的特点，有利于公共外交服务于国家大战略。关于这一方面，目前中国有两个迫切需要解决的问题。一是尽快建立协调各权力部门公共外交活动的机构。二是配合“一带一路”倡议的实施，尽快制定公共外交战略，确定特定时期的特定公共外交对象，有针对性地以维持、巩固或改变其公共舆论状态为目标开展活动。

其次，建立与受众更为匹配的叙事策略，润物无声、不动声色，寓“道理”于“故事”之中。“道理”包括两个方面，一是提供能够在全球范围内达成共识的价值观。埃坦·吉勒博阿提出，公共外交的目标是赢得全球民众的心，寻求不同文化、不同国别民众的共通情感和价值，折射出普遍人性。③ 目前，中国提出的构建人类命运共同体的命题已经得到国际社会的积极回应，围绕着这一命题的阐释和传播，公共外交大有可为。二是正面回答“中国是什么”。日本学者青山瑠妙指出，中国公共外交的问题就在于没有很好地回答

---

① 伊斯顿.政治生活的系统分析[M].北京：人民出版社，2012：146-147.

② 同①：262.

③ GILBOA. Searching for a theory of public diplomacy[J]. The annals of the American academy of political and social science，2008，616(3)：55-77.

"中国是什么"[①]。而正面回答是政治说服的重要方式。特别是在气候谈判、解决贫穷、应对恐怖主义等重大全球治理问题上,中国应该向世界阐明自己的立场。

"故事"强调的则是叙事策略。英国作家格林1977年访华时曾提出中国式对外传播的六大问题:缺乏客观性,只讲进步和成绩,不讲困难和错误,把中国说得一切都好;党八股式的套话和行话;华而不实的文风;过火的语言;没有个性的委员会文体;硬译死译。[②]究其根本,这主要是因为受到单向控制思维的影响,缺乏对受众及其文化背景的考量,对信息的处理缺乏技巧。

最后,为学科建设和人才培养提供更为清晰的路径。从公共外交的政治系统传播模型来看,政治学、政治传播学为公共外交提供了整体理论框架;国际关系和外交学是公共外交"顶层设计"的主要智力担当;政治学、行政管理和行政组织学可以为公共外交的组织机制设计提供理论支持;新闻学、传播学则可以在公共外交的途径和方式上大有作为;语言学、修辞学、符号学能够从公共外交的内容上提供更多信息解码和编码的策略;社会学、心理学、人类学、公共关系学等可以从受众角度更好地打开有关公众认识的黑匣子。公共外交的跨学科特点决定了公共外交的学科建设必须突破传统的学科划分模式,在人才培养模式上,必须探寻一种能够联合培养的新路子。

目前,国内部分高校已经做出了非常有益的尝试。2011年,北京外国语大学经教育部批准建立了中国高校首个"公共外交"二级学科硕士点。同年,对外经济贸易大学国际政治专业的公共外交方向招收了第一批本科生。[③] 但从目前公共外交专业的课程设置来看,还有很大的优化空间。例如,公共外交的人才培养也可采用项目制的方法,把国际关系、外语学习、地区研究与传播学结合起来,制订联合培养计划;在课程设置上更多地体现出公共外交重点涉及的学科领域;而学生则可以根据自己的特点,同时选择两个以上的专业方向。跨学科人才培养模式终将使公共外交的理论研究受益。

结 语

值得关注的是,与中国对公共外交的重视形成鲜明对比,美国公共外交在其外交体系中的重要性不升反降。美国国务院分管公共外交事务的副国务卿更换频繁,职位经常空缺,公共外交的重点模糊不清,财政支持减少,传播手段转向成本较小的网络媒体。凡此种种,显示出尽管"9·11"事件曾一度激发了美国人对公共外交的反思,但有关"公共

① AOYAMA. China's public diplomacy[EB/OL]. [2017-03-18]. https://crawford.anu.edu.au/pdf/ajrc/conferences/public_diplomacy/Aoyama.pdf.

② 孙旭培,陈明. 对外报道的新观念新艺术[J]. 青年记者,2004(1):23.

③ 赵可金. 关于中国公共外交学科建设的思考[J]. 清华大学学报(哲学社会科学版),2013(3):134.

外交 2.0”的呼吁，并没有实现公共外交在美国外交中的复兴，相反，所谓“公共外交 2.0”已经转化为对网络空间的“硬权力”的争夺。当然，这与美国对保持其霸权地位的忧虑紧密相关。不仅如此，随着公共外交的本质越来越被美国学术界认识，公共外交有可能被正在兴起的“战略传播”取代。所谓战略传播，就是精心运作的传播（deliberate communications）。对这种正在发生的情况，国内学者已有观察。程曼丽明确指出：从公共外交到“战略传播”，不过是又一次换汤不换药的概念转换，其本质仍是对外宣传。①

皮埃尔·布尔迪厄曾经说过，语言市场的一体化倾向对每一个符号而言都意味着越来越多的意义，人们要达成共识，必须求助于中性词。② 公共外交就是这样一种词语。因此，当我们致力于理论建构的时候，既不能忽略公共外交作为时代产物的前生，也不必过于执着其未来的去向。

（本文初刊于《南京社会科学》2017 年第 8 期）

---

① 程曼丽. 国家国际传播能力建设需具备战略视野[N]. 光明日报，2015-07-21(7).

② 布尔迪厄. 言语意味着什么——语言交换的经济学[M]. 褚思真，刘晖，译. 北京：商务印书馆，2005：11-13.

媒介发展的未来变化与中国政治传播研究的拓展[①]

◇ 谢进川[②]

未来学是德国社会学家弗勒希特海姆(OssiP Flechtheim)于1943年在美国首创的。作为以事物的未来为研究和实践对象的科学,其研究范围已经广泛地涉及经济、社会、科技、军事等诸多领域。对广义未来学的预测判断,新闻传播界并不乏先例。如在互联网及数字化浪潮产生之初,就有学者大胆预言:纸质报纸将在十余年之后消失。今天,此预言在局部地区已经变为现实,进而催生了媒介融合的整体图景。在这样的背景下,有三个值得思考的问题:多元化的评价维度下媒介发展有哪些变化趋向?不同媒介存在怎样的内在关系?政治传播研究需要如何拓展?

一、媒介发展变化趋向

关于自我的变化。有人以信息方式,或者说符号交换情形的结构变化区分历史时期。具体来说,符号的互应阶段(symbolic correspondence),即面对面的口头媒介的交换阶段,此时自我包嵌在面对面关系的总体性中;符码再现阶段(representation of signs),即印刷传播阶段,此时自我被构建成一个行为者,处于理性/想象的自律性中心;信息的模拟阶段(information simulation),即电子传播阶段,持续的不稳定性使自我去中心化、分散化和多元化。[③] 这一观点关注从第一媒介时代向第二媒介时代的转向,正如麦克卢汉关注从书写文化到电子文化的过渡、鲍德里亚关注从连续文化到模仿文化的演变一样。在当下的网络化时代,私人化书写和媒介社交化的取向明显。这些特征表明媒介在今天的技术设计和社会建构中有以自我为中心和去自我中心的双重效应。这表现为持

---

① 本文为中国传媒大学科研培育项目"新网络社会的传播转型效应与构筑新时代中国精神、中国价值、中国力量研究"(CUC18JL048)与"网络空间涉恐传播与国家有效舆论介入研究"(CUC16B10)的研究成果。

② 作者系中国传媒大学政治学院教授。

③ 波斯特.信息方式[M].范静哗,译.北京:商务印书馆,2003:13.

续不断的自我在网络空间中被释放出来，虽然纵向比较意义上的自我中心化仍然存在，但横向比较意义上自我的大规模的数量并置则表明自我去中心化，甚至分散化了。视觉感意义较强的说法就是，网络空间传播就像一个浩瀚星系，如能仔细甄别，能在分散的整体中观测到一个又一个的系统，此系统与彼系统又以必然或偶然的方式建立起广泛的联系。

关于传播交往的变化。从认识层面上来说，媒介既是一种技术发展表征，又是一种机构公民、传播平台和商品集散平台。机构公民和传播平台表明，传播的交往不仅包括社会人群与机构公民的相遇，也包括社会人群与社会人群在传播平台上的交往汇聚。传统媒介语境下受观念和技术的限制，主体交往的充分性未能有效发挥。第一种层面上的交往主要取决于机构公民的意愿和发现，社会人群在其中的主体性仅仅是被发现后或者是通过有限的方式来进行同步交往（如热线电话）。在传统观念中，由于媒介工具论（特别是宣传工具）占据主导地位，为社会人群所用的交往空间并不大。数字技术带来了无限的容量，无论从产业意义上还是从技术支持意义上，都改变了过去的状况。比较典型的是以微博、微信为代表的微传播形态。特别是微信，直接以熟人关系为基础，又保留了交往关系的开放性，使强度不一的关系纵横交错，所有的交汇之处便形成交往功用不同的交往群。这些群可以为更深入的讨论创造条件，使理解得以实现。而理解又与构建社会公共领域的目标相关。哈贝马斯（Jürgen Habermas）区分了人的两种行为类型：工具性行为与交往行为，前者是指以目的、目标为指向，以功利主义为特征的行为；后者是指以达成理解和一致为目的的行为。交往行为以主体之间通过符号协调的相互沟通和社会一致性为基础，致力于达成理解，形成非强迫性的共识。[①] 对于“理解”，哈贝马斯的观点是：“理解最狭窄的意义是表示两个主体以同样方式理解一个语言学表达；而最宽泛的意义则是在彼此认可的与规范性背景相关的话语的正确性上，两个主体之间存在着某种协调；此外，还表示交往过程的两个参与者能对世界上的某种东西达成理解，彼此能使自己的意向为对方所理解。”[②]鉴于微信群自身的形成方式的技术特征，即可以由群成员不断将相关人员邀请入群，群成员之间可能存在陌生人关系，又会同任何陌生人交往一样，需要遵循必要的理解规则，这样才能形成哈贝马斯所强调的理解目标。商品集散平台表现为与网络购物技术的发展相一致的购物平台的集成化，其直接带来购物体验的变化和社会交往的变化。中国电商的出现不仅“吞噬”了线下小商店，也让特定的“逛”集市的购物体验和社会交往成为昔日记忆。

关于思想生成与思想传播的变化。正如一些研究者所言，书籍培育并维持了个人思想在公共空间中的发展；电视则将公共思想带入个人空间，它向我们展示的是由“我”作

---

① 李庆林. 传播研究的多维视角[J]. 新闻与传播研究，2005(4)：73.

② 哈贝马斯. 交往与社会进化[M]. 张博树，译. 重庆：重庆出版社，1989：3.

为其中一部分的集体所处理的信息;计算机创造的集体思想不同于电视的公共思想,它将使用者纳入过程之中,它不仅是关注的对象,还是进行处理的主体。① 换言之,在网络时代,信息和思想不再能被轻易垄断,网络空间既是思想的生产地、集散地,又是思想的消纳地。网络空间的传播既是与自己对话,也是向别人喊话。由于信息量是巨大的,所以部分个人思想获得回应,经由网络扩散成为共享的思想,部分个人思想则陷入沉寂,仅成为个体生命周期记录的符号化存在方式。

关于全球性媒介与国家媒介的分化。按照媒介的控制和支配主体进行划分,媒介可被划分为全球性媒介和国家媒介两种。对前者而言,“媒介越来越被大型跨国公司所拥有和控制,这些公司与某个特定国家的文化关联甚微。从在全球推销产品的意义上说,这些拥有差异化产品和庞大销售网络的大集团确实是全球性的机构,这就意味着支配的主要动力是市场而不再是国家。因此,传播的未来将取决于对资本的需求而不是国家”②。对后者而言,媒介意味着国家能对传媒设置更多的规范。前者关心的是经济交换,后者关心的是认同感和归属感。对此,马特拉更尖锐地指出,媒介传播的国际化是启蒙运动和经济自由主义两种普救说的产物,二者构建了一个没有障碍的世界空间工程(二者时而对立,时而交融),一个努力让伟大的民主共和国成为现实,一个努力让商业共和国成为现实。启蒙运动则依赖于自由流动(传播即思想,主张思想与意见的交流没有边界)、语言革命(与君主时期利用语言进行的隔离不同,通过语言的一致性释放启蒙运动的能量)、符号传播(认为人所支配的符号越多,传递信息所需要的符号越少,传播就越迅速)、标准化(传播规范化,消除偶然性,使普遍传播成为可能)。③

二、不同媒介的内在关系

“纸质报纸消亡”论的观点反映出的不过是关系的竞争性,还未能揭示出关系的全部。也许用“生态位置占据与填补”更能对应地揭示出前后媒介技术之间的竞争性与补偿性关系。“生态位置占据”反映的是同一位置的不同媒介技术的抢夺;“生态位置填补”反映的是不同位置被不同媒介技术占据,及由此形成的补充性关系。如一些学者分析:“无声片和有声片在当时的社会环境中可能占据的位置完全重叠——能够播放无声片的场合也能播放有声片,反之亦然。而广播和电视的生存空间不完全重叠,虽然电视侵占了不少原先广播占据的空间,但仍有一些场合被广播独占,因此广播不至于灭绝。”④

---

① 张穗华. 媒介的变迁[M]. 北京:中国对外翻译出版公司,2002:50,53.

② 史蒂文森. 媒介的转型:全球化、道德和伦理[M]. 顾宜凡,等译. 北京:北京大学出版社,2006:3,4.

③ 马特拉. 传播的世界化[M]. 朱振明,译. 北京:中国传媒大学出版社,2007:4-9.

④ 胡翌霖. 技术的自然选择——莱文森媒介进化论批评[J]. 国际新闻界,2013(2):81.

戏剧、电影、电视都可以算是一种大综合艺术(即融合了时间艺术与空间艺术、再现艺术与表现艺术、叙事艺术与抒情艺术、视觉艺术与听觉艺术、文学艺术),其中电影、电视都是影像综合艺术,共同遵循影像化的一些规律。① 而早期电视的发展直接借鉴了电影的有关艺术手法。诸如在同一场面中,改变观众与银幕(屏)之间的距离,把完整的场景分割成几个镜头,在同一场面中改变拍摄角度、纵深和镜头的焦点,使用蒙太奇手法……而这些也被认为是电影艺术的"革命性创新",是与戏剧艺术在形式上的主要区别②。另外,电视发展又不断远离戏剧与电影。无论是与戏剧还是与电影相比,电视更能体现生活的真实感,电视节目被认为具有比现实生活更逼真的特性。③ 这一点使得电视从根本上区别于戏剧与电影。三者有不同的消费体验,其生存空间并不重叠。

生态位置填补,究其实质,是媒介各自取长补短,由此形成一种补偿性关系。莱文森(Paul Levinson)甚至提出了补偿性媒介这一概念。"因为我们能评估利弊,也许能发明并运用新技术即补救性媒介,借以改良得失的平衡,使之对我们有利,哪怕是微弱的优势也好。"④这一观点明显受到社会生物进化论的影响,与社会学的功能主义社会观一脉相承。因此补偿性媒介其实是一种功能性补偿。在现代意义上的媒介产生之前,加布里埃尔·塔尔德(Gabriel Tarde)详细地分析了交谈,认为交谈指的是没有直接用处和眼前用处的任何谈话,包括为谈话而进行的谈话,为愉悦、游戏、礼貌而进行的谈话。他区分了不同地位的人的交谈与地位平等的人的交谈、亲属交谈与陌生人的交谈、舌战与交互式谈话、义务性交谈(受控与仪式性交谈)与自愿性交谈。在他看来,交谈是形成舆论的一种媒介,一个经久不衰、无所不在的媒介。尽管他宣称是报纸的出现使得公众突破群众的规模边界,并形成了总体的舆论,但没有交谈,"报纸就像没有共鸣板的琴弦,徒劳震动而已"⑤。

微博的发展同样体现了这种补偿性关系。⑥ 就媒介产生的历史进程来说,微博主要是以补偿性媒介的传播平台身份出现的。但微博显然在补偿的基础上超越了媒介技术本身,正在以媒介环境的方式不断作用于中国,进而以动态的方式形塑了自身的社会地位。如果说大众媒介传播过于强调信息传播的逻辑和结构难免导致有时出现信息偏向的话,那么微博信息传播的碎片化则解决了一些必要信息不足所导致的社会问题,进而以最接地气的方式框定了我们的生活边界。微博促成了公众的微博化生存。当下中国关于国家层面的"富强、民主、文明、和谐"的核心价值观传播中,作为中国梦的主体性承载者的中国公众就以新媒介为契机,激发了民主政治进程想象。特别是当国家在深化治

---

① 李胜利.从技术发展与分类标准看影视合流与分离[J].现代传播,2005(3):59.

② 贝拉.电影美学[M].北京:中国电影出版社,2003:17.

③ 魏南江.论电视节目主持艺术的特性[J].当代电影,2004(6):117.

④ 莱文森.软利器[M].何道宽,译.上海:复旦大学出版社,2011:5.

⑤ 塔尔德.传播与社会影响[M].何道宽,译.北京:中国人民大学出版社,2005:238,245.

⑥ 谢进川.微博参与社会管理的可行性分析[J].新闻界,2014(11):41-44,69.

理理念,不断吸收微博技术对国家机构的运行进行效率化改造的时候,它更有利于国家与社会的积极互动。

同时,作为社会自我确认和改造的产物,媒介的发展一定程度上表现为满足了新的社会需求。对此,保罗·莱文森指出,“通过这些物化的冒险,宇宙达到了一个新的水平、一个新的时代;在这个新时代,理性、渴求、意志、梦想和许许多多心灵的历险,都会越来越声势浩大地表现出来”。但这种满足所代表的技术胜利,在莱文森看来,不过是“以复制和延伸自然能力的方式,使人能够到达自然能力过去不能运作的领域”,因此,他的结论是“技术的人性化即自然化”。[①] 但莱文森在关于“怎样的需求”或者需求本质的说明上过于偏向小写的“人”,与当今日常生活化逻辑滥觞的认知有一致之处。除了莱文森所述之外,政策的选择、资本的需求都会成为社会总体“人”的理性的一部分。

因此,这个世界的传播媒介会更好吗?它与世界,特别是与中国社会的关联究竟如何?这些问题需要我们进一步展开讨论。

三、中国政治传播研究的拓展

近年来,中国政治传播学界内部一直不断反诘:政治传播是传播学的政治传播,还是政治学的传播?学科制度性设定的边界让传播学得以跑马圈地,并建立起天赋般的研究合法性。但传播学面对“政治传播”这样的关于国家战略与策略的实践话题往往力不从心,并不断招致来自政治学的批判。政治学在关于“政治传播”的地位问题上,直接将政治置于本体性地位,认为其内在地决定了传播是什么样的以及传播的最终效果。传播学则对此不以为然,认为是传播学不断丰富着“政治传播”的研究内容,并在理论和方法方面卓有成就。传播学者在承认政治学有必要介入的同时,仍不忘宣称二者的地位具有一定的平等性,但并不认同政治学者强调的那样明显弱化传播的取向。[②] 确认这种平等性有一定的必要性。政治学者过于强调政治统摄传播,难免在政治传播的分析中折射出对政治的偏爱。一个具体的表现就是他们往往将“政治传播”的主体简化为“社会总体意义上的政治共同体——国家,以及政治权力的代表(政府和政党)”[③]。其实,“政治与传播”的关联不仅表现为“政治传播”形态,还往往以“传播(的)政治”形态出现。如果说“政治传播”形态明显表现为主动地进行“政治的传播”的话,“传播(的)政治”则是传播自发体现出的政治性。谁又能否定后者仍然可以被视为一种例外的“政治传播”形态呢?若如

① 莱文森.思想无羁[M].何道宽,译.南京:南京大学出版社,2003:121,281.

② 2016年11月19日,中山大学传播与设计学院以“重构政治传播空间:媒介化、政治化与公共治理”为主题举办的论坛就刻意这样命名:“政治与传播·中山大学论坛”。

③ 荆学民,祖昊.论政治传播的历史性——一种哲学的审视[J].国际新闻界,2016(9):49.

此，简化“政治传播”的主体的做法就值得商榷了。西方政治社会学关于新社会运动的关注、中国政治社会学者关于群体性事件的见解都深化了政治学与传播学关于“传播(的)政治”形态的图绘，赋予了它更深、更丰富的社会政治内涵。

面对媒介发展的复杂性和综合性，政治传播的研究视界需要契合三个需求：融合需求、转换需求和跨学科需求，这样才能更好地把握媒介发展的诸种趋势。

已有研究者对政治传播的视界融合进行了分析。[①] 研究者将西方学者关于政治传播范畴的界定总结为两种趋向，即政治学本位和传播学本位，认为两种趋向都存在学科壁垒，因此都有“短视”界定的局限性。于是，研究者主张使用学科融合的视角，即从“政治”中解构出“政治信息”这一本质因素，从“传播”中解构出“扩散和被接受”这一本质因素，将两种本质因素融合形成“新”的“政治传播”范畴——“特定政治共同体中政治信息扩散和被接受的过程”。研究者还指出，政治传播“首先强调的是‘政治’的传播问题，因而‘政治’是基础；它同时强调政治的‘传播’问题，因而‘传播’是其着力点”。

同时，政治传播的视界转换需求也必不可少。[②] 信息论下的传播，作为信息流动过程，本身包含如下要素：传播主体、传播内容(信息)、传播媒介、传播对象、传播效果。换言之，可以根据上述因素对政治传播进行界定和分类。基于转换的认知，“政治”与“传播”互为前提。对政治学者研究“政治传播”而言，“传播”是其着力点；对传播学者研究“政治传播”而言，“政治”是其着力点。

跨学科需求不仅表现为政治学与传播学的交叉，以及彼此理论视野的参照，还表现为对其他相关学科(特别是社会学)的借鉴。政治传播存在政治基础和传播基础，同样离不开社会基础。后者需要借助社会学思维及其理论视角(如功能主义、冲突论、互动论、结构理论)拓展出更多的媒介传播话题。功能视角强调社会各部分之间的关联性以及对社会整体的作用，它们共同维护了社会系统的均衡。恰恰是功能理论成了整个媒介研究的实证主义传统的基本理论来源之一。“实证主义传统是欧洲文艺复兴以来所形成的科学实验主义传统在社会科学和人文科学领域的表现形式。它以现代社会能够合理运行为理念，主要采用社会调查、心理实验和统计分析方法，侧重于研究媒体在改变和引导人们的价值观念和思想意识及行为、传递信息、动员社会、形成舆论、改善和增强传媒之商业作用、影响社会制度和文化、传播创新和文明等方面的效果问题。”[③]属于自由主义批判代表的社会学家罗伯特·帕克(Robert E. Park)在20世纪初针对都市化发展以及移民引发的社会问题和关于移民报纸如何促进“民族大熔炉”形成的研究，从整体上属于功能主义的视角。冲突论的视角强调社会中因为稀缺资源而产生的斗争，认为社会的平稳运行只是冲突的一种结果。冲突论研究资源不仅包括马克思的理论，还包括达伦多夫、科

① 荆学民. 政治与传播的视界融合：对政治传播研究五个基本理论问题辨析[J]. 现代传播，2009(4)：18-22.

② 谢进川. 政治与传播的视界转换：对政治传播研究三个基本理论问题再辨析[J]. 现代传播，2010(1)：32-34.

③ 戴元光. 传播学研究理论与方法[M]. 上海：复旦大学出版社，2003：22.

塞等一批社会冲突论学者的研究。特别是科塞,他首次提出了冲突功能论的观点。冲突论关于阶层分化、性别差异、种族排斥等的观点直接为政治传播内容研究提供了理论基础。同上述相对宏观的视角不同,互动论视角主要专注于社会互动和作为社会存在的个人,研究人们如何在日常生活中交往,如何产生意义。也因此,互动论研究者承认人们具有一定的社会自由。从互动论的视角,我们似乎更容易理解政治传播文本与接受者之间产生"协商性"的意义。

作为具体研究议题的拓展,政治传播研究还需要回应:政治传播的政治价值优先性原则如何协调全球性媒介和国家媒介分化下的逻辑分殊?由于全球性媒介和国家媒介遵循不同的逻辑,即一个是扩张的逻辑,一个是领土的逻辑,从根本上说,两种逻辑难免存在冲突。一方面,全球性媒介的扩张逻辑出于获得更广泛传播认同和资本获利的需要,要不断地冲破领土逻辑的羁绊;另一方面,领土逻辑背后的民族国家构成了事实上的传播主权版图,能进入特定版图往往就意味着某种意义上的妥协和臣服。对默多克的传媒集团而言,"不再以国家为基础,而是成为一种全球现象,这使他能够避免纳税,能够对国家的政治结构产生过度的影响,并且能够促进一种以私人消费而不是更具包容性的公民意识为基础的信息文化"。[①] 即便今天广泛热议的互联网主权与互联网自由传播的话题,也不过是另一种意义上的围绕领土逻辑的争论。只不过,全球性媒介、资本这样的话语有可能被另一种话语削弱甚至取代,如互联网传播秩序、网络主权等。

此外,不同媒介之间的生态位置占据与填补关系意味着政治传播必须完成怎样的媒介布局?媒介发展带来了以自我为中心和去自我中心的双重效应,这要求政治传播的议题选择和传播策略做出怎样的改变?基于思想生成与思想传播的变化,政治传播如何顺利实现公共空间与私人空间的传播转化,以最大限度地维持其传播生命周期?传播交往的变化带来的社会人群与社会人群相遇,是否意味着政治传播实践将进入一个口碑政治传播时代?政治传播研究只有有效地回应了这些问题,才能真正摆脱政治传播的"叫嚷"时代,实现传播水平的升级。对政治传播研究来说,这是新的机遇,更是一项挑战。

---

① 史蒂文森.媒介的转型:全球化、道德和伦理[M].顾宜凡,等译.北京:北京大学出版社,2006:153.

衍生与融合:框架理论研究的跨学科对话

◇ 郭小安　滕金达[1]

“框架”概念从文化社会学和认知心理学发轫,自戈夫曼(Goffman)1974 年提出的“框架分析”到中外学者耳熟能详的“框架效果”“架构分析”,其在诸多学科领域中经历了漫长的概念演化和多面一体的横向衍生,产生了丰硕的学术成果。然而在卷帙浩繁的文献中,遵循实证主义范式、将框架作为分析工具的研究占据绝大多数,呈现出以定量描述为主、对理论本身的研究和反思不足、概念化与操作化模糊不清的状况,围绕不同学科展开的理论对话研究屈指可数。

究其缘由,一方面在于理论的操作化运用易受学科研究视野局限,导致框架理论在特定的学科领域中难以突破既定的边界归属,从而造成不同学科对公共事件的产生和发酵过程的区隔化解读;另一方面,各学科在引入框架概念后,未能充分意识到现实问题对理论跨学科对话的需求,导致作为元理论的框架在多样的跨界过程中缺少关联与借鉴。

因此,本文尝试梳理框架理论多学科延伸的轨迹,并试对公共事件中具有一定逻辑关联的三组框架进行对比分析,探讨框架理论研究在不同学科间实现对话与融合的可能路径。

一、新闻框架研究的理论溯源及现实困境

新闻框架理论的概念可以追溯到社会学层面的“框架”理论,在此意义上的“框架”概念源于贝特森(Bateson)1955 年发表的论文《一项关于游戏和幻想的理论》,他用“元传播”(meta-communication)的概念指代一种围绕符号定义和诠释规则展开的传播行为,而框架便是这种诠释规则。[2] 此后,戈夫曼(Goffman)在《框架分析:经验组织论》中将框架

---

① 作者郭小安系重庆大学新闻学院教授、博士生导师;滕金达系重庆大学新闻学院硕士研究生。

② BATESON. A theory of play and fantasy[J]. Psychiatric research reports,1955,3(2):138-148.

概念引入文化社会学,后来传播学者将“框架”应用到大众传播研究领域,其随后成为传播学的重要理论之一。戈夫曼认为,对个体的人而言,真实的东西就是对情境的定义,这种情境定义分为条和框架,条指代活动的顺序,而框架则是用来界定条的组织类型,也是人们将社会真实转换为主观思想的重要依据,是人们或组织对事件的主观解释与思考结构。① 此后,甘姆森(Gamsn)在戈夫曼的基础上,进一步发展了框架理论,他认为,一个成熟的框架分析既有动态层面,又有静态层面,应包含三个部分:一是关注生产过程;二是考察文本;三是在意义协商中一个带有主动性的受众和文本之间的复杂互动。②

自从戈夫曼的框架分析被引入新闻传播领域以来,其概念和研究方法得以迅速扩散流行,“引发了美国学界的跟风热潮,一时间几乎言必称框架”③。从理论的应用方式来看,新闻框架研究通常被划分为媒介的生产研究、内容研究和效果研究。其中,生产研究和内容研究从框架概念的社会学含义出发,秉承了“框架就是意义建构”的观点,旨在探讨媒体行业及从业人员通过遵循特定组织的常规与惯例以特定方式报道新闻事件的叙述特点,从某种程度上看是操作理念与规范在方法论层面的延续;在传播效果研究中,框架分析可分为两类④,第一类是分别将媒体框架视为自变量、受众框架视为因变量来探讨框架效果的产生及强度问题;第二类是“只测量与特定媒体议题有关的受众框架”,相关的研究也更多地倾向于通过对议程的实验化测量探究框架效应的内在心理机制,主要以不同的信息呈现方式来考察受众自身框架同媒介框架的相互作用关系,通过了解媒介议程、受众议程间的作用机制来推断框架效应的存在与作用方式。

但是,由于受众心理变化莫测,单纯通过内容分析与文本分析显然不能较好地展现受众框架及其同媒介框架的意义交换与争夺,仅依赖传播学的视角,“无法准确阐述受众在接收到新闻框架后的一系列心理反应”⑤。以“框架、框架理论、框架分析、架构分析、新闻框架、媒体框架、社会运动框架、集体行动框架”等为关键词检索知网可得:截至 2018 年 1 月,共有期刊类文献 648 篇,硕博论文类文献 643 篇,其中对新闻框架的研究多集中于应用策略性研究(占比约 92.7%),对新闻框架的渊源、概念、研究范式等理论层面进行述评的文章仅有 80 篇(占比约 6.2%),其余关于新闻框架、行动框架等跨学科的理论延伸或应用实践文章则是凤毛麟角(占比约 2.3%)。⑥ 可见,新闻框架理论在实际应用中正逐渐陷入“低水平、重复性”量化描述的困境。以上述关键词综合检索仍难以穷尽所有相

① GOFFMAN. Frame analysis: an essay on the organization of experience[M]. Boston, MA : Northeastern University Press, 1980: 6-8.

② 黄旦. 传者图像:新闻专业主义的建构与消解[M]. 上海:复旦大学出版社, 2005: 236.

③ 刘强. 框架理论:概念、源流与方法探析——兼论我国框架理论研究的阙失[J]. 中国出版, 2015(8): 19-24.

④ 陈阳. 框架分析:一个亟待澄清的理论概念[J]. 国际新闻界, 2007(4): 19-23.

⑤ 孙彩芹. 框架理论发展 3 年文献综述——兼述内地框架理论发展 11 年的问题和建议[J]. 国际新闻界, 2010(9): 18-24, 62.

⑥ 郭小安, 霍凤. 新闻框架与社会运动框架:两种研究视角的整合与对话[J]. 南京社会科学, 2017(8): 135-142.

关文献，还不包括相当多的未冠以“框架分析”之名却行框架分析之实的内容分析或文本分析研究，如“XX群体的媒介呈现”“XX媒介中的XX形象建构”等研究，其研究对象和方法同前者别无二致。作为一种分析方法，新闻框架尤其受到青睐，具体到研究中，研究者多采用臧国仁的三层次和坦卡德的框架清单进行编码和类目建构，再进行内容分析，以得出不同媒体对某一个事件或群体的不同态度，极少深入话语本身及社会结构与权力层面。如同经验学派的各种工具手段在传播学话语中占据主流的事实一般，框架理论同“第三人效果”“涵化”等理论共同作为“国际传播学界的宠儿”，却没有在传播研究中表现出同理论话语地位相符的理论张力，反而渐渐成为应用率极高却缺乏理论深度的文本分析代名词。

除了研究方法上的失衡，当前新闻框架理论在概念运用方面还处于混沌的状态。学术界关于框架理论的研究思路也存在不小的争议。究其原因，一方面在于，在框架理论的扩散与转换过程中，逐步形成了一个概念谱系，如框架（frame）、框架理论（frame theory ）、框架分析（frame analysis ）、框架化（framing ）、框架化分析（framing analysis ）、框架化研究（framing research）等，这些概念在不同的学科中产生了一些相近的阐释性概念，但“没有形成统一的规范和研究范式，往往产生很大的歧义”[①]；另一方面，框架本身既可以当名词，又可以当动词，还可以被当成复合结构，不同学者从不同的视角切入，自然会有不同的理解方向。一是把框架看作动词，认为框架是分离外部事实和心理再造真实的过程，如吉特林（Gitlin）认为框架是选择、强调和排除，恩特曼（Entman）认为是选择与凸显，钟蔚文认为是选择与重组。二是把框架看作名词，认为框架的结构其实就是一种“语言及意义符号”，如潘忠党把新闻话语或文本中的框架策略分为四类：句法结构、脚本结构、主题结构和修辞结构，并强调在诠释者和符号文本的互动中才能体现出框架的作用[②]。三是作为复合词的框架，如台湾学者臧国仁提出了新闻框架的三层次说[③]：高层次是对某一事件主题的界定，如标题、导言或直接引用等；中层次则包括主要事件、先前事件、历史、结果、影响、归因、评估等；低层次则是指语言符号的使用，包括由字、词等组合而成的修辞与风格，如句法结构与用字技巧等，这里可以把框架概念理解为一个名词和动词的复合体。

概念化的庞杂和模糊，使得新闻传播中的框架效果研究中的框架呈现出碎片化的特征。究其原因，很大程度上是由于作为分析工具和方法的新闻框架理论建立在社会建构主义基础之上。“建构”作为“一个起枢轴作用的关键术语”，其应用易导致诸多混乱，“它

---

① 刘强.框架理论：概念、源流与方法探析——兼论我国框架理论研究的阙失[J].中国出版，2015(8)：19-24.

② PAN，KOSICKI. Framing analysis ：an approach to news discourse[J]. Political communication，1993，10(1)：55-75.

③ 臧国仁.新闻媒体与消息来源——媒介框架与真实建构之论述[M].台北：三民书局，1999：13.

提供一个钓钩,诱使追随者将他们的理论、方法、政治意图用于学术研究或运动中"①。社会学家林聚任也指出,社会建构论在20世纪末招致的诸多批评和诟病,都与"社会建构"概念在学术界诸多学科中的过度使用与扩张有关,"其蕴含的想象力资源日益亏空"②。鉴于前人对建构主义过度扩张的深度反思,框架理论研究范式的支离破碎和作为方法运用时的混乱无序,也就显得不足为奇了。学者王彦则在反思框架概念时强调,学界对框架的定义早已从贝特森最初的"泛框架论"逐渐被缩限为"窄框架论",多年来"效果为王"的大众传播史观使得传播研究选择性地忽略了非媒介效果框架、非大众传播框架和文化框架等"泛框架"③。而现状恰恰是,对各种非媒介效果框架如受众个体的认知框架、社会集体行动框架等框架的研究散落在政治学、认知心理学、社会学等学科,因而需要我们放宽视野,重新审视各个学科对"框架"的观察、理解和运用。

二、框架理论多学科延伸的轨迹

与新闻框架汗牛充栋的研究成果相比,认知心理学、社会学、政治学等学科领域的框架研究显得相对黯淡。但近年来不同学科的框架运用逐渐受到学界重视,尤其是社会运动领域,其独自发展出丰富严密的理论体系和概念包,成为新社会运动研究的一种重要解释框架。此外,随着关于公共事件中集体记忆、文化符号、图像传播、政府应对等研究成果日趋丰富,研究视角逐渐走向多元化,但也导致各个学科的框架理论走向了割裂与破碎,缺少应有的对话与融合。

(一)心理学意义上的认知结构:信息处理过程中的基模与受众框架

关于框架概念的心理学意涵,首先应当给出一个分类讨论。凯尼曼(Kahneman)等人从决策研究实验所得出的"等效框架效应"看似在探究框架的心理作用机制,实际上关注的仍然是信息的陈述框架在行为层面带来的效果是"刺激—反应"模式下得出的框架效应,严格来讲,属于行为主义心理学范畴;而认知心理学视域中的"框架"则带有截然不同的理论预设:其强调认知因素对人的行为心理的作用,即我们通常意义上所说的认知结构或认知框架。皮亚杰最早使用"基模"(Schema)概念来解释人的认知结构与认知行为,不过他认为:"认知结构既不是客体中先验存在的,也不是在人这个主体中预先形成

① 林聚任.西方社会建构论思潮研究[M].北京:社会科学文献出版社,2016:27-28.

② 林聚任.西方社会建构论思潮研究[M].北京:社会科学文献出版社,2016:138.

③ 王彦.沉默的框架:框架理论六十年的时间脉络与空间想象[J].浙江大学学报(人文社会科学版),2017(1):197-215.

的，而是一种心理发生的结果，而心理发生就是从一个较初级的结构过渡到一个不那么初级的(或较为复杂的)结构。"[①]因而他将这种基于个人认知过程的假设建构称为基模。

对于框架与基模间的关系，并不易给出清晰的界定，不过上述两种不同的心理学范式对基模的认识实际上存在某种共同点，它们都主张认知基模中的意义结构和知识结构能够对个体的认知框架产生影响。在论及框架与基模的关系时，首先应当区分所谓的"受众框架"与"认知框架"，当我们谈及社会学意义上的独立个体时，基模便等同于个体的"认知框架"；而当个体作为传播中的受众存在时，这个"认知框架"(即基模)则内化于"受众框架"之中，前者是后者的重要内涵，后者则依赖前者提供的"长期的可接近性"[②]与媒介框架等外来框架展开互动，促使个体产生相应的认知或行为。

关于框架与基模之间的关系，恩特曼认为"框架"的四种呈现载体分别是传播者、文本、受众和文化，其中，传播者与受众的"框架"实际上是组织其信念系统的"基模"，"基模"帮助其进行信息处理，而文化则是一个社会成员共同援引的"框架库"(the stock of commonly invoked frames)，框架存在于在社会群体的话语和思维方式之中。[③] 郝永华等人则认为，框架和基模分别处于文化层面和心理层面，文化中的框架是"个体或群体知识和记忆的重要构件"，当处理新信息时，文化中的框架会成为其随时调用的"基模"，"个体的基模可能是非常个性化的，但文化中的框架(特定脚本、神话、价值等)往往是特定社会成员的共享基模"。[④]

不难看出，基模与框架中的共同交集是文化，而其共同发生的机制来自心理认知结构，传播研究之所以越来越重视用分众化的多元视角解读传播现象，正是基于群体当中日益个性化和多样化的认知结构变化。因而，关注基模及其背后的文化认同问题，对于我们把握认知框架、将传播框架(新闻框架的建构与陈述框架的转换)同认知框架统一起来具有重要的意义。

(二)社会运动中的行动框架：意义、共识与认同

对于集体行动框架的研究主要依据社会学中的框架建构论展开，该理论的产生、发展与流变同20世纪社会学、政治学对西方社会运动的研究密不可分。根据麦克亚当的分类[⑤]，学者们常常依托理性主义、结构主义与文化主义三大理论视角来理解社会运动。

---

① 林聚任. 西方社会建构论思潮研究[M]. 北京：社会科学文献出版社，2016：5.

② 聂静虹. 论政治传播中的议题设置、启动效果和框架效果[J]. 政治学研究，2012(5)：111-123.

③ ENTMAN. Framing, toward clarification of a fractured paradigm[J]. Journal of communication, 1993, 43(4): 51-57.

④ 郝永华，芦何秋. 风险事件的框架竞争与意义建构——基于"毒胶囊事件"新浪微博数据的研究[J]. 新闻与传播研究，2014(3)：20-33，126.

⑤ 冯仕政. 西方社会运动理论研究[M]. 北京：中国人民大学出版社，2013：45.

20世纪60年代以后,欧柏萧尔、麦卡锡、扎尔德等人通过对“相对剥夺感”“社会怨忿”等解释方式的批判,结合对“奥尔森难题”的尝试解答,提出了建立在理性主义视角上的资源动员理论,指出参与社会运动实际上是一种理性行为,是“基于维护利益或兴趣的理性选择”;来自结构主义视角的政治过程论则将社会运动的发生看作是对政治机会结构的把握过程,其主张者认为决定社会运动成败的关键在于参与者能否拥有政治机会,并得到结构化力量的支持。

与理性主义、结构主义两大视角不同,文化主义视角的发展流变,先后经历了群体心理学、社会心理学和文化社会学三个阶段①,而相应的代表性理论也从较早的集体行为论、价值理论、相对剥夺论等逐渐向框架建构论转变。到20世纪80年代中期,社会运动研究者开始对“意义工作”(meaning work)产生前所未有的关注,他们认为社会行动者的各种符号性行为背后一定蕴藏着特定的价值取向与指向性明确的诉求,用以传达某种意义进而促成动员,这些意义的呈现、放大则需要依赖策略性的框架建构来完成。斯诺(Snow)等人1986年发表的《框架规整过程、微观动员与运动参与》一文,标志着框架建构论在社会学中诞生。框架建构论的研究者着力研究“观念塑造与社会运动之间的关系”,认为“框架化”的概念和运用为集体行动提供了重要的参考系,集体行动中的领导者会据此采取策略性行为以获得更好的动员效果,即行动者们需要通过框架化过程建构社会运动的意义,从而形成了“社会运动框架”的概念。② 框架建构理论的支持者们认为行动者总是通过一定的框架来采取行动,社会运动组织或社会运动领袖用这样的框架赋予客观世界和运动所涉事件或现象以特定意义,并扮演“信息发射体”的角色,对其进行传播与推广,最终目的在于取得潜在参与者的认同,并成功动员他们付诸行动。③

甘姆森等人(Gamsn)将框架从个体的“解读程式”重新定义为集体行动的“诠释包裹”(interpretative package)④,即社会运动领袖用来表达诉求、界定问题时所使用的一系列观点、修辞、论述、文本和标记等⑤。而在社会运动框架的建构过程方面,克兰德曼斯把社会运动的动员任务概括为“共识动员”(consensus mobilization)和“行动动员 ”(action mobilization)两方面;威尔逊把意识形态分解为诊断、预后和推理三种。此后,斯诺和本福特(BenFord)以威尔逊 (Wilson)的思想为基础、结合克兰德曼斯的观点,将社会运动的框架建构工作划分为三个步骤,同时也是框架建构的三个核心任务:诊断性框架建构(diagnostic framing),明确运动所针对的问题;预后性框架建构 (prognostic framing),

---

① 张孝廷.西方社会运动发生机制研究[M].北京:中国社会科学出版社,2015:16-30.

② 冯仕政.西方社会运动理论研究[M].北京:中国人民大学出版社,2013:213-214.

③ 夏瑛.从边缘到主流:集体行动框架与文化情境[J].社会,2014(1):52-74.

④ GAMSON,LASCH. The political culture of social welfare policy [M]//SPIRO. Evaluating the welfare state. NewYork:Academic Press,1983.

⑤ SPECTOR, KITSUSE. Constructing social problems[M]. Menlo Park,CA:Cummings,1977.

明确解决这一问题的方法;促动性框架建构(motivational framing),明确具体的行动动机。[①] 他们认为,成功的社会运动框架建构过程须同时具备这三个要素。具体到某个集体行动框架是如何被创造和发展的,即社会运动框架的创造、发展和更新过程,可以区分出三组互相交织的过程:言说过程、谋划过程和竞争过程。[②] 其中,"框架谋划"最初叫"框架整合过程"(frame alignment process),是框架建构论关注最早和最多的部分,竞争过程次之,言说过程研究最少。

此外,斯诺等人提出了框架整合理论,框架整合包括四个过程:框架桥接(frame-bridging)、框架渲染(frame amplification)、框架扩展(frame extension)和框架转变(frame transformation)。[③] 在斯诺等人看来,框架整合是社会动员的关键要素,它能够改变行动者的目标和方向,创造出一种有利于集体动员的策略性框架。除了框架整合,社会运动框架的研究中还产生了主框架、框构与反框构、框架争议、社会运动共鸣度等一系列的理论构想与方法,它们共同构成了一个系统分析集体行动的理论体系。

框架建构论的提出,不仅使得社会运动的文化主义成为与理性主义和结构主义相提并论的新的理论范式,还促成了传统的社会运动研究在新社会运动时期的复兴和创造性转化。[④] 与传播学中框架理论关注新闻报道的生产过程与文本建构方式不同,社会运动研究中的框架理论关注的是运动组织者如何通过策略性的意义赋予完成运动中的组织动员,并将社会运动的集体行动框架研究纳入社会动员的"情感—理性"范式中来,成为一种强有力的解释模型。

(三)政治学:多元权力主体的框架竞争与博弈

在诸多经典的政治传播学研究中,无论是议程设置、框架效应还是启动效应,都始终关注"媒体如何报道公共议题",随之而来的问题便是:通过不同媒体框架塑造出的公共议题,究竟能够对受众产生哪些影响?受众群体相对应的认知结构变化又是怎样的?受众的反应多大程度上同媒介的框架预设相关?不同的框架又应当被如何纳入测量标准体系?这些都是政治传播中框架理论研究一直以来尝试回答的问题。

首先,在政治传播研究中,关于框架理论、议程设置、启动效应等经典效果理论之间的关系的探讨已经较为充分。根据学者对相关期刊文章的统计,20 世纪 70 年代至 90 年代议程设置理论一直在政治传播研究中占据主导地位,而从 90 年代起至今,框架理论逐

---

① 冯仕政.西方社会运动理论研究[M].北京:中国人民大学出版社,2013:218-219.
② 冯仕政.西方社会运动理论研究[M].北京:中国人民大学出版社,2013:221.
③ 冯仕政.西方社会运动理论研究[M].北京:中国人民大学出版社,2013:222-224.
④ 张孝廷.西方社会运动发生机制研究[M].北京:中国社会科学出版社,2015:28.

渐成为研究舆论形成机制的主导理论。[①] 传统议程设置关注媒介在报道公共议题时如何凸显议程的显著性,而框架效应则关注议题属性的显著性问题。与传统的效果研究相比,议程设置理论更倾向于舆论学的研究范畴,如麦库姆斯(McCombs)指出,议程设置的特定源泉来自舆论研究的传统,而不是在大众传播研究中长期占主导地位的效果研究。迪林(Dearing)和罗杰斯(Roger)认为议程设置研究的产生虽然与效果理论关系密切,但其本身却天然成为一个政治过程,"议程设置"被看作是多个议程间产生复杂互动的过程,涉及媒介议程、公众议程和政策议程。[②] 媒介议程同公众议程间究竟如何相互作用并影响政策议程,也是政治传播学一直关注的问题。议程设置研究虽然在定量分析上能做到尽可能精确,把议题的各个方面转换为诸多"可测量的形式",但实际上难以真正把握媒介与受众瞬息万变的互动关系。与议程设置理论相比,框架理论把新闻视作符号系统内符号间互动的结果,其对话语本身及其意义建构过程的关注视野更加宏观和多元化。在研究"如何想"的基础上,框架理论更注重研究受众的个人接触及其处理大众传播信息的认知结构和诠释规则,注重探讨媒介现实与受众现实之间的互动关系。由于这种解读规则来自受众在经验社会中的积累,因而会形成诸如对媒介讯息或媒介观点的"支持""对抗""妥协"等具有不同解读倾向的框架。

其次,关于框架效应的心理机制在学术界颇具争议。在新闻消息的传播过程中,传统议程设置和启动效应的测量方法往往基于人类记忆方式中的信息处理模型[③],其依赖的心理作用机制在于通过信息的可接近性(accessibility)来触发受众的记忆,进而产生影响;而框架构建的心理作用机制则依赖信息的可适用性(applicability)来实现信息的接收与解读。充(Chong)和祝阿克曼(Druckman)则认为,议程设置和框架构建的心理过程并无差异,它们都要建立在信息的可接近性基础上,受众在接受框架和议程时处于一种"无意识的""自动的"状态[④];尼尔森(Nelson)等人则通过实验证明了受众个体对于议题属性具有先验性的重要判断,然后才会根据接触到的信息做出反应[⑤]。越来越多的研究者发现议程设置和框架构建可能涉及"不可分离的认知过程并产生混合的认知结果"[⑥],实际上,信息的可接近性和可适用性在认知结构中的作用不应被割裂开来,对受众复杂的认知心理结构的探索也无法仅仅囿于此两种研究视域内。

最后,通过对精英框架和媒体框架互动博弈过程的深入探讨,政治传播框架同民主

---

① 马得勇.政治传播中的框架效应——国外研究现状及其对中国的启示[J].政治学研究,2016(4):57-69,126-127.

② 迪林,罗杰斯.传播概念 *Agenda-Setting*[M].倪建平,译.上海:复旦大学出版社,2009:2.

③ EAGLY,CHAIKEN. The psychology of attitudes[M]. TX:Harcourt Brace Jovanovich College Publishers,1993.

④ CHONG,DRUCKMAN. A theory of framing and opinion formation in competitive elite environments[J]. Journal of communication,2007,57(1):99-114.

⑤ NELSON,OXLEY,CLAWSON. Media framinn of a civil liberties conflict and its effect on tolerance[J]. American political science review,1997,91(3):567-583.

⑥ 彭泰权.大众传播的议题属性设置效果——美国议程设置理论的研究进展[J].国际关系学院学报,2003(5):50-53.

的关系得到了更多的关注。“舆论取决于精英对框架的选择性使用”一时成为颇具代表性的观点，框架效果研究涉及公众在认知和态度层面如何通过舆论实现对政策议题的自我表达，并进一步呈现精英框架和媒介框架对民主的操纵与侵蚀问题，从经验层面上“揭示了民主制度下要想获得真实民意和公众偏好所面临的高度不确定性。”①当利益集团的精英有目的地重新组织现实世界的经验材料进而影响舆论走向时，真实的民意将被经过操纵的舆论湮没从而无法到达决策层面。不过也有研究表明，精英框架并不能轻易改变公众的政治态度，马得勇以大学生群体为例指出：在存在异见的“竞争性舆论环境”中，大学生不易受到某单一精英的话语框架“误导”，“在一个日益多元化的公共舆论场，不同精英构建的框架的效应会相互抵消，舆论不至于被某一派精英蒙蔽或误导而远离真实民意”。②

可见，政治传播研究对媒介与民主关系的深刻透视凸显了框架分析中不可忽略的权力因素，使框架研究对话语框架中结构性因素的挖掘提升到政治权力的新高度。从研究视野看，媒介框架只能作为权力要素之一，精英框架、政党框架等都会成为影响受众认知与行为的重要因素，政治议题报道的背后更多的是多重框架主体的话语争夺与博弈；从研究方法上看，严格的实验规范和精准的量化也不同于新闻框架研究中的文本分析和话语分析范式，因此，政治传播的框架效应研究不仅为新闻框架研究提供了不同的视角，也提供了有关受众认知结构与能力的一整套研究策略，其在理论的应用取向上同框架的文本分析有不可取代的互补性，值得被纳入新闻框架研究的考量范围内。

三、框架理论跨学科对话与融合的路径

如上所述，框架理论的应用既涉及概念的问题，也涉及方法的问题，更涉及一个运用场域的问题。放眼当前对于网络公共事件的研究，不同学科在介入的过程中往往会注意到来自事件不同主体或不同阶段的框架，如媒体框架、受众框架和精英主导的政策框架、行动框架等。但从动态的视角来看，事件的发展存在个体认知基模、社会运动框架、新闻传播框架和政府回应框架四个相互作用与渗透的过程，需要考量不同框架间的互动关系，因为任何事件的发展往往是多重框架（或议程）相互作用的结果，这种多重框架的基本形态由“公众认知框架（多通过自媒体等方式呈现）—社会运动框架—主流媒体（及其融媒体延伸）的报道框架—政府回应框架”构成。不同主体对不同类型框架的使用关系到公共空间中不同主体意义的表达方式和效果，进而会影响到整个舆论场的话语环境，

---

① 马得勇.政治传播中的框架效应——国外研究现状及其对中国的启示[J].政治学研究，2016(4)：57-69，126-127.

② 马得勇，兰晓航.精英框架对大学生有影响吗——以实验为基础的实证分析[J].清华大学学报（哲学社会科学版），2016(3)：160-171，194-195.

甚至直接左右公共事件的发展进程。

因此,我们理应从中观层面在多元框架之间寻找合适的衔接点,从而在操作中为框架分析的有机融合作出贡献。公共事件中多元框架的互动问题同时涉及多个学科的研究领域,这就要求框架理论研究能够以现实问题为导向展开跨学科对话与借鉴,拓展理论的应用场域,增强理论的解释力。以下,本文将就“新闻框架与认知框架”“新闻框架与社会运动框架”“新闻框架与政府回应框架”三组框架间跨学科对话的可能性进行探讨,并初步思考各组框架间理论对话的路径。

(一)媒介框架与认知基模:媒介形塑与记忆启动

如前所述,认知基模包含大量内在的知识结构和意义结构,它基本可以等同于人们常说的认知框架,而带有浓厚传播学色彩的“受众框架”则是一种产生于认知基模并经媒介框架影响后形成的外化原则,受众框架左右着人们的认知与行为。在政治传播学中,研究者使用启动效应等理论来研究个人在受到信息刺激后产生的认知框架,这些认知框架常常被用来“反映和回顾刺激信息中所包含的问题界定和解决方式”[①]。而在认知心理学研究中,启动效应是一种先前经验对当前任务的无意识影响[②],它对于认知行为研究和个体的神经机制研究都具有重要意义。启动效应起初被用来证明内隐记忆的存在,钟毅平等人证明了印象形成的启动效应研究对探索“内隐社会认知”的内在机制有效,在社会认知的过程当中,预先施予的刺激(不论该刺激是人为还是无意的)会对社会认知活动产生一定的影响。[③] 近年来,启动效应更多地被应用到社会心理学的研究当中,并依据启动所激活的对象而分为概念启动、心理定式启动和心理过程的启动。[④]

上述两个学科在通过启动效应去发掘个体内在认知结构的过程中,都尤其关注“记忆”的存在。在记忆心理学领域,记忆被视作由“结构、系统或类型”组成的复杂实体,研究者据此提出了“多重记忆结构”的概念来指代“功能相互独立的过程所引发的性质不同的记忆效果”。[⑤] 在心理学研究中,启动效应帮助研究者观察个体的内隐记忆,即人们无法直接回忆却能够在行为中体现其经验或经历;而在政治传播学中,启动效应也充分体现在媒介框架作用于受众框架时所依赖的“即时的可接近性”上。

在当前的新媒体语境下,若从特定社会群体的“共享基模”角度出发,我们不难发现受众认知结构的某些线索。研究发现,受众接触和处理信息的认知结构和解读规则来自

---

① 聂静虹.论政治传播中的议题设置、启动效果和框架效果[J].政治学研究,2012(5):111-123.

② 游旭群,苟雅宏.内隐记忆的启动效应[J].心理科学进展,2006(6):829-836.

③ 钟毅平,杨治良.内隐社会认知:印象形成的启动效应研究[J].心理学报,1998,30(1):21-26.

④ 张玥,辛自强.社会心理学中的启动研究:范式与挑战[J].心理科学进展,2016(5):844-854.

⑤ 杨治良.记忆心理学[M].上海:华东师范大学出版社,1999:1.

历史记忆和种种现有经验，如“社会生活经验、知识积累、价值观”等，因而受众正是在各种记忆与经验形成的认知框架的引导下来处理各个方面的信息的①。集体记忆是人们根据现下经验对集体的过去进行回忆、理解、建构与再现的产物②，是公众形成认知框架的重要来源，也是社会行动框架重要的意义资源库。集体记忆的运作机制十分强调社会结构对主体的影响，“作为传递信息、塑造规范、延续文明的载体，媒介对集体记忆的塑造和传播起到了关键作用，随着新媒体的涌现和蓬勃发展，媒介对集体记忆的影响从内容和形式上发生了巨大的变化”③。可见，媒介在形塑集体记忆的过程中发挥了重要的结构性因素作用，这一点也是研究者从集体记忆中挖掘受众认知框架的重要依据。

关于框架与记忆的关系，扎雷克卡（Zarecka）曾探讨了“过去的作用以及记忆如何在实践中建构”等问题，并指出：“框架分析就像元分析，同时提供了过去的内容和回忆的形式双重结构。”④简言之，记忆本身是个体或集体的认知结构体系中非常重要的部分，一方面，记忆中包含的框架不仅在形式上也在内容上体现集体记忆的特征；另一方面，新闻框架的运用注重凸显“集体记忆建构的连续性”，媒介形塑集体记忆是一个权衡、选择的过程，类似于新闻框架中惯用的“界限”与“架构”，通过对有可能激活记忆的素材的筛选、范围限定与整合实现对受众认知框架的塑造。刘国强则指出，“选择性”记忆或遗漏是媒介塑造集体记忆的核心机制，“通过真实与建构、记忆与以往、延续与调整、分歧与同一，传媒截取历史素材，实现对集体主义的建构”⑤。无独有偶，也有学者指出新闻报道可以通过隐喻系统来构建受众的认知框架。隐喻系统以文字、声音、图像为载体，新闻报道中的隐喻概念建构了新闻的感知，塑造了新闻意义的相对性，并关注“事件中的普遍性主题或原则”，而运用隐喻的目的便是促使媒体与公众在“互动交流的过程中建构理解”，从而塑造公众的认知框架。⑥

不难发现，当公共事件发生时，集体记忆是为公众提供对象显著性的重要介质，政治传播应当充分借用认知心理学的测量方法挖掘“内隐的社会认知”，将特定群体中包含意义与见解的“受众框架”用具体的“认知框架”呈现出来。当媒体参与公共事件报道时，新闻报道也应不断尝试借用框架手段塑造或呼应公众群体及个体认知，以集体记忆为基础、“隐喻系统”为媒介物完成公众认知框架与新闻报道框架的互动，进而赋予社会行动意义，为可能或已经发生的个体、集体行为提供文化心理资源。

---

① 官建文，李黎丹，王培志，唐胜宏．网络舆论生成与发酵的深层逻辑——网民认知框架对议题结构演变的影响[J]．人民论坛，2015(31)：62-65.

② 汪新建，艾娟．心理学视域的集体记忆研究[J]．南京师范大学学报(社会科学版)，2009(3)：112-116.

③ 陈振华．集体记忆研究的传播学取向[J]．国际新闻界，2016(4)：109-126.

④ 陈振华．集体记忆研究的传播学取向[J]．国际新闻界，2016(4)：109-126.

⑤ 刘国强．当代传媒形塑集体记忆的方式探析[J]．社会科学辑刊，2009(2)：70-74.

⑥ 覃岚．理解新闻：隐喻认知框架下的交流[J]．湘潭大学学报(哲学社会科学版)，2017(5)：148-151.

(二)媒介框架与行动框架的交叉融合

媒介框架与社会运动框架的联系十分紧密。过去,社会运动往往要借助大众媒介的力量,参与者能否成功利用媒介往往关系到运动的成败。在社会运动中,大众媒介主要发挥"议题建构、争取支持者、获得大众对运动基本理念的认同、形成有利于运动的社会舆论"等功能,集中表现为"归因"和"表意"的功能。[①] 关于运动参与者引起媒体注意的手段,国外的社会运动研究也给出了不少关注,如"信念概念化、制定标语和口号、表演行为艺术、制造戏剧事件、在内部成员中进行分工合作、调整、论述"[②]等。国内如关于乌坎事件等的研究也是"框架化"机制主动介入社会运动的经典案例。[③]

随着自媒体平台的不断兴起,公众越来越习惯于借助自媒体参与到公共事件的动员中来。实际上,自媒体不仅是单纯的社交工具,还是公民在集体行动中联络、沟通、动员与达成共识的重要载体。近年来探讨自媒体在集体行动动员与媒介议程建构中所扮演角色的研究日趋增多,不少学者甚至直接将参与者利用自媒体完成媒介动员和社会动员的公共事件称为"媒介化事件"。这种伴有充分媒介动员的公共事件常常难以用传统的新闻框架理论概念来解读,但换个角度来说,这也为新闻框架的理论延伸提供了新的思路。无论是新闻报道框架还是社会运动框架,都可以将自媒体视作分析的重要对象;而在具体的事件进程中,自媒体成为抗争者扩大认同范围的工具,进而引发主流媒体的关注,形成议题互动、框架争鸣的局面。

从理论层面来看,虽然新闻框架和社会运动框架指向的研究对象和研究目的有所不同,但都来源于戈夫曼的框架理论,二者的理论基础和研究方法类似。社会建构学者在提出"社会真实均由建构而来"的说法后,强调人们须通过语言或其他中介机构来处理社会"原初真实"[④],新闻框架通过新闻文本来构建新闻事件的真实,而社会运动框架则通过行动中的各种文本符号形式来建构、承载意义,建构主义是新闻框架和社会运动框架中重要的理论基础。同时,新闻框架和社会运动框架都基于认知主义来探讨个体对事物的看法或思路是怎样形成和改变的,新闻框架被认为可以帮助新闻生产者和读者"选择、组织和诠释"外界的信息,而社会运动框架的最终目的是框架整合,它能够实现行动者目标和方向的转移,形成有利于集体动员的策略性框架。

---

① 孙玮.中国"新民权运动"中的媒介"社会动员"——以重庆"钉子户"事件的媒介报道为例[J].新闻大学,2008(4):13-19.

② 夏倩芳,张明新.新闻框架与固定成见:1979—2005 年中国大陆主流报纸新闻中的党员形象与精英形象[J].新闻与传播研究,2007(2):29-41,95.

③ 周裕琼,齐发鹏.策略性框架与框架化机制:乌坎事件中抗争性话语的建构与传播[J].新闻与传播研究,2014(8):46-69,127.

④ 臧国仁.新闻报导与真实建构:新闻框架理论的观点[J].传播研究集刊:第三集,1998,12(3):1-104.

从操作层面来看，社会运动研究无法回避媒介动员的重要作用，它和社会运动互为因果，并在框架的整合与竞争中不断互动。在社会运动框架的建构过程中，新闻报道在某种程度上承担了社会运动中诊断性框架和促动性框架的建构。在关于社会运动的报道中，新闻框架的架构为建构社会行动的框架提供重要依据，同时也会左右公众对社会运动的认知和态度，进而重塑相应公共事件的舆论环境，为行动者调整行动框架建立参考系。随着社交媒体格局的不断演变和公共事件中自媒体讨论比重的不断增加，媒介动员与社会动员的关系变得越来越紧密。公共事件的参与者既可以通过媒介动员从主流媒体及其融媒体延伸中获得更加广泛的社会资源，也可以作为讨论者通过自媒体平台发表观点、赢得认同，经过充分讨论和发酵的网络议题也会成为媒体报道的重要议程。

因此，公共事件中的“冲突竞争性话语”可以同时运用新闻框架和行动框架进行解读，而这种整合的重要意义在于：一方面，以对文本的量化分析为主要手段的报道框架研究可以清晰、直观地呈现出公共事件中网络议程对媒介议程的建构作用，帮助研究者理清抗争者营造网络议程并影响主流媒体议程的主要线索；另一方面，对集体行动框架的分析将勾勒出社会抗争中诊断性框构、预后性框构、促动性框构的形成过程，“从动态的角度分析框架建构过程中符号建构、话语背后的权力运作，抗争者如何通过框架建构来实现自我身份、扩大认同并达到动员的目的”①。此外，议程设置、新闻框架等理论有助于阐释主流媒体及其融媒体延伸在同自媒体进行框架互动时的话语博弈现象，这种量化分析的路径可以有效规避社会运动框架研究的主观化倾向。

（三）作为“调停者”的新闻框架与政府回应框架

在框架效应研究中，研究者往往表现出突出的行为主义倾向，尤其重视框架对公众内在认知结构和外在行为的解释力，这实际上对于强调认知建构的新闻报道框架研究具有极大的启示意义。新闻框架与行动框架的互动的不断加深，必然带来不同程度的政府回应。学界关于媒介事件中政府回应的话语研究目前尚不多见，政府回应的内容、方式及渠道理应成为框架理论跨学科对话与整合的重要延伸领域。另外，对政府回应框架的关注不应仅限于对回应文本中表述框架的关注，还要从公共事件发展进程的高度充分考量政治权力因素，将政府回应背后权力关系的变化同新闻报道的跟进、社会行动的进展有机结合。

在公共事件尤其是社会抗争事件的发展过程中，政府是回应的核心主体，往往决定着社会抗争事件的解决效果，现有的相关研究中理解和分析政府回应的视角往往趋于静态，而没有充分考虑其在同公众、媒介的框架互动中应有的动态性。有学者指出，“民主

---

① 郭小安，霍凤．新闻框架与社会运动框架：两种研究视角的整合与对话[J]．南京社会科学，217(8)：135-142.

治理中的回应性是通过一个以政策议程为中心的双边进程获得的:一方面是公民的广泛参与,另一方面是政府的有效回应"①。该学者还指出,对回应性议题的关注也可以在一定程度上弥补民主治理中片面强调"责任"和"控制"的社会中心论范式的缺陷。只有作为事件参与者的公民尝试借助媒体发声,认知框架同报道框架达成框架整合,才有可能顺利实现民意的向上传达;而当媒体框架同公众认知框架互动不足时,公众则有可能走上以行动框架获得意义与认同的抗争道路,此时,集体行动的框架也将进入研究者分析公共事件的研究视野中,并通过与媒体框架的深度互动触发政府回应。在此过程中,来自官方的回应框架依赖决策者对媒介框架和行动框架的理解,也亟待决策者在动态的框架整合过程中发挥主观能动性,把握框架竞争的方式和时机。

此外,在社会抗争事件当中,媒体往往可以扮演一种"调停者"的角色,运用策略性的报道框架缓解官方话语和民间声音之间的框架对立局面,"使得民间抗争者的诉求为政府所接纳,并最终带来政策的回应"②。因而有学者提出了基于官方话语与民间话语的"框架整合",而完成整合的重要中间角色就是主流媒体及其融媒体延伸,研究框架整合的方法也以对报道数量和报道框架的分析为主,以探寻在问题解决过程中媒介框架所发挥的"调停作用"。

实际上,行动框架与回应框架同样具有相互整合的空间,只不过其整合的前提在于:必然存在新闻媒体这一杠杆因素,媒介动员正日益成为社会运动研究中的重要研究对象,社会运动的参与者常借助媒介的第三方因素获得来自政府层面的关注。如黄荣贵等在研究中指出,社会行动者的框架来自宏观的社会政治文化,特定的框架通过唤起决策层对抗争诉求的共鸣来获得来自权力层面的干预,从而"在特定情境中改变可资利用的政治机会"③。该研究采用了模糊集定性比较分析方法,建立"解释条件和结果变量之间的必要关系与充分关系",从而得出抗争者使用框架化策略有利于获得来自权力层面的"强干预",这种"强干预"正是通过中央级媒体的关注和政府政策或措施的改变呈现的。郝永华等也通过对议题框架的内容分析探索了"毒胶囊事件"中来自不同群体(媒体、官方话语、学者、民众)的新媒体参与者之间进行的框架竞争与意义建构过程。④ 据此不难发现,抗争者动用议题框架的主要目的往往是吸引媒介关注并影响新闻媒体的报道框架,以争取来自上层的政治机会,得到针对性政策的直接关注。

---

① 王家峰.民主治理中的议程回应性:范式重构与理论阐释[J].天津社会科学,2014(1):75-82.

② 曾繁旭.传统媒体作为调停者:框架整合与政策回应[J].新闻与传播研究,2013(1):37-50,126-127.

③ 黄荣贵,郑雯,桂勇.多渠道强干预、框架与抗争结果——对40个拆迁抗争案例的模糊集定性比较分析[J].社会学研究,2015(5):90-114,244.

④ 郝永华,芦何秋.风险事件的框架竞争与意义建构——基于"毒胶囊事件"新浪微博数据的研究[J].新闻与传播研究,2014(3):20-33,126.

四、结语与反思

新闻框架、行动框架、认知框架以及政治传播框架，不仅具有较为相近的理论基础，同时在现实社会的公共事件中天然具有普遍的关联性。通过不同学科研究视野的交融，新闻框架研究可以有效摆脱过度依赖内容分析和文本分析的现实困境，并促使框架研究的视野向公众认知、社会结构、政治权力等方向延伸，从而在框架理论研究的视域内逐渐形成以框架分析为杠杆、传播研究为支点、多学科视角互动的公共事件分析模型。

需要指出的是，公共事件中所涉及的四类框架并非“闭合回路”式的线性分析模型。认知框架和报道框架存在于公共事件发展、演变、落幕的全过程，新闻媒体和政府官方机构则需要承担“框架整合”的角色，具体表现为：(1)长期以来，作为“共享基模”的集体记忆成为公众认知框架的重要来源，并通过文字、图像符号、实践行为等方式呈现在个体与群体的各个方面；(2)当公共事件发生时，心理学意义上的认知框架得以启动并促使公众发声，同新闻媒体的报道框架形成呼应，二者相互影响、相互塑造，构成具体事件的意见气候；(3)倘若公共事件发生的过程中伴有社会集体行动或抗争行为，那么社会运动的策略性框架也将被触发，并紧紧围绕公众的原有认知框架产生延伸、放大、桥接、渲染等策略性框架构建行为，促成社会动员；(4)在此过程中，从认知框架基础上衍生出来的行动框架同新闻报道框架形成深度互动，从而有可能触发权力层面的回应，进而通过官方话语和民间话语的充分对话协商，促成公共事件的合理解决。

（本文初刊于《现代传播》2018 年第 7 期）

作为一种目的性活动的国家政治仪式传播

◇段　锐[①]

政治仪式,作为一种特殊的仪式类型、一种常见的政治生活形式、一种展演于政治场域内的典型景观,是一种国家主导的、有目的的政治活动,其最大的特征就在于政治性,而绝不仅限于信息性。政治仪式传播的国家目的远在传播、告知或表演之上,它借助一种符号化、象征性的过程来建构合法性与权力、维护秩序并实现社会控制。为了达到这些目的,政治仪式需要借助很多精神力量,例如语言、文化、习俗、心理,而不仅仅限于物质性的传播媒介。政治仪式是一种具有目的性的活动,国家运用政治仪式当中一系列的政治象征符号和符号体系来构建特定的政治意义,从而达到特定政治目的、实现特定政治目标。

一、构建政治合法性

政治仪式区别于一般仪式类型的最重要的属性便是其突出的政治意涵(政治性),这种突出的政治意涵(政治性)深刻地显现在国家政治仪式的传播链路中。对于这一点,我们可以从两个维度来认识:第一,从政治仪式的内部运行来说,其传播的预期设计和评价结果都像是一台组装精良的传播装置,对社会资源的摄取要求和对社会关系的整合需求在数量和质量上都具有高度的征用指向,因而能保证我们在政治仪式传播的直观输出中看到一种对政治系统和政治生活高度浓缩和精算的政治图景,而能够完成这种“非常规”的“浓缩”和“精算”的核心牵引就是一种政治意涵(政治性)突出的国家力量;第二,从政治仪式的外部环境来看,其传播的核心意旨绝不仅限于通过景观制造递送出的仪式信息,其更重要的传播使命是完成一个输出价值理念、达成意志统一的政治过程,是一种政治共同体的政治传播活动。很显然,这一活动过程中的政治统摄性必然超越了信息的发

---

① 作者系传播学博士,中国传媒大学政府与公共事务学院讲师。

散与整合，因而在国家政治仪式的传播循环中，其政治意涵（政治性）也就不言自明了。

国家作为一个拥有核心权力的政治共同体，其进行政治仪式传播的动力指涉为何呢？也就是说，国家进行政治仪式传播的目的为何呢？对这一问题的回答，就涉及对一个政治共同体的政治行为和政治活动的解释，因此我们需要再一次回归政治学研究的核心领域，引入“政治合法性”的概念。只有具备了政治学中关于合法性的概念的理论观照，我们才能从本质上回答作为政治传播主体的国家进行政治仪式传播的目的究竟为何。

合法性（legitimacy）是政治学研究的一个核心概念，它“通常被定义为‘正当性’……合法性就是把赤裸裸的权力转化成正当的权威的一种特性。它赋予某种秩序，或者说拥有某种权威的、有约束力的品性，从而确保自身的遵从是出于义务而非恐惧”[①]。进而言之，政治合法性就是在一定的社会历史条件下，社会成员对于政治统治的承认和认可，这种认可是对政治统治所代表的价值、理念、秩序和现实统治的正当性的承认和服从。简而言之，“政治的合法性问题，其实就是一个政治权力得以自我辩护并可以获得认同的问题”[②]。由此，我们似乎找寻到了作为传播主体的国家进行政治仪式传播的根本理由，那就是为其政权的合法性根基构筑一套具有强大说服力的解释系统，政治仪式的传播解释恰恰为国家与合法性提供了一条“互谋”的途径。

因此构建政治合法性就成了国家政治仪式传播的首要目的，而构建政治合法性需要三方面资源的注入，分别是规范性资源、经验性（工具性）资源和价值性资源，无论是美好的政治理想图景，或是政治的“有效性”发展，还是政治发展的最终价值追求，这三种合法性资源都关涉着国家在历史、现实以及未来的政治系统中的运行。

政治合法性作为一种资源系统，是国家施展权力、进行政治活动的基础性资源，同时，国家的政治行为和政治活动又必须为其政治合法性提供巩固路径。这种国家的政治运作和合法性结构的闭合关系，在政治仪式的传播过程中体现得尤其明显。具体来讲，我们可以从以下三个方面对国家与政治合法性的“互谋”路径加以辨认。

第一，合法性对国家在政治仪式传播中的主体身份和地位予以确认。试想，一个国家的执政合法性一旦丧失，其在政治仪式传播中的主体身份与地位也必将丧失，换言之，政治合法性是国家进行政治仪式传播的前提和基础，合法性一旦丧失，必然给国家带来一场执政灾难。具体到政治仪式的传播过程中，合法性为国家提供了传播的主体身份与地位，这种主体身份和地位的确认是由其合法性结构带来的。对于这一问题的体认，我们可以从合法性结构的应然与实然两个方面进行阐述。

在合法性结构的应然方面，“合法律性”是一个重要的构成部分。合法性首先为国家

---

① 海伍德. 政治理论教程[M]. 李智，译. 北京：中国人民大学出版社，2009：158.

② 任剑涛. 道德与中国传统政治的合法性[J]. 华中师范大学学报，2005(1)：27-34.

在政治仪式传播中的主体身份和地位的确立提供了法律基础,这也是国家作为政治仪式传播主体的正当性的重要辩护依据。在现代政治的实际运行中,在国家元首和政府部门的主要负责人就职时,都会举行向国家宪法宣誓就职的政治仪式,这在世界各国的政治生活中都颇为常见。我国的全国人大常委会也于2015年7月1日表决通过了《关于实行宪法宣誓制度的决定》,规定从2016年1月1日起,各级人大选举或决定任命的国家工作人员,以及"一府两院"任命的国家工作人员,在就职时应当公开进行宪法宣誓;还对誓词做了统一规定,宣誓内容为:"我宣誓:忠于中华人民共和国宪法,维护宪法权威,履行法定职责,忠于祖国,忠于人民,恪尽职守、廉洁奉公,接受人民监督,为建设富强、民主、文明、和谐的社会主义国家努力奋斗!"这从立法的层面对国家的宣誓就职仪式做了全面的框定,国家在政治仪式传播中的主体地位也有了"合法律性"的合法性保障。

在合法性结构的实然方面,政治的"有效性"是一个突出的绩效指标。作为合法性资源的实然方面的重要构成部分,经济发展的绩效是最容易被政治共同体成员体认的政治发展的"显绩",这也是国家在建构合法性资源方面的重要杠杆,与国家在政治仪式传播过程中的主体身份和地位有着正向的内在发展关联,也就是说,国家在构建政治合法性结构的实然方面的发展主导地位和其在政治仪式活动中的传播主体地位,具有现实的高度相关性,这保证了国家的政治传播主体地位。

第二,在政治仪式的传播过程中,合法性为国家提供权威的解释编码资源。我们知道,从合法性资源的规范形态到经验形态,再到现代政治语境中的重建形态,政治合法性的历时指涉最重要的影响力体现在其对政治现实秩序的解释和辩护上,而打开这种解释和辩护界面的核心秘钥是合法性经验形态中的绩效合法性,也就是政治的"有效性"。在国家与社会的传统二元结构中,国家政治的"有效性"体现在社会各方面的发展成就上,包括经济建设、文化建设、国防建设、生态建设等方面,而这些体现国家政治"有效性"的发展成就则会为国家成为政治仪式传播循环中的编码主体提供强大的现实理据和编码资源,并且会被正式地纳入社会成员对国家政治秩序的自觉体认和维护中。

具体到政治仪式的传播,这一论述涉及国家作为传播主体的一个实际操作问题,也就是国家对政治仪式传播中体现其执政绩效的合法性资源的征用问题。国家对合法性资源的工具性征用,在政治仪式的内容中有着诸多体现。譬如新中国成立以来在阅兵仪式上展示新型的武器装备已成为阅兵式的惯例,中国在为纪念抗战胜利暨世界反法西斯战争胜利70周年而举行的"九三"阅兵式上集中展示了84%的新型武器装备。可以说,国家在国防建设方面所取得的成就或为一种合法性资源,并为国家阅兵仪式的传播主体身份与地位的确认提供了强大的现实支撑。

第三,作为预期和结果,国家的政治仪式传播为其政治合法性提供了政治感召,并形成认同资源,以延续和巩固国家的政治权威。在国家政治仪式的传播中,存在着两种过程的辩证统一。一方面,国家对政治仪式的筹策需要调动的根基性资源便是其政治合法性，具备了执政地位的合法性，也就具备了调动国家资源的合理性，有了充足的资源可供调配，政治仪式也就有了调动仪式场面的传播能量；另一方面，政治仪式的传播循环对国家合法性的规范意义、经验意义和重建意义的构建提供了充沛的动能，形成提供仪式受众充分辨认和拾取的政治认同资源，比如对国家意识形态的体认、对政治价值的统一制式的接收，从而进一步巩固了政治团结，完成了执政合法性的再生产过程。

毫无疑问，巩固合法性是国家推动政治仪式传播的核心预期，而且这种预期是不变的，不管政治仪式的行动策略构成如何，不管政治仪式的权力实现处于何种层次，都不会影响合法性作为政治仪式传播预期的根本内容。当然，在政治仪式传播的完成状态中，有预期就必将有结果。结果在政治仪式的传播中有两重含义。首先，它是指一种处于时间结构中的事实，常以“最终的”作用或影响方式“表现”出来，也就是说，这种结果在一定程度上可以被直观地观察到，比如政治仪式中的景观、政治参与。其次，政治仪式传播的结果规范性指对整个完成状态的检验和评估，可以被视为关于该实践活动的一种“整体性效果”，比如政治认同的实现水平、政治团结的聚合范围等。总之，合法性是政治仪式传播的根本性预期，其结果也必然会对这一预期作出特别回应。在传播的预期与结果的交互中，国家的政治合法性完成了生产与再生产，国家的政治权威也得以延续和巩固。

二、生产政治权力

在政治传播的视域中，政治的统摄性也高度体现在政治仪式的传播过程中。从政治仪式的筹策、操演、落成再到影响的衍生，权力作为政治过程中的一项核心要素，贯穿其中并成为政治仪式传播的重要动力。

有一种有趣的说法这样解释仪式，说“仪式就是一种权力的场面调度”。如果借用这种说法来理解政治仪式中的权力生产，我们不难发现其中的耦合之处。在展开探讨这一问题之前，我们首先来梳理一下有关权力的概念。

权力，就是政治权力，是国家、政府、政党以保证政治秩序的稳定运行、完成社会整合和实现普遍的政治利益为目的，在实际的政治运行过程中对社会大众施加的一种强制力。政治权力一旦成型，便会形成一定的政治关系模式，使权力结构按其作用方向不断稳定和巩固下去。综而论之，我们可以从以下三个维度对政治权力进行辨析。

首先是政治权力对人的主体性的构建。正如马克思所说：“人们不能代表自己，一定要别人来代表他们。他们的代表一定要同时是他们的主宰，是高高地站在他们上面的权威，是不受限制的政府权力，这种权力保护他们不受其他阶级侵犯，并从上面赐给他们雨水和阳光。”[①]也就是说,政治权力的一项核心旨趣便是提高人在政治、社会实践活动中的主体地位,解放人性的自由,反对一切外在力量对人的压迫。尤其在现代,随着自然力量、宗教神话的力量日渐衰弱,特别是仪式政治渐渐离开政治舞台的中心,政治权力也随之失去了先验意义上的支撑,政治权力在现代政治思想中越发倾向于人本主义的思想潮流,“取之于民、用之于民”的权力观是国家与社会间达成的普遍的政治共识。

其次是政治权力对契约关系的保护。“契约”作为国家与社会间权力关系的约定,在本质上是一种法理的存在,它把政治权力和“合法性”的概念融为一体,并使前者能在普遍公意的基础上以制度化的形式存在并运转。正如政治学家阿尔蒙德所说,在一个传统社会中,合法性可能取决于统治者的世袭地位,取决于在制定和执行法律时遵守的某些宗教习俗,取决于这些政策的范围和内容。在一个现代的民主政治体系中,当权者的合法性取决于他们在竞争性的选举中是否获胜,取决于他们在制定法律时是否遵守规定的宪法程序。[②] 因此,对契约关系的保护成了现代政治权力转化为现实的可靠路径。

最后是政治权力对政治权威的延展。我们知道,“政治”是对社会的一种组织形式,无论是在性质上还是在目的上,都需要以一定的强制力来部署组织结构并统摄社会,以确保政治—社会的秩序化运作。政治权力支配社会的方式莫过于两种:第一种是自愿型支配,即非掌权者认为掌权者所制定的制度、意识形态、体现政治价值的公共政策等有着自然意义上的正当性,从而主动地把权力让渡给对方,用达尔的话说,自愿性支配有“能让B在不受A刻意指使的情况下认同、满足A的愿望”的特点,是一种“积极的影响力”;第二种是被动型支配,即掌权者利用自己的有利地位,把权力关系强制安排在主流的价值、信仰、仪式和制度程序中,而对潜在的冲突则“通过威胁、制裁与惩罚的方式来予以震慑”。相对来说,现代政治权力大多放弃了暴力、专制和强权,努力向自愿型支配的方向发展,这就是通常所说的“权威”。政治权力只有仰仗权威,才能保证民众的主体自由不受侵害;依靠权威,才能更好地诠释自己的合法性。权威既是打开政治权力正面作用的一扇大门,也是增加政治权力可信度、支持度、施展效果和影响范围的有力杠杆。

通过以上对政治权力概念的论述,我们不难发现,随着人类政治理想与政治现实的不断演进,政治权力中的支配与控制等原生元素得以保留和延续,并在现代政治权力的施展中被突出体现出来,这一特性在政治仪式的传播中展现得尤为明显。政治仪式作为一项特殊的政治传播活动,要想呈现出政治景观和政治意义,需要对政治权力进行高强度的征用和高集约度的再生成。因此,生产权力也就成了政治仪式传播的目的之一。具体来讲,政治仪式传播的权力生产主要有以下三个方面。

第一,作为决策的权力。哈罗德·拉斯韦尔所著的《政治学:谁得到什么?何时和如

---

① 中央编译局.马克思恩格斯全集:第一卷[M].北京:人民出版社,1978:692.

② 阿尔蒙德,鲍威尔.比较政治学[M].曹沛霖,等译.上海:上海译文出版社,1987:36.

何得到》一书的书名便是对这种作为决策的权力的最扼要的概括。在政治仪式传播中，权力的决策指向是以某种方式影响或决定仪式内容的有意识的政治行动。政治仪式传播目的的实现，往往需要当权者的“顶层设计”，权力的输出就体现在仪式决策过程的参与中。阅兵仪式作为一种常见的政治仪式，其传播经由权力的精心“雕琢”和“设计”，体现的便是一种决策力量。比如在中国人民解放军的历次大型阅兵活动中，对步兵的行进速度的要求为“1 分钟 116 步”，对行进的步伐规定为“每步 75 厘米”，权力决策的结果是士兵对身体的控制真正做到了“分秒不差”“分毫不差”。① 通过一系列“标准”的设计，受阅士兵在阅兵仪式的操演中实现了时间的准确和空间的稳定，从而也就完成了“军队身体”的齐整性的显现，传播这些仪式场面也就顺理成章地转化为一种决策的权力。

第二，作为议程设置的权力。卡尔·施米特在关于“政治权力观”的问题上，提出“划分敌友是政治的标准”“朋友与敌人的划分表现了最高强度的统一或分化、联合或分裂。它能够在理论上和实践上独立存在，而无须同时借助于任何道德、审美、经济或其他方面的划分”。② 政治仪式传播对议程设置的权力生产，则输出为一种阻止决定作出的能力，即“非决策”的能力。尤其是在政治世界中的“敌我”之间，以及竞争型的政治选举仪式中，政治权力的“非决策”性甚至成为政治斗争的一种有力武器。例如在 1953 年，乌干达的布尼奥罗人(Bunyoro)的国王甚至不能参加其母亲的葬礼，这是因为作为皇家权力的至高化身，新王不能着黑色丧服出现在国民的视线中，这将有损皇家权力的尊严和气派。再例如 1986 年菲律宾的两场总统就职典礼同时在全国的两个地方举行，就职仪式成了费迪南德·马科斯(Ferdinand Marcos)和克拉松·阿基诺(Corazon Aquino)两位曾经的政治对手展开激烈政治斗争的重要一环。③ 因此，在政治仪式传播的议程安排上，对于仪式信息的“否决性”把关也成了一种权力输出。

第三，作为制造同意的权力。丹尼斯·朗在其著作《权力论》中曾把权力的指涉总结为三种，分别是武力、操纵和说服。在政治仪式传播中，对操纵说服型权力的输出便成为一种制造同意的仪式传播的目的，其主要表现为在政治仪式传播场域内对仪式受众进行意识形态的灌输和心理控制，以期达到预定的政治目标，从而实现和巩固政治团结。其实政治仪式的情感潜力在多种不同的环境中一直服务于政治团结的构建。例如，随着民族国家的崛起，在特殊的公开场合举行唱国歌仪式极为常见。从 18 世纪的法国和美国到 20 世纪的非洲诸国，国歌的内容大同小异。国歌经常呼吁上帝保佑国家，热情洋溢地赞颂国家，希望得到无上的荣光。这些国歌的意义并不止于它们内容本身，而是用充满韵律的音乐和生动象征，有效地营造出一个促进团结、制造同意的仪式氛围，从而转化为

---

① 国防部.中国人民解放军队列条令(试行)[EB/OL].(2018-04-19)[2019-10-25]. http://www.mod.gov.cn/topnews/2018－04/19/content_4809802.htm.

② 施米特.政治的概念[M].刘宗坤，等译.上海：上海人民出版社，2004：107.

③ 科泽.仪式、政治与权力[M].王海洲，译.南京：江苏人民出版社，2015：32-34.

一种说服性的权力输出。

政治仪式在传播过程中对政治权力的征用和调配已成为其内部景观中至关重要的运行策略,同时也体现出了政治仪式传播过程中对权力的高度的路径依赖,而伴随着这种依赖黏度的提升,政治仪式也实现了一种高效率的"传播变现",那就是政治权力的巩固和再生产。总之,政治权力是一切政治活动的核心要素,权力生产是政治仪式传播的重要目的之一。

三、维护社会秩序

谈到政治仪式与秩序构建的关系,我们可以首先从政治仪式传播的构成指向谈起。从纵向构成来说,政治仪式传播依靠的是政治权力高度的"有序"配置,尤其是在仪式的内部格局中,依据不同的权力"位阶"来调配资源,定义具有组织秩序的政治现实;从横向构成来说,来自不同社会背景、不同社会圈层的政治仪式的参与者打破了"区隔",平等、共同地投入到政治仪式的结构安排中,同时在这一过程中强化政治仪式对社会秩序的维系功能。

人由于受到自然生存规律的影响,其生存方式以群居为最大特征,马克思曾经把人类群居方式的基础解释为"建立在人们的现实差别基础上的人与人的统一"①,他同时也指出,"人的个体之间不但有个性差异,还具有各自互不相同的个体生活"②。对于人的群居模式的思辨考察可以从两个方面入手:一方面在于每个单一生命个体的存在是社会存在与发展的基本物质前提;另一方面在于每个个体又是存在于群体之中的个体,个体只有存在于一定的社会关系中,其基本需求才能得到满足,其生存与发展的价值才能得到实现。因而由不同个体组成的社会也就成了"人们交互作用的产物"③。人作为各种社会关系的总和,其个体性与社会性始终是对立而又统一的,这就决定了每个生命体的个体问题一定程度上也是一种公共的、社会性的问题,这其中既涵括个体的生存发展问题,也涵括社会公共生活的运行维系问题。影响社会公共生活正常运行的最大挑战便是个体的差异化问题,当这种个体差异发展到相互冲突的阶段时,不同利益诉求和价值依附的个体便会陷入纷争,这种因个体差异而产生的普遍化冲突会影响社会公共生活的有序运行。因此,如何在个体差异广泛存在的社会公共生活中维系一种平稳的运行秩序,避免造成一种内在性的社会矛盾的爆发,成为人类社会发展过程中一个严肃的命题。

围绕这一严肃命题,马克思从具体个体的现实利益关系出发,回应了这一命题。他

---

① 中央编译局.马克思恩格斯全集:第二卷[M].北京:人民出版社,1972:450.

② 高清海,等.社会发展哲学——中国现代化的理性思考[M].北京:高等教育出版社,1999:361.

③ 中央编译局.马克思恩格斯全集:第四卷[M].北京:人民出版社,1972:320.

认为，在人类社会中，个体与个体之间、阶级与阶级之间的矛盾大都缘于利益的分歧和冲突，“正是由于私人利益与公共利益之间的这种矛盾，公共利益才以国家的姿态采取一种和实际利益（不论是单个的还是共同的）脱离的独立形式，也就是说，采取一种虚幻的共同体的形式”①。马克思的回应为这一矛盾提供了一种解决的路径，即可以借助理性的思维来缓解实际利益的冲突。奥尔森则进一步指出：“除非存在强制或其他某些特殊手段以使个人按照他们的共同利益行事，有理性的、寻求自我利益的个人不会采取行动以实现他们共同的或集团的利益。”②由此也可看出，即使借助理性，个人理性与集体的非理性间也存在着广泛的矛盾。社会人类学家墨菲更是提出一种质疑：“社会怎么可能呢？人们迥然不同的愿望、目标和动机怎么会与公共安全及秩序的需要相一致，又怎么能符合让生活正常运转这种要求呢？”③弗洛伊德也从心理学角度提出了同样的疑惑：“摆在我们面前的问题是如何摆脱文明的最大障碍，即人类相互间进攻的气质上的倾向……人类的决定性问题在于，他们的文化发展能在多大程度上控制住他们的进攻性和自我破坏本能对他们的集体生活的干扰。”④

综合上述思想家的困惑和思考，人们似乎也普遍意识到，为了防止矛盾的升级和冲突的扩大导致整个社会公共生活混乱，在人类社会中必须构建一个稳定而有序的内部结构秩序，这种社会秩序必然服务于社会合作的维系、社会关系的规约和社会冲突的缓解。一般而言，“秩序”总是与“混乱”相对存在，它指涉一种公共的社会规则和制度，这种规则和制度在某种程度上的规律性和确定性则体现出一种社会秩序的状态和过程。从状态的角度来讲，秩序意味着社会成员间关系的稳定性、个人财产的安全性以及心理的稳健性；从过程的角度讲，秩序意味着社会生活的运行维系过程中存在着某种具有规律的连续性，每个社会成员的行为都遵守着一定的规则，以及他们的互动过程可以体现出一种可预测的行为预期。博登海默认为：“秩序意志是在自然进程中和社会进程中存在的某种程度的一致性、连续性和确定性。”⑤因此，对社会秩序的构建成为人类摆脱单纯的偶然性和任意性的支配的可靠选择。正是因为有了秩序，人类社会的公共生活才成为可能，一个具备秩序状态的社会也才会成为人类作为社会共同体存在、发展的前提和基础。因此，亨廷顿严肃地说道：“首要的问题不是自由，而是建立一个合法的公共秩序。”⑥面对这一“首要问题”，我们必须清醒地体认到，社会公共秩序形成的基础不是自发的，进一步讲，任何社会公共生活的内部秩序的运行都需要依靠具有一定形式和内容的社会控制。因此，通过社会控制来保障人类公共生活的秩序状态，则成为政治治理的首要责任，恩格

---

① 中央编译局. 马克思恩格斯全集：第四卷[M]. 北京：人民出版社，1972：38.
② 奥尔森. 集体行动的逻辑[M]. 陈郁，等译. 上海：上海人民出版社，1995：2.
③ 墨菲. 文化与社会人类学引论[M]. 王卓君，等译. 北京：商务印书馆，1991：175.
④ 弗洛伊德. 文明及其缺憾[M]. 傅雅芳，等译. 合肥：安徽文艺出版社，1987：94-98.
⑤ 博登海默. 法理学：法律哲学与法律方法[M]. 北京：中国政法大学出版社，1999：71.
⑥ 亨廷顿. 变化社会中的政治秩序[M]. 王冠华，等译. 北京：三联书店，1989：7.

斯就是从这个角度来阐述国家的功能和作用的,他讲到国家的“这种力量应当缓和冲突,把冲突保持在‘秩序’的范围以内”①。由此来看,国家政治的基本价值目标便是构建有效的社会秩序,但这并不意味着参与公共生活的所有社会成员都能够自觉地认同这一目标价值,政治仪式传播是人类公共政治生活的重要组成部分,其目的便包括实现这一基本的价值目标,即维护社会秩序。

作为政治仪式传播的目的,社会秩序的良性状态运行主要是依赖政治仪式传播对社会控制功能的实现。政治仪式传播的社会化控制,主要包括以下几个面向。

首先,政治仪式作为一种体现社会规范的政治行为活动,其主要特征之一便是重复性,这种重复性在时间和空间中作用于广泛的社会成员,形成了一种“强制力量”。正如涂尔干所言:“事实上,仪式包含在仪式轨中,换言之,包含在得到明确规定的行为方式中。任何社会仪式都具有同样的特征……大部分仪式都是强制性的。”②因此,政治仪式传播的目的也就是一种将社会的统一性变为现实的愿景。一方面,政治仪式广泛存在于政治制度中,并成为社会运转机制的一部分,牵引着社会大众强制参与到仪式之中;另一方面,政治仪式传播的规范要素为政治仪式的参与受众提供了一种标准的行为模式,输出了一种社会整体性的秩序状态,即通过仪式化的行为将个人与社会“有序”地联系在一起。

其次,通过政治仪式传播,政治权力与权威完成了一种对社会整体性的掌控和平衡,以实现对社会成员分层的集中和整合,有效化解政治紧张中的社会冲突和矛盾。而社会生活中的群内敌意也依靠仪式传播的特殊机制得到了有效缓解,同时也使现状得到了维持,人类学家艾娃·亨特(Eva Hunt)在她对墨西哥印第安人的研究中,提供了一种清晰的解释。在墨西哥印第安人中,群体间冲突不断,也没有重塑其关系的机制,对立者们只能生活在一起。亨特写道:“仪式既为潜在的对抗情绪提供了一个安全的宣泄口,也提供了一种限定性的框架,使得潜在的失序或混乱能够处于控制中。”总之,她指出,仪式为消除冲突、焦虑提供了一种社会解决方式,同时也维持了“结构性的现状”。③

总之,国家的政治仪式传播以构建权力、维持秩序和实现社会控制为目的,其本身的演绎过程就是现实秩序、价值体系的隐喻。这些体系的稳定性赋予了政治仪式传播严密的内在逻辑,使后者在核心思想乃至表现形式上呈现某种单一的倾向。其实,无论是合法性、权力还是秩序,都不是一天之内能建立起来的。如果我们按照福柯的观念,认为权力建构是一个人“不断、反复进行刺激”的过程,那么政治仪式传播就需要以同质化的形式重复出现才能达到传播目的。同时还需要指出的是,公众对合法性、权力和社会秩序

① 中央编译局. 马克思恩格斯选集:第四卷[M]. 北京:人民出版社,1972:166.

② 涂尔干. 乱伦禁忌及其起源[M]. 汲喆,付德根,渠东,译. 上海:上海人民出版社,2006:327.

③ HUNT E. Ceremonies of confrontation and submission: the symbolic dimension of Indian-Mexican political interaction [M]//MOORE, MYERHOFF. Secular ritual. Assen: Van Gorcum, 1977: 124-147.

的认同感来源于政治认知，而这种认知往往需要理性的认识、阐释才能形成稳定的观念。在某些情况下尽管政治仪式的表现形式或传播手段是感性的，需要调动公众的内在情感、意志、信仰或身体力行的行动让他们参与、融入和体验政治仪式，但其最终的认知效果依然需要借助意识和思维来实现。所以，以国家为主体的政治仪式传播尽管满足了权力结构的宏观需要，但其作为一种“传播”则缺乏一种大众化的生动感和通俗化的演绎。从人类社会历史的发展过程来看，权力建构、秩序维护和社会控制始终都是政治仪式传播的“内核”，塑造了“仪式”庄重、严肃、神圣的面向。借助人们对“仪式”的一种“图腾式”的自然崇拜和敬仰，合法性、权力和秩序也就自然生成了。如果说在古代社会，人们对仪式中“权力性”的感知还停留在一种比较朴素的、自然的非理性认知上，那么到了现代社会，人们对这一“权力性”的理解既包括情感、意志或信仰等因素，也要调动理性的思维观念来做仪式效果的催化剂。换句话讲，国家政治仪式传播目的的实现不能仅仅靠其政治意涵的“震慑性”，也要从其传播结构、传播中介以及民众接收仪式的思维意识和心理反应等角度寻求“依托”。

“第二届中国政治传播研究学术论坛”成果综述

◇苏　颖　白文刚

2017年5月13日,“第二届中国政治传播研究学术论坛”在中国传媒大学举行。本届论坛由中国传媒大学主办,中国传媒大学文法学部、中国传媒大学政治传播研究所承办,中国传媒大学文科科研处、中国传媒大学出版社协办,并得到多家科研机构、媒体与学术期刊的大力支持。中国政治传播研究领域的近百位权威专家与学界新锐与会展开对话与争锋。论坛聚焦于中国政治传播研究与国家发展战略的对接、中国政治传播的管理规范与空间、公众舆论与政治认同建构、全球政治传播模式变革与中国实践,以及中国政治传播研究未来发展方向等问题。

一、中国政治传播研究对接国家发展战略问题

在全球文明深刻变革与中华民族复兴的重要历史阶段,中国政治传播研究如何适应政治发展进程,推进中国国家能力的增长,为国家发展战略提供支持,成为本届论坛关注的核心议题。

时任中国传媒大学校长胡正荣教授在开幕式致辞中指出,中国的哲学社会科学正在或即将出现一种重要的整体转型,即从“西方理论—中国问题”向“中国实践—中国理论”的框架转型。在此大背景下,新闻传播学,包括政治传播研究需要做到“顶天立地”,即上要对接国家战略和国家发展的宏大架构,下要对接中国具体的本土实践。中国传媒大学政治传播所所长荆学民教授对此表示赞同,他提出,面对全球政治的不确定性、不相融性、不靠谱性,国内政治的正向性、敏感性、紧迫性一方面持续增强对政治传播研究的依赖,另一方面要求中国政治传播研究持续深入中国政治和中国社会的“腹地”,努力推进政治传播理论中国化。

清华大学社会科学学院政治学系任剑涛教授以“国家复兴”这一国家战略及其政治学话语的建构为主题,指出作为“后发现代化国家”的中国的崛起面临着巨大的复杂性与

挑战性。他提出中国国家话语的建构，一要处理好与传统遗产的关系，免除封闭的传统话语复归的可能性；二要处理好与世界的关系——中国究竟选择为融入世界而改变规则，还是另建现代天下体系并重建全球的游戏规则，此抉择亟须理论界准备与突破。中国社会科学杂志社马克思主义部李放主任强调中国国家复兴的努力，在知识谱系上决不能单纯依靠既有的知识存量，学术研究特别是学术话语生产不可执着于“即问即答”式的表象研究，而是要转入基础理论问题的破解。中国的学术话语生产一方面迫切需要具有创造性的理论分析框架做时代化的总结，证明我是谁；另一方面应致力于在以全球化商品生产为前提的制度生产和思想生产过程中，阐明我要往哪里去。

天津师范大学政治与行政学院院长佟德志教授通过分析文献中的词语，对中国的民主话语做出解释，强调中国“发展型民主”的特色，突出发展的目标与执政绩效的意义。中国人民大学新闻学院贾文山教授具体讨论了“一带一路”这一国家倡议，强调需要在全球构架上策划、思考“一带一路”的制度话语权。

二、中国政治传播的管理规范与空间

政治传播涉及政治组织、媒体、公民等多方政治行动者，三者之间的关系决定了政治传播的性质。在中国的政治现实下，诸多与会专家注意到了政治，尤其是执政党与媒体之间的关系对中国政治传播的决定性影响。

中国传媒大学艺术学部学部长段鹏教授梳理了“党管媒体”的概念与发展，提出“党管媒体”是中国共产党领导新闻舆论工作的根本性原则，指出我们应当与时俱进，促进“党管媒体”原则与依法治国原则相结合。中国社会科学院新闻与传播研究所副研究员朱鸿军研究发现，政治逻辑成为媒体融合的重要动机，这种现象有其合理性，但也存在诸如重复建设、短视行为、内部人现象、产权的人格化不足等问题。南京大学新闻传播学院陈堂发教授关注互联网中的政治性表达，强调网络政治性表达的核心价值是：对包含深度、广度的民主的优化，对秩序与能力兼顾的理性自由的锤炼以及对社会公正价值的舆论诉求。上海市委党校政治部主任程竹汝教授在评议中将中国政党和媒体之间的关系总结为一种领导和被领导的关系，强调政治权威的形成必须获得意识形态领导权的支持，并认为对于中国政治来说，体制性表达途径仍然处于核心地位，因而在学术研究中应将利益表达、公共表达和体制性表达有机结合，以保证社会整体有序。

互联网及移动互联网对于政治传播中行动者关系的重塑意义也受到与会专家的关注。新华社音视频部主任、中国政法大学光明新闻传播学院陆小华教授认为，在移动互联网时代，政治传播的形态、内涵、外延都被拓展，政治传播应根据博弈的现实而权衡，通过博弈思维而调整。重庆大学新闻学院院长董天策教授强调建构开放而理性的网络公共领域是中国政治传播的重要议题,同时提出在应对“网络公共事件”时应当突破危机管理的范式。

此外,中国传媒大学文法学部副教授谢进川、华东师范大学政治学系讲师刘一川等与会代表还就中国传媒生态以及媒介发展变化对当前中国政治传播实践的影响等问题发表了看法。

三、公众舆论与政治认同建构

本届论坛约有四分之一的发言聚焦于当前中国的公众舆论及其与政治认同之间的关系,这反映了新时代中国政治传播研究的关切点。

部分专家的研究展现了当前中国公众舆论的新特征,这些新特征的出现多与互联网等新媒体环境的影响相关。中国人民大学新闻学院刘海龙教授与复旦大学新闻学院沈国麟副教授共同关注了“帝吧出征 Facebook 事件”。刘海龙教授使用了“粉丝民族主义”这一有趣的概念,认为新媒体与当前中国的民族主义相互建构,继而出现“网络民族主义”这一新现象。“网络民族主义”与传统民族主义相比,具有一些新特征,如受众的年轻化、依据娱乐逻辑形成民族情感、平等和互相建构的个人—国家关系观念等。沈国麟副教授提出了“表达共同体”的概念,认为在互联网环境下,共同体不仅是被想象的,而且是被表达的。他同时发现,在互联网上,严肃的政治话题时常以表情包为载体,用一种娱乐化的形式表达出来。中国人民大学国际关系学院政治学系马得勇教授基于中国网民调查数据,发现当前中国网络公共舆论在结构上呈现出同质化倾向,即网民群体在一系列政治、社会议题上都出现了基于意识形态立场的态度分化。

关于如何应对公众舆论的发展,复旦大学新闻学院朱春阳教授提倡新型主流媒体应当协同发展两种能力:正面宣传能力和危机沟通能力,努力以低成本的沟通方式寻找政府与民间利益折中的方案,实现民主的最终诉求。苏州大学凤凰传媒学院张健教授、中共天津市委党校党史党建教研部倪明胜副教授、安徽师范大学新闻与传播学院丁云亮副教授等学者则分别从西方竞选中的私人民调、公民网络抗争动员的演化机理、国家认同的修辞建构等角度对这一主题进行深入研讨。另外,厦门大学新闻传播学院谢清果教授、华中科技大学新闻与信息传播学院博士研究生方飞共同关注合法性构建或证成;中国传媒大学广告学院公共关系系刘朋副教授整理了西汉时处理汉匈关系时的舆论经验;华中科技大学马克思主义学院副教授王健、重庆文理学院讲师赵立兵、中国传媒大学政治传播研究所博士研究生祖昊分别从意识形态、协商民主的角度对此问题的基础理论进行了概括与整理。

四、全球政治传播模式变革与中国政治传播实践

“中国政治传播研究”不仅是基于现实需要研究“中国的”政治传播，更倡导在全球视野的基础上，开展适应中国政治文明发展所处的特定国情与时代趋势的政治传播研究。这势必要求中国政治传播研究既要对全球政治传播理论与前沿议题、发展方向有准确的把握，又要对中国具体的政治传播实践有专业、精细的研究。

就前者而言，中国政法大学政治与公共管理学院卢春龙教授认为网络新媒体的兴起动摇了工业社会中政党政治的基础，挑战了传统精英型政治参与的模式，这是当前全球政治传播面临的共同问题。清华大学新闻与传播学院副院长史安斌教授在演讲中提出，在后西方、后秩序、后真相时代，政治传播的研究主题发生了更迭，研究理论、研究路径需要重构和创新。另外，重庆大学郭小安研究员、北京大学政府管理学院博士研究生邵梓捷共同关注了“框架”这一西方政治传播的前沿理论，并进行分析与反思。

就后者而言，中央编译局中央文献翻译部研究员杨雪冬主任对近五年来政府工作报告进行了文本分析。他总结到，近些年来政府工作报告的改进体现在文本结构调整、公众参与扩大、改进话语方式、增加国际透明度、改进传播方式、重视对外传播的创新等方面。今后对政府工作报告的研究还要关注文本生产者个人素质对文本的影响、文本修改中的利益博弈、传播效果的达成方式和文本在不同文化中的传播逻辑等。

海南热带海洋学院毕研韬教授从动机与情境、控制、内容、效果四个角度，介绍了当前韩国对朝鲜的心理战使用的具体技术。人民网舆情监测室副秘书长刘鹏飞分享了通过互联网数据分析提升政治传播绩效的相关经验。另外，成都理工大学马克思主义学院副教授王菁、中国政法大学新闻与传播学院讲师侯月娟共同关注了“反腐败传播”这个十八大以来中国政治传播中的新议题。

五、中国政治传播研究未来的发展趋势

作为以搭建中国政治传播研究高端学术平台、推进中国政治传播研究不断深入发展为目标的论坛，预测中国政治传播研究未来的发展方向是中国政治传播研究学术论坛的重要使命之一。

对应这一任务，多位评议专家根据与会学者的发言，总结了本届论坛的研究特色，并对中国政治传播研究的未来发展方向提出了建议。

一是研究的问题更加深入。复旦大学国家文化创新研究中心主任孟建教授指出，学

者的发言说明当前中国政治传播研究正试图在中国政治话语上有所突破,而不再纠缠于结构、功能、信息交流等基础理论问题。中国社会科学院新闻与传播研究所研究员姜飞教授在演讲中对中国国际传播研究中的发展传播学进行了反思与批判,呼吁开启真正的中国政治的国际传播研究。

二是跨界研究的特征与优势日益凸显。本届论坛中,多学科的碰撞、交流与争锋非常精彩。这种跨界色彩引起了在场学者的热议与广泛共鸣。孟建教授提出他在政治传播研究领域看到了学术研究从单学科到多学科再到跨学科甚至到超学科的可行性。胡正荣教授强调学术在交叉当中才有创新点,期待各学科领域的专家在此碰撞出新的学术思想、学术体系和学术框架。中国社会科学院李放主任与南京大学新闻传播学院副院长胡翼青教授都强调了中国政治传播研究"问题导向"的重要性,指出政治传播研究应当从"学科导向"转向"问题导向"。以研究问题为起点,将该领域建设成为生机勃勃的问题域。

三是研究方法更加规范化、多元化。学者们向此次论坛提交的论文不仅在实证研究、历史研究这两类主要研究方法方面更加规范,而且还广泛运用了修辞学方法、实验法,以及调查研究、文本分析、大数据分析等研究方法,充分体现了中国政治传播研究方法向多元化发展的趋势。

(本文初刊于《现代传播》2017年第6期)

图书在版编目(CIP)数据

中国政治传播研究．第2辑／荆学民主编．-- 北京：中国传媒大学出版社，2020.9
ISBN 978-7-5657-2648-4

Ⅰ．①中…　Ⅱ．①荆…　Ⅲ．①政治传播学—中国—文集　Ⅳ．①D60-53

中国版本图书馆 CIP 数据核字(2019)第279924号

中国政治传播研究(第2辑)
ZHONGGUO ZHENGZHI CHUANBO YANJIU(DE-ER JI)

主　　编　荆学民
副 主 编　白文刚
责任编辑　王　硕
特约编辑　张　蕊　陈　默
责任印制　李志鹏
封面设计　拓美设计

出版发行　中国传媒大学出版社
社　　址　北京市朝阳区定福庄东街1号　　**邮　　编**　100024
电　　话　86-10-65450528　65450532　　**传　　真**　65779405
网　　址　http://cucp.cuc.edu.cn
经　　销　全国新华书店

印　　刷　北京玺诚印务有限公司
开　　本　787mm×1092mm　1/16
印　　张　14.75
字　　数　314千字
版　　次　2020年9月第1版
印　　次　2020年9月第1次印刷

书　　号　ISBN 978-7-5657-2648-4/D·2648　　**定　　价**　69.00元

本社法律顾问：北京李伟斌律师事务所　郭建平